现代警官高等职业教育规划教材

罪犯教育工作实务

ZUIFAN JIAOYU GONGZUO SHIWU

主 编◎边文颖

副主编◎高江川

撰稿人◎（以撰写内容先后为序）

边文颖 高江川 单玉英

董天鹇 张晓锋 郑 红

杨俊儒 龚志新 康建煜

中国政法大学出版社

2015·北京

图书在版编目（ＣＩＰ）数据

罪犯教育工作实务 / 边文颖主编.—北京：中国政法大学出版社，2015.4
ISBN 978-7-5620-6008-6

Ⅰ. ①罪… Ⅱ. ①边… Ⅲ. ①犯罪分子－监督改造－研究－中国 Ⅳ. ①D926.7

中国版本图书馆CIP数据核字(2015)第076888号

出 版 者	中国政法大学出版社
地 　 址	北京市海淀区西土城路 25 号
邮 　 箱	fadapress@163.com
网 　 址	http://www.cuplpress.com（网络实名：中国政法大学出版社)
电 　 话	010-58908435(第一编辑部) 58908334(邮购部)
承 　 印	固安华明印业有限公司
开 　 本	720mm×960mm 1/16
印 　 张	16.75
字 　 数	310 千字
版 　 次	2015 年 4 月第 1 版
印 　 次	2016 年 7 月第 2 次印刷
定 　 价	37.00 元

现代警官高等职业教育规划教材
编审委员会

编写说明

　　警官类高等职业教育如何实现与政法行业人才需求零对接，是目前一个亟待解决的重大课题。山西警官职业学院坚持"就业导向、能力本位"的宗旨，在专业建设、课程建设、实践教学条件建设、师资队伍建设、教学信息化建设和教学质量监控等方面做了大量有益的探索，取得了较大成效，本次推出的系列规划教材正是其中一项改革尝试。本套教材在编写过程中，坚持"课岗融合"理念，力求兼顾高等职业教育教学和干部培训需要，在教学内容和教学结构重组方面作了大胆的改革与创新，希望通过本套教材的实践，进一步推动教学过程的职业化、项目化和任务化，为提高教育教学质量奠定良好基础。

　　本系列教材的主要特点有：

　　1. 校行合作编写，职业特色明显。本系列教材注重校行合作，所有教材均有行业专家或一线骨干教师参与编写和审稿，从教材内容的选取到专业术语的组织，均经过行业人员的审核把关，突出了相关职业或岗位群所需实务能力的教育和培养，保证了教材与行业实际工作的对接，具有很强的实用性。

　　2. 体例设计新颖，方便学生学习。本系列教材针对各课程教学目标需要，在体例上设置了学习目标、引导案例（或新闻素材）、案例评析、实务训练、延伸阅读、思考练习等相关教学项目，引导学生快速掌握学习内容，促进学以致用，丰富教学形式，拓宽学习视野，促进巩固提高。

　　3. 理论联系实际，注重能力培养。本系列教材针对警官类高职学生的特点，以职业岗位需求为导向，选用了大量的案例、资料和实务素材，将我国现行法律、法规、司法解释和岗位工作标准要求，与案例、材料分析、实务操作紧密结合，使学生能够更为直观地体会法律的适用，体验工作的情境和流程，增强学生的综合能力。

本系列教材共9本，在其编写过程中借鉴吸收了相关教材、论著成果和网络媒体资料，中国政法大学出版社给予作者们大力支持和指导，责任编辑在审读校阅过程中更是付出了辛勤的劳动，在此一并表示谢忱！由于受作者的理论水平和实践能力限制，加之时间紧、任务重，教材中难免出现不足和疏漏，敬请专家、学者、实践工作者批评指正。

现代警官高等职业教育规划教材编审委员会
2014 年 12 月

前　言

　　《罪犯教育工作实务》是山西警官职业学院中央财政支持的专业建设项目"监所管理"专业中课程建设的重要内容。该课程教材依据监狱罪犯教育人才培养目标和课程标准编写，遵循高职高专教育规律，紧密联系监狱系统工作实践，以基层监狱民警职业岗位（群）的相关罪犯教育工作过程和工作任务分析为基础，以培养职业能力为主线，选取教材内容、设计学习单元，突出教材内容的职业性、教学活动的实践性和教学效果的针对性。教材按照应用型、实践型人才培养的改革要求，根据监狱罪犯教育工作岗位职业能力需要和职业特点，着力提高基层监狱民警的综合素质，以职业精神、基本技能和创新能力教育培养为核心，紧密结合监狱罪犯教育业务工作岗位的实际情况，充分吸收监狱基层实务工作实践的新经验和职业教育教学改革的新成果，力求达到内容实、体例新、水平高的编写要求。

　　本教材内容包括基础知识、实务技能和文书制作三部分。基础知识部分简要介绍罪犯教育工作的概念、法律地位、发展历程、性质、特征、任务、目的、指导思想、规律和基本原则，为学习者明确将来的工作性质并具备相关基础实务知识奠定基础；实务技能部分以常见的监狱罪犯教育工作为载体，围绕监狱罪犯教育工作实务与技巧，设计相关学习情境，提炼典型工作任务，明确罪犯教育工作的具体方法和措施，训练相应的基层监狱民警开展罪犯教育工作的能力，体现本课程学习的理论必需性、职业针对性，实现培养学生掌握监狱罪犯教育工作实际能力的目标；文书制作部分重点介绍罪犯教育工作文书的基础知识和制作事项，培养学生掌握基本的文书制作和填报能力。本教材包含学习单元9个，其中，学习任务29个、实训任务30个。本教材不仅适用于高职高专法律类相关专业选用，同时还适用于在职监狱民警业务培训使用。

本教材由主编边文颖拟定编写提纲和编写计划，副主编高江川参与了编写体例的商讨，由主编边文颖统稿并统一修改、定稿。

撰写分工如下（以编写单元为序）：

学习单元一：边文颖（山西警官职业学院）

学习单元二：高江川（山西警官职业学院）

学习单元三：单玉英（新疆兵团警官高等专科学校）

学习单元四：边文颖 董天鹂（山西省女子戒毒所）

学习单元五：高江川 张晓锋（山西省平遥监狱）

学习单元六：郑 红（贵州省司法警官学校） 高江川

学习单元七：边文颖 杨俊儒（山西省太原第二监狱）

学习单元八：龚志新（新疆兵团警官高等专科学校）

学习单元九：康建煜（山西省戒毒管理局）

本书编写过程中，山西省阳泉第一监狱刘存宝、山西省晋中监狱杜汾生、山西省太原第三监狱郗静敏、崔拥民等基层实务部门的诸位同志，提供了大量的实务资料，提出了宝贵的意见和建议，给予了大力支持，对此谨向他们致以衷心的感谢。本书的编写参考和借鉴了其他的教材、学术著作和网络媒体资讯，并吸收和借鉴了学者、专家的研究成果，对此谨向原作者致以衷心的感谢。同时，限于编写者的理论水平、写作水平和监狱工作实践经验的不足，书中出现疏漏甚至错误在所难免，敬请读者谅解和指正。

编者

2014 年 12 月

目录CONTENTS

文书制作篇

基础知识篇

学习单元一　罪犯教育

内容提要

　　本单元学习内容：罪犯教育的概念和法律地位；罪犯教育的性质和特征；罪犯教育的发展历史；罪犯教育的目的；罪犯教育的任务。

学习目标

　　了解罪犯教育的概念、法律地位；掌握罪犯教育的性质、特征、目的和任务。

学习任务一　罪犯教育的概念和法律地位

任务引入

　　作为一名警官职业学院的预备警官，未来将从事罪犯教育工作。因此，必须首先了解什么是罪犯教育，掌握罪犯教育的内涵和法律地位，为成为一名具备较高理论素养的监狱民警奠定基础。

任务分析

　　重点学习和掌握罪犯教育的概念和法律地位。

基础知识

一、罪犯教育的概念

（一）罪犯

　　在罪犯教育工作实务中，罪犯是专指因犯罪被人民法院审判，依法判处有期徒刑、无期徒刑和死刑缓期两年执行，正在监狱执行刑罚的人员。罪犯是在监狱按照法律要求，有目的、有计划、有组织地参加以转变思想、矫正恶习、灌输知识、培养德行、增强技能为基本内容的系统影响活动的各类违法犯罪人员。

罪犯包括成年罪犯及未成年罪犯。成年罪犯是指年满 18 周岁被判处死刑缓期两年执行、无期徒刑、有期徒刑的自然人。未成年罪犯是指年满 14 周岁不满 18 周岁被判处无期徒刑、有期徒刑的自然人。

罪犯作为一个法律概念，它的基本特征包括以下几点：一是特定条件下的自然人，即达到法定责任年龄，具有刑事责任能力的自然人；二是实施了依照法律规定应受刑事处罚的自然人；三是被依法剥夺自由在监狱执行刑罚的自然人。

（二）教育

教育是一种培养人的社会实践活动。在我国，教育一词最早出自《孟子·尽心上》："得天下英才而教育之。"在相当多的典籍中，教与育是分开来使用的，例如《中庸》中"修道之谓教"；《学记》中"教也者，长善而救其失者也"；《说文解字》中"教，上所施，下所效也"，"育，养子使作善也"。

在西方，教育（education）一词源于拉丁文"educare"，有引出和引导的意思，指教育能引导被教育者，使之得到完美的发展。教育是人的发展的自然性与社会性相统一的实践活动，教育应当以人为本，应当以社会为基础。1976 年联合国教科文组织在《国际教育标准分类》中，将教育界定为："是一种有组织、持续进行的并以引发学习为目的的交流。"

（三）罪犯教育

我国对罪犯教育的概念曾经从体制、活动内容和对象等角度进行过界定。

第一种是改造教育的定义，主要指改造机关对依法被判处有期徒刑、无期徒刑和死刑缓期两年执行的罪犯，在惩罚管制的前提下，以组织他们参加生产劳动为基础，以"既改造人、又造就人"为目标，以转变世界观，矫正恶习，灌输政治、文化、技术知识为主要内容而实施的有组织、有计划、有目的的系统影响活动。

第二种是教育改造的定义，主要指我国监狱对依法被判处有期徒刑、无期徒刑和死刑缓期两年执行的罪犯，在刑罚执行过程中，以转变罪犯思想、教育犯罪恶习为核心内容，结合进行文化、技术教育的有计划、有组织、有目的的系统影响活动。

罪犯教育不从属于惩罚，不是一种基于犯罪而必须在法律上履行的责任（忏悔或赎罪），更不是转换了惩罚客体的一种更高明的惩罚方式。如果将罪犯教育等同于惩罚，那么，任何旨在减少犯罪人未来犯罪的倾向的干预措施，不管是以人格、行为、能力、态度、价值观为中介，还是以其他因素为中介，都成了这种惩罚的手段，而这种"通过把犯罪人的思想、意志、欲求、人格、意识等精神因素纳入科学认识和技术运作的程序"，就成了以教育名义对罪犯实施新的强制。

罪犯教育也不能简单地等同于改造，不是为了教育罪犯思想和行为而进行的强制性灌输，因为这种灌输始终迫使犯罪人把自己当做"罪人"而去接受别人的教诲和指令，按照别人的意愿自我塑造成为"好人"。因此，不论罪犯教育采取何种形式，其核心价值不是惩戒和规训，而是帮助和教化，是在尊重罪犯教育对象的主体性、自主性基础之上的教育活动。

基于以上分析，我们为罪犯教育所下的定义是：罪犯教育是我国监狱的一项强制性的重塑罪犯人生的执法活动，是一项区别于社会普通教育的特殊教育。它是以特定设施为主要条件的一种特殊教育形式，是以实现再社会化为本质，系统地影响和改变罪犯思想观念与行为方式的策略、方法和手段。

二、罪犯教育的特点

（一）罪犯教育的对象具有特殊性

普通教育的对象是学龄儿童、青少年以及一些接受继续教育的普通公民，这类教育对象的人生观、世界观、价值观以及道德品质或者在形成当中，或者已经形成并符合社会要求，在遵循社会规范方面没有重大问题或过失。而罪犯教育的对象则是罪犯，他们在世界观、人生观、价值观以及道德品质方面出现了这样或那样的偏差，实施了与社会规范相悖的行为。

（二）罪犯教育的目的具有特殊性

学校教育的方针是为了"培养德、智、体、美等方面全面发展的社会主义建设者和接班人"，而由于罪犯教育对象的特殊性，罪犯教育的目的则是为了把罪犯"改造成为守法公民"和"自食其力的新人"。确定了这样的罪犯教育目的，罪犯教育的内容、形式、方法等也会随之有所不同。

（三）罪犯教育发生的场所具有特殊性

由于罪犯教育对象是公民眼里的越轨者，所以他们的社会化过程就不是基本社会化或主动再社会化，而属于被动再社会化。社会化或主动再社会化主要发生在家庭和学校当中，而被动再社会化则是在特定的社会司法机构当中进行的，具有一定的强制性，罪犯教育对象也由此完全或部分地失去了人身自由，在监狱或未成年犯管教所等场所完成其被动再社会化过程。

（四）罪犯教育的内容具有特殊性

普通教育是围绕着使受教育者适应社会生活展开的，所以学校教育是以文化知识的学习为主，以智力、道德品质、审美情趣、身体素质等水平的提高为目的设置相应的教育内容；在罪犯教育当中，为了教育罪犯改正有悖于社会规范的行为习惯、思维方式、道德品质、审美取向，教育内容就应当以法律规范、道德规范教育为主，围绕回归社会开展文化知识、职业技术教育，必要时进行心理教育。

（五）罪犯教育的组织形式和方法具有特殊性

从方法上看，学校教育比较多地使用班级授课的方法，例如讲授法、讨论法、读书指导法等；而罪犯教育当中则比较多地使用适合现场教学的方法，例如陶冶法、实习法、实验作业法等。由于罪犯的年龄不同，知识水平参差不齐，并且知识传授并非教育的主要任务，所以在活动和交往当中，集体教育、个别教育、分类教育、社会教育成为罪犯教育的主要组织形式。

（六）罪犯教育过程的权利——义务关系具有特殊性

普通教育当中的受教育者都是具有人身自由的人，他们接受教育的主要目的是为了更好地适应社会生活，所以对个人发展是有利的，因而其目的是内发的。而且，受教育在普通教育中主要表现为一种权利，受教育者是权利主体。在罪犯教育当中，罪犯接受教育是为了更好地遵守社会规范，主要表现为一种对社会有利的行为，其教育目的是社会强制的。因而在罪犯教育领域，受教育首先是一种义务，其次才是一种权利。当罪犯不情愿接受教育时，监狱有权依法采取强制措施实施教育。

三、罪犯教育的内容

（一）入监教育

入监教育的重点是开展法律常识教育和认罪悔罪教育，使罪犯了解在服刑期间享有的权利和应当履行的义务，了解和掌握服刑人员的行为规范。要教育引导罪犯认罪悔罪，明确改造目标，适应服刑生活。

（二）法律常识和认罪悔罪教育

针对罪犯不懂法、不守法、法律意识淡薄等情况，开展法律常识教育，使罪犯了解基本的法律知识，树立尊重和遵守法律的意识和观念。要在法律常识教育的基础上，深入开展对罪犯的认罪悔罪教育。要教育罪犯运用所学法律知识，联系自己犯罪实际，明白什么是犯罪，认清罪与非罪的界限，承认犯罪事实；要指导罪犯正确对待法院判决，正确处理申诉与服刑改造的关系，使罪犯认罪服判。

（三）公民道德和时事政治教育

开展公民道德教育，使罪犯明确社会主义道德的基本原则和要求，认识正确处理个人、集体、他人的关系在社会生活中的重要意义，提高道德认识水平，培养遵守社会主义道德的自觉性。要对罪犯进行时事政治教育，开展以科学发展观、构建社会主义和谐社会等重大战略思想为重点的思想政治教育，开展以国家改革开放和现代化建设取得的巨大成就为重点的形势教育，开展以近期国际、国内发生的重大事件，特别是与罪犯关系密切的事件为主要内容的时事教育，教育引导罪犯充分认识国家经济社会发展、社会和谐稳定的大好形势，消除思想疑虑，增强改造的信心。

（四）文化教育

针对罪犯的不同文化程度，分别开展扫盲、小学、初中文化教育，有条件的可以开展高中阶段的教育。尚未完成义务教育、不满 45 周岁、能够坚持正常学习的罪犯，应当接受义务教育。对已完成义务教育的罪犯，鼓励其参加电大、函大、高等教育自学考试或者其他类型的学习。

（五）劳动和职业技术教育

要结合罪犯实际，教育罪犯认识劳动的重要意义，引导罪犯树立正确的劳动意识，要根据罪犯在狱内劳动的岗位技能要求和刑满释放后就业的需要，组织罪犯开展岗位技术培训和职业技能教育。

（六）心理健康教育

针对罪犯心理调节能力和心理承受能力普遍较弱，容易发生心理问题的情况，要在罪犯中普遍开展心理健康教育，引导罪犯树立关于心理健康的科学观念，懂得心理健康的表现与判断标准，了解影响心理健康的因素及其关系，对自身出现的心理问题学会自我调适或主动寻求心理辅导和咨询，增强心理承受和自我调控情绪的能力，提高心理素质。要帮助罪犯找出导致违法犯罪的心理根源，学会矫正和克服的相应办法。引导罪犯加强与他人的交流与沟通，培养建立和谐人际关系的能力。

（七）出监教育

要根据罪犯回归社会的实际需要，对即将出监的罪犯集中进行 3 个月的出监教育，重点是进行形势、政策、前途教育，遵纪守法教育。要对每一名即将服刑期满的罪犯进行谈话教育，使其做好出监准备。要大力加强对罪犯回归社会前的就业指导，开展多种类型、比较实用的职业技能培训，增强罪犯回归社会后适应社会、就业谋生的能力。

四、罪犯教育的法律依据

（一）《中华人民共和国监狱法》

《中华人民共和国监狱法》（以下简称《监狱法》）总则第 3 条对监狱罪犯教育的原则进行了规定，"监狱对罪犯实行惩罚和改造相结合、教育和劳动相结合的原则，将罪犯改造成为守法公民"。第 4 条对监狱罪犯教育的基本内容进行了规定，"监狱对罪犯应当依法监管，根据改造罪犯的需要，组织罪犯从事生产劳动，对罪犯进行思想教育、文化教育、技术教育"。第五章"对罪犯的教育改造"进行了规定。这一章也规定了罪犯教育的手段、设施及社会支持等方面的内容，特别是规定对罪犯的文化和技术教育要列入所在地区的教育规划，并由教育、劳动部门发证。

（二）司法部及相关部门制定的有关监狱教育的部门规章

1995年，司法部、国家教委、劳动部联合发布了《关于进一步加强对罪犯的文化职业教育和技能培训的通知》，规定了对罪犯实施文化和职业技能教育的具体办法。1998年，司法部监狱管理局、国家教委基础教育司和成人教育司联合发布了《关于服刑人员统一使用〈育新教育初中教材〉的通知》，要求全国监狱系统使用《育新教育初中教材》作为服刑人员初中文化教育的通用教材，这是由司法部监狱管理局组织编写的，经国家教委中小学教材审定委员会审查通过，这套教材与1992年经国家教委审定的《育新小学教材》配套，初步形成了全国监狱系统服刑人员文化教育的教材体系。2003年6月司法部制定《监狱教育改造工作规定》。这一规范性文件对教育改造工作的总体要求以及教育改造的形式、内容、方法等作了规定，对罪犯的入监教育、个别教育、思想文化技术教育、监区文化建设、社会帮教、心理矫治、出监教育等方面提出了具体要求，全面规范了罪犯教育工作。为进一步提高罪犯改造质量，根据《中华人民共和国监狱法》和《监狱教育改造工作规定》等法律、规章，结合教育改造罪犯工作实际，2007年7月4日司法部第12次部长办公会通过了《教育改造罪犯纲要》。这一规范性文件从五个方面共30条对罪犯教育改造工作进行了进一步规范：一是要充分认识教育改造罪犯的重要意义；二是明确了教育改造罪犯的指导思想、主要目标和基本原则；三是确定了教育改造罪犯的七个主要内容和要求；四是规定了教育改造罪犯工作的实施意见；五是提出了教育改造罪犯工作的保障措施。《教育改造罪犯纲要》使罪犯教育工作更明确、更具有操作性。

五、注意事项

1. 由于本学习单元是概述，因此，对知识内容的描述都是简要和概括性的介绍，同学们在学习的过程中可以和后面相关学习单元结合起来学习。

2. 心理健康教育是罪犯教育的一项重要内容，它也是刑事执行专业学生学习的重要知识和技能。由于在刑事执行专业的课程中有开设《罪犯心理矫治》课程，所以，本书不编写有关心理健康教育、心理咨询和心理矫治的内容，不对这一部分知识内容进行教学，只在相关的内容中作简要介绍。

任务拓展

阅读材料：

1. 意大利刑法学家贝卡利亚的著作《论犯罪与刑罚》。

2. 德国刑法学家、刑事政策学家李斯特所著的《德国刑法教科书》。

3. 苏联教育革新家马卡连柯的著作《教育诗》、《塔上旗》、《论共产主义教育》。

思考问题：

1. 谈谈你对阅读材料的理解和认识。

2. 请查阅和学习本学习任务中提到的《监狱法》、《教育改造罪犯纲要》、《监狱教育改造工作规定》等有关罪犯教育的详细内容。

学习任务二　罪犯教育的性质和特征

任务引入

他们是人，但丢失了灵魂；他们是公民，但失去了自由。这是一群有着特殊身份的人——罪犯。他们唯有洗心革面，接受改造，才能重新做人。

当我们对罪犯进行教育时，我们首先要了解罪犯教育是什么性质的教育，它具有哪些特征，这样才能在工作中做到胸有成竹，把握尺度，不犯错误。

任务分析

学习的难点是理解罪犯教育的性质，重点是掌握罪犯教育的特征。

基础知识

一、罪犯教育的性质

监狱是国家的刑罚执行机关，罪犯教育作为监狱的一项重要职能，其性质取决于监狱的性质，并体现监狱司法行刑的本质属性。罪犯教育不但具有"行刑"的特性，而且作为一项教育活动，它还有自身的个性特点，是一种非常特别的再塑教育和再社会化活动。从法律、社会等方面来讲，罪犯教育是由我国监狱依法实施的强制性再塑教育。

（一）罪犯教育是监狱执行刑罚的一项基本内容

罪犯教育体现了监狱行刑目的。我国刑罚的目的是预防犯罪，监狱不仅通过依法剥夺或者停止罪犯行使一些权利，限制罪犯的自由，实行严格监管，强迫其履行特定义务，使罪犯感受到一定的痛苦和损失，逐渐认识到自己犯罪的根源和危害性，反省自己过去的思想和行为，感受到刑罚的威慑力，减少重新犯罪的可能；而且通过对罪犯的思想、文化、技术等方面的教育，把他们改造成为守法公民。罪犯教育是监狱执行刑罚的一项基本内容，体现了监狱行刑的要求。我国《刑法》第46条规定："被判处有期徒刑、无期徒刑的犯罪分子，在监狱或者其他执行场所执行；凡有劳动能力的，都应当参加劳动，接受教育和改造。"对罪犯的改造，并不是简单的"行刑"、单纯的惩罚，而是教育罪犯，预防和减少犯罪。

（二）罪犯教育是监狱改造罪犯的一个关键手段

我国监狱是惩罚和改造罪犯的刑罚执行机关，改造罪犯的各项工作，都是为了一个共同的目的，即把罪犯改造成为社会的守法公民。《监狱法》第4条规定："监狱对罪犯应当依法监管，根据改造罪犯的需要，组织罪犯从事生产劳动，对罪犯进行思想教育、文化教育、技术教育。"这就明确了监狱对罪犯实施惩罚改造有狱政管理、教育和劳动改造三个基本手段，三者从不同的方面起着不同的作用。其中，狱政管理是改造罪犯的前提和保证，生产劳动是改造罪犯的基础，它们不仅具有维护正常改造秩序、保障监狱安全、保证各项改造措施正确施行的功能，而且还对罪犯思想转化有着潜移默化的影响。罪犯教育与前两者相比较，其改造作用更为明显、突出，是监狱改造罪犯的一个关键手段，因为世界观的转变，归根到底要靠教育，突出教育是我国监狱工作的基本特色和传统优势。罪犯犯罪心理的形成、犯罪行为的发生，除了犯罪者周边不良环境的影响之外，往往是由于腐朽思想意识及堕落的人生观、道德观、法纪观的作用和支配的结果。而这些属于意识形态领域内的问题，是不能靠强迫命令、不能靠压服来解决的，只能依靠系统的、经常的思想教育工作才能解决。即以社会主义的新思想、新道德、新风尚去批判、破除罪犯灵魂深处的不良意识，使他们逐步树立正确的人生观、道德观和社会主义法制观，从根本上消除违法犯罪的思想根源。教育这种转化思想、破旧立新的作用和功能，是其他手段所不能代替的。总之，罪犯教育在整个改造工作中是最活跃、最积极、最灵活的关键手段，并在转化犯罪思想和转变罪犯世界观中起着关键作用。

（三）罪犯教育是罪犯重新社会化的一种再塑活动

一个人从出生就开始了社会化的历程，经过一定成长过程，达到一定年龄阶段，逐步掌握了一个社会成员应具备的知识、技能和行为规范，成为一个独立的社会成员。但是由于种种原因，有的社会个体没有获得与社会同步的发展，甚至偏离社会规范，出现危害社会的犯罪行为，这是社会化过程的失败。监狱是对罪犯实施再社会化的场所，是重塑罪犯的社会角色。监狱改造罪犯，主要是按照国家意志和要求，对罪犯强制灌输正确的思想意识和系统影响，转变思想观念，矫正行为恶习，进行重新培训、强制再塑的教育活动过程，以期让罪犯重新社会化，顺利回归社会，成为守法公民。

罪犯教育与社会普通学校教育都是培养人的社会实践活动，都是以人为教育对象，向受教育者灌输一定的世界观，进行思想品德培养的有目的、有计划、有组织的活动。但罪犯教育是教育的特殊形态，其实质是按照社会主义国家的要求，同罪犯进行针锋相对的思想斗争，强制灌输社会主义思想和施加系统影响的一种重新社会化的再塑活动。一是前提特别，即执行刑罚下的教育活动，是刑罚执行的重要组成部分，罪犯教育与执行刑罚并存，贯穿于刑罚执行的全过程；二是环境特定，即监管改造场所，它对罪犯具有综合影响，如刑罚的惩戒作用、政策的感化作用、监管的规范作用、劳动生产的熏陶作用；三是对象特殊，罪犯教育是改造人的再塑教育活动，侧重于把罪犯放在社会意识的精神关系中，通过理性的正义的批判和比较，达到观念改变、人生价值观的转变和心理改善。

二、罪犯教育的特征

罪犯教育是指我国监狱为实现刑罚目的，在依法执行刑罚过程中，对罪犯所进行的以转变罪犯思想、矫正犯罪恶习为核心内容，结合进行文化技术教育和身心健康教育等方面的系统的影响活动。其主要特征有：

（一）法定性

由于教育对象不同程度地存在违反社会规范的行为，因而罪犯教育从一开始就具有法定性色彩。

在《监狱法》颁布前，《中华人民共和国劳动改造条例》（以下简称《劳动改造条例》）、《监狱、劳改队管教工作细则》对罪犯教育工作就有规定。《劳动改造条例》第三章第 25～27 条，《监狱、劳改队管教工作细则》第五章第 96～110 条，对教育改造的任务、内容、原则、方法及入监、出监教育等都做了明确的规定。1994 年颁布的《监狱法》，在第一章"总则"的第 3 条中规定："监狱对罪犯实行惩罚和改造相结合、教育和劳动相结合的原则，将罪犯改造成为守法公民。"第4条规定:"监狱对罪犯应当依法监管,根据改造罪犯的需要,组织罪犯从事生产劳动,对罪犯进行思想教育、文化教育、技术教育。"第7条第2款规定:"罪犯必须严格遵守法律、法规和监规纪律,服从管理,接受教育,参加劳动。"第五章、第六章则专章规定了罪犯和未成年犯的教育改造问题。第61~68条专门规定了对罪犯进行教育改造的原则、方法和内容,监狱就是依照《监狱法》等有关法律法规的规定对罪犯实施教育的。

因此,罪犯教育与普通教育相比,法定性是其显著的特征之一。在普通的教育活动中,一般只在义务教育阶段申明受教育是适龄教育对象的义务,其他的各阶段则更多是对受教育权利的强调。但在罪犯教育活动中,罪犯教育对象不论其年龄是否在义务教育的年限之内,都有受教育的义务。

(二)强制性

罪犯教育的强制性,是由我国监狱的性质和职能决定的,对罪犯的教育是通过国家专政机关的强制力量来实现的,没有强制,罪犯教育就失去了前提。严格的军事管制、监管约束,是罪犯接受教育的先决条件。罪犯在监狱里必须依法接受各种教育,无论罪犯判刑前是什么身份、什么职业、年龄多大、地位多高、一旦入监,都必须接受教育。服刑几年,就要接受教育几年,这既是他们的法定权利,也是其法定义务。

(三)综合性

罪犯教育的综合性是构成改造罪犯基本手段的重要因素,其含义是指教育内容的丰富性、教育原则的多元性、教育形式的多样性等。从教育内容上讲,对罪犯要开展入监教育、出监教育、思想教育、文化知识教育、职业技术教育和身心健康教育;从教育原则上讲,要遵循罪犯思想转化的规律和学习的规律,采用因人施教原则、分类教育原则、以理服人原则;从教育方法上讲,有集体教育、个别教育、社会教育及辅助教育等,罪犯教育是围绕罪犯改造的目的,运用多种形式的教育方法,设置多项教育内容,遵循罪犯教育基本原则的改造罪犯的基本手段。

(四)复杂性

罪犯教育的复杂性主要表现在以下四个方面:

1. 罪犯教育对象是复杂的。教育对象在年龄、性别、个性、人生观、世界观、价值观、家庭出身等方面都有所不同,这本身就已经十分复杂了。而且由于不同的罪犯教育对象的个人经历不一,其思想当中不同程度地存在着消极意识,有的甚至还有心理疾病,这更加大了罪犯教育工作的复杂程度。

2. 罪犯教育工作内容和任务是复杂的。罪犯教育的工作内容包括思想政治教育、文化知识教育、职业技术教育、心理健康教育、入监教育、出监教育以及监狱文化教育等，所以说罪犯教育工作内容是庞大而复杂的。另外，罪犯教育工作既要促进罪犯身心发展，又要矫正其恶习，可以说是双重任务，其复杂性与普通教育相比无疑更高。

3. 监狱民警和罪犯教育活动意向的复杂性。教育是一种具有意向性的活动，也就是说，教育者和教育对象对于教育活动的方向都有一个认识（虽然有时教育对象可能没有十分清晰地认识到这一点），教育活动的意向决定于教育者和教育对象双方的意向。罪犯教育与普通教育两种活动当中，活动双方的意向是不同的。普通教育中，教育者和教育对象的意向是一致的，换言之，双方的意向是统一在教育目的上的；而在罪犯教育中，监狱民警的意向是代表着国家的期望，而罪犯的意向则代表着他们自己的利益，这两种意向常常是相抵触。这就决定了罪犯教育工作要比普通教育更为复杂和艰巨，因为罪犯教育工作常常要先破而后立，即监狱民警必须先清除罪犯头脑中的消极意识，然后才可能使积极的思想观念进入其头脑当中。

4. 罪犯教育工作对监狱民警的能力的要求具有一定的复杂性。由于罪犯教育工作本身的复杂性，要求监狱民警既要有一般教师的渊博知识、流利的口头语言表达能力、组织管理能力、情感交流能力，还要有对消极腐朽思想作风的鉴别、批判、抵御能力，这就对监狱民警的能力提出了更高的要求。

三、注意事项

学习罪犯教育性质和特征，是通过对罪犯教育性质特征的认识和理解，把握罪犯教育不同于普通的学校教育，它有其独有的特质，并且通过把握罪犯教育的独有特质，进一步提高罪犯教育质量。

 任务拓展

1. 认真阅读《监狱法》，谈谈对罪犯教育的性质的理解。
2. 通过学习罪犯教育特征，辨析罪犯教育与普通社会教育的区别。

学习任务三　罪犯教育的发展历史

◎ 任务引入

1949 年新中国建立后，我国首先开始了对战犯和社会上各类违法犯罪分子进行教育，65 年过去了，我国的罪犯教育经历了一个怎样的创建、发展、完善和创新的漫长的历史进程呢？

○ **任务分析**

　　了解新中国成立后罪犯教育的发展历史。

基础知识

　　新中国成立后，中国共产党人继承和发展了马克思列宁主义关于改造人、改造社会的理论，系统地提出了在社会主义条件下改造违法犯罪分子，使他们成为新人的学说。20 世纪 50 年代以来，我国创立了独具特色的劳动改造制度，重视对罪犯的教育改造。这项有中国特色的罪犯教育实践经历了三个重要发展时期。

一、罪犯教育的建立

　　1949 年中华人民共和国成立，翻开了中国现代历史新篇章。罪犯教育是根据毛泽东改造罪犯的思想，从 1951 年正式开始的。1951 午 5 月，《第三次全国公安会议决议》规定，"对参加劳动的犯人，应有适当的政治、思想、文化教育和必要的卫生医疗工作；应按其劳动和政治表现的好坏，给以恰当的和严明的精神和物质奖励"。在实际工作中，建立了严格的罪犯教育制度，特别是冬夏政治整训中的认罪教育、政策教育和劳动教育，使绝大多数罪犯能认罪服法、接受改造、积极劳动。1952 年《第一次全国劳改工作会议决议》指出："要经常地系统地在罪犯中进行认罪服法教育，以启发罪犯劳动改造自己、重新做人的自觉性。"1952 年，根据《第三次全国公安会议决议》，在全国范围内，建立了统一的劳动改造管理体制，对各类违法犯罪分子结合生产劳动，进行了系统的教育改造工作。

　　1954 年政务院颁布的《中华人民共和国劳动改造条例》，规定了劳动改造与教育改造，并以法律形式确定了惩罚管制与思想改造相结合，劳动生产与政治教育相结合的监狱工作方针。其中第 26 条规定："对犯人应当经常地有计划地采用集体上课、个别谈话、指定学习文件、组织讨论等方式，进行认罪守法教育、政治时事教育、劳动生产教育和文化教育，以揭发犯罪本质、消灭犯罪思想、树立新的道德观念。对犯人可以组织他们进行适当的体育和文化娱乐活动，并且组织他们进行生活、劳动、学习的检讨。"这些规定使我国罪犯教育工作进入了一个新的历史时期。此后，1962 年公安部《劳动改造管教队工作细则》对罪犯教育的目的、内容、任务等作了较全面的规定，使罪犯教育的法律制度更加健全，罪犯教育得以逐步确立。

概括起来，这一时期新中国的罪犯教育实践，坚持了科学的教育改造观，即在依法管理的前提下，组织罪犯参加生产劳动及各种形式的社会实践活动，对其进行法制、道德、文化知识和职业技能等内容的教育，并充分运用各种社会力量，调动一切积极因素，促进罪犯改变原有的犯罪意识和行为恶习，使其成为自食其力的守法公民。经过半个多世纪的实践发展，不仅改造了日本战争罪犯、封建末代皇帝、国民党战犯和大批反革命罪犯，而且成功地改造了数以百万计的各类刑事犯罪分子，为预防和治理违法犯罪，促进社会文明与进步做出了重要贡献。十年动乱期间，罪犯教育工作遭到破坏，罪犯教育进入十年的停滞阶段。

二、罪犯教育的发展

党的十一届三中全会以后，在邓小平理论指导下，罪犯教育工作逐步走向制度化、规范化和系统化。特别是1981年第八次全国劳改工作会议明确提出"要加强对罪犯的教育改造工作，把劳改场所办成改造罪犯的特殊学校"，并把"教育、感化、挽救"作为教育改造青少年罪犯的指导思想和政策方法。1982年1月中共中央在《关于加强政法工作的指示》中强调，"劳改、劳教场所是教育改造违法犯罪分子的学校"。1982年公安部《监狱、劳改队管教工作细则》，对罪犯教育的任务、内容（三课教育）、理论联系实际、因人施教、以理服人等原则，集体教育与个别教育相结合，理性教育与感性教育相结合，监内教育与社会教育相结合等方法，共性教育与分类教育相结合、辅助教育等制度，以及入监、出监教育等都作了系统规定。规定监狱党委会和狱务会要把教育改造工作列入重要议事日程，并由一名领导干部分工主管；监狱、劳改队要建立一支教育改造工作专业队伍，配备专职政治、文化教员；要成立政治、文化、技术教研室。1985年6月，司法部进一步明确提出了这类特殊学校的指导思想、办学原则和工作要求，即要坚持"改造思想、造就人才、面向社会、服务四化"，实行系统化、正规化、科学化的罪犯教育。以此为契机，我国的罪犯教育实践进入一个新的发展阶段并取得了较大成效。1989年，颁布了《司法部劳改局关于对罪犯实施分押、分管、分教的试行意见》，规定对罪犯实施分类教育的具体制度，实行"分级编班、分类施教"，规定"对罪犯的教育，总体上可分为常规教育和专题教育两方面内容"，"要开展个别教育、心理咨询活动，以巩固教育成果"。

三、罪犯教育法制化、现代化和科学化的新时期

1994 年年初，司法部提出建设现代化文明监狱的奋斗目标。罪犯教育方法、手段、技术的科学化、现代化、文明化成为我国监狱建设中的重要任务。1994 年 12 月，《监狱法》颁布实施，在第五章"对罪犯的教育改造"中，专门规定了罪犯教育的原则、方法、内容，并将罪犯的劳动归入教育改造；第六章专门规定了"对未成年犯的教育改造"，形成了"大教育改造观"和体系。随着《监狱法》的颁布实施，监狱法制化、现代化建设进程进一步推进，监狱体制更加规范有序，监狱设施现代化有了很大的发展，行刑活动更加依法、严格、科学、文明，监管秩序更加稳定。在此基础上，司法部进一步提出深入贯彻"以改造人为宗旨"的方针，建设现代化文明监狱，提高教育改造质量，实现监狱工作法制化、科学化、社会化等措施，2001 年 12 月，全国司法厅（局）长会议提出了贯彻"三个代表"重要思想，要"以提高教育改造质量为中心"，全面做好监狱工作。这些规定和要求，标志着我国罪犯教育工作已作为整个监狱工作中心的特殊地位，更进一步纳入法制化、规范化轨道，进入了一个全新的发展时期。

 任务拓展

阅读材料：

1. 外国近代的罪犯教育的代表著作，英国监狱学家约翰·霍华德的《论英格兰和威尔士的监狱现状》。

2. 早期社会主义国家监狱的罪犯教育思想的法案，1924 年《俄罗斯联邦劳动改造法典》，1969 年 7 月《苏联和各加盟共和国劳动改造立法纲要》以及 1977 年修正案。

思考问题：

对于外国罪犯教育我们可以借鉴什么？

 学习任务四　罪犯教育的目的

🔘 **任务引入**

刑事近代学派认为：刑罚的价值不是报应犯罪，它是一种保卫社会的手段；

刑罚的作用在于教育犯罪人，使其成为遵纪守法的社会人而回归社会，从而实现刑罚的社会防卫目的。

1951 年 5 月 15 日，《第三次全国公安会议决议》提出，"为了改造这些犯人，为了解决监狱的困难，为了不让判处徒刑的犯人坐吃闲饭，必须根据惩办与改造相结合的原则，并适应全国各项建设的需要，立即着手制定通盘计划，组织劳动改造工作"。该方针的首要目的正是改造罪犯。从此以后，我国监狱民警开始了漫长的为实现罪犯教育目的的奋斗历程。

◐ **任务分析**

理解罪犯教育目的的概念和精神实质，掌握罪犯教育目的的内容。

基础知识

一、罪犯教育目的的概念和精神实质

（一）罪犯教育的目的概念

教育目的是指通过教育把受教育者培养成什么样的质量和规格的人。每个人出生后都面临着一个发展可能性的空间，作为一种加工培养的对象，其他人总要为他选择某一种发展的可能性，按照某种期望和要求在塑造他、培养他，使他朝着这种期望和要求去发展，这是广泛意义上的教育目的。苏联教育家加里宁也曾说过："教育是对于受教育者心理上所施加的一种确定的、有目的和有系统的感化作用，以便受教育者的身心上养成教育所希望的品质。"

罪犯教育目的是监狱有计划、有目的地通过教育将罪犯塑造成什么样的人的问题，是国家对于监狱造就人的总体要求，是罪犯教育工作的出发点和归宿，罪犯教育目的规定着罪犯教育所造就的人的质量和规格。

（二）罪犯教育目的的精神实质

从监狱罪犯教育工作看，对罪犯教育目的的认识有一个演进过程，我国最早的监狱工作方针是在 1951 年提出的"三个为了"的方针。1951 年 5 月 15 日，《第三次全国公安会议决议》提出，"为了改造这些犯人，为了解决监狱的困难，为了不让判处徒刑的犯人坐吃闲饭，必须根据惩办与改造相结合的原则，并适应全国各项建设的需要，立即着手制定通盘计划，组织劳动改造工作"。该方针首要的目的正是改造罪犯。1954 年 9 月 7 日中央人民政府政务院颁布的《中华人民共和国劳动改造条例》第 4 条规定："劳动改造机关对于一切反革命犯和其他刑事犯，所施行的劳动改造，应当贯彻惩罚管制与思想改造相结合，劳动生产与政治教育相结合的方针。"此即"两个结合"的方针。1964 年 8 月 11 日党中央在批转公安部党组《关于第六次全国劳改工作会议的情况报告》中明确指出："要做好这项工作，必须坚决执行中央的既定的方针，即改造与生产相结合，改造第一，生产第二的方针。"这就是"改造第一、生产第二"的方针。1995 年 2 月 8 日国务院《关于进一步加强监狱管理和劳动教养工作的通知》明确指出："监狱是国家的刑罚执行机关，要坚持惩罚与改造相结合、以改造人为宗旨的方针。"这是关于监狱工作方针的最新提法。这四个方针虽然表述不同，但是其精神实质却是一致的，都围绕着将罪犯改造成为"守法公民"这一基本目标而展开，体现了以"改造人"为宗旨的基本精神。

我国的罪犯教育目的是从社会发展的需要出发，对罪犯加以挽救、改造和教育，进而将其造就成为社会所需要的"守法公民"、"有用之才"的过程。这正是我国罪犯教育目的的精神实质。不同类型的监狱，罪犯的违法程度、主观恶性高低都有所不同，但是挽救、改造和教育的精神实质却是一致的。

二、罪犯教育目的的制定依据

罪犯教育目的是罪犯教育与社会发生联系的连接点，反映着社会的要求，是罪犯教育服务于社会的前提。因而罪犯教育目的问题不仅是一个理论问题，也是一个具有很强实践指向性的问题。罪犯教育目的在实践中发挥着导向、调控和评价作用，但是罪犯教育目的的实现却是一个复杂的过程，受到多种因素的制约。为了使罪犯教育目的得以顺利实现，我们需要注意以下几个方面的问题：

（一）罪犯教育目的实现的可能性

罪犯教育目的是否能实现，首先要看该目的是否具有实现的可能性。罪犯教育目的如果缺乏可行性，则不论其他条件是否具备，都是无法实现的。以罪犯道德教育目的为例，过去我们在罪犯教育理论研究中谈及罪犯道德教育问题时，往往把道德教育目标定得过高，甚至与普通群众的要求相近。然而对罪犯这类道德水平较低的群体来讲，过高的要求往往无法收到预想的效果。久而久之，则导致了对罪犯的道德教育流于形式。有学者认为，道德要求可分为三个层次："第一个层次是单纯的为自己的自利行为，既不损人也不利人。这是最起码的道德要求……它的一端连着法律，其主要内容几乎等于法律；第二个层次是为己利人或利己利人的互利行为，这是最普遍的道德要求；第三个层次是为人利人、无私奉献，这是最高的道德理想和道德要求。"依据这样的分层，我们通过调查、论证可以为罪犯教育确定一个合适的标准，这将有利于罪犯教育目的的实现。

所以，要保证目的能实现，首先要重视罪犯教育目的的论证和调查工作，广泛征求理论研究者和实践工作者的意见，使得罪犯教育目的具有可行性和预见性。

（二）罪犯教育目的是可以具体操作的目标

实现罪犯教育目的需要经过多个层次和环节，是通过理论的逐层具体化和实践上逐个环节转化完成的，其机制是各个层次、各个环节教育目的的制定者对上一层次和前一环节规定的教育目的的接受、理解、贯彻，但是其中也可能存在着选择和变通。正因为如此，就可能出现罪犯教育目的的实践与理想的背离、理想上各个层次间的背离以及实践当中各个环节间的背离。

因此，罪犯教育目的必须是可以具体操作的目标，以便减少罪犯教育目的的实现过程中各个层次和各个环节上的背离。

（三）罪犯教育目的可以检查和评价

由于可能存在着上述实现罪犯教育目的的层次和环节上的背离，所以罪犯教育目的必须是可以检查和评价的，从而及时纠正与罪犯教育目的相悖的做法，保证各个层次和环节的工作都能统一到罪犯教育目的上来，使得实践中的罪犯教育影响具有连续性和一致性。

（四）监狱民警的素质

监狱民警是在监狱中负责开展罪犯教育工作的专业人员。监狱民警包括直接面对罪犯，向他们传授文化知识、指导他们学习劳动技能、对他们进行个别教育以及运用其他教育手段开展罪犯教育活动的人员，也包括虽然不直接参与罪犯教育工作，但通过管理、协调、组织或者通过为罪犯教育提供技术、信息等方式使得罪犯教育工作能有条不紊地进行的人员。罪犯教育目的要通过监狱民警的贯彻落实才能最终实现，如果他们的素质偏低就不能全面理解罪犯教育目的的精神实质，造成实践环节上的偏差。目前我国监狱民警的职业声望不高，素质不容乐观，这些因素对实现罪犯教育目的是十分不利的。为我国罪犯教育事业的发展，必须大力提高监狱民警的素质。

三、罪犯教育目的的基本内容

（一）将罪犯改造成为社会的守法公民

把罪犯改造成什么样的社会成员，是由我国罪犯教育目的所决定的。《监狱法》第3条规定："监狱对罪犯实行惩罚和改造相结合、教育和劳动相结合的原则，将罪犯改造成为守法公民。"《监狱教育改造工作规定》第 3 条规定："监狱教育改造工作的任务，是通过各种有效的途径和方法，教育罪犯认罪悔罪，自觉接受改造，增强法律意识和道德素养，掌握一定的文化知识和劳动技能，将其改造成为守法公民。"这两部法律法规明确了我国罪犯教育的目的是将罪犯改造成为社会的守法公民。

（二）培养罪犯良好的思想素质、知识技能素质和身心素质

这是在改造过程中罪犯所形成的具体素质及其结构问题。监狱根据各自的环境和条件，依照法律和社会规范对罪犯进行思想教育的同时，还进行文化知识、职业技能及心理健康的教育，开展适当的文体活动和文化娱乐活动，促进罪犯身心健康发展，为释放后立足社会、就业谋生创造条件，概括地说，就是将罪犯改造成有一定思想道德水准的、有一定法制观念的、有良好行为习惯的、有相应文化知识技能的、有健康身心的守法公民。这三方面的素质中，思想素质的提高是罪犯教育的基础，知识技能素质的获得是关键，健康的身心素质是保证，三者是相互联系的，不可割裂的，他们共同组成了罪犯教育目的的重要内容。

 任务拓展

1. 明确罪犯教育目的的重要意义是什么？
2. 如何理解罪犯教育目的？

 学习任务五 罪犯教育的任务

任务引入

2003 年 6 月 13 日，司法部张福森部长签发部长令：《监狱教育改造工作规定》已经 2003 年 6 月 3 日部长办公会议审议通过，自 2003 年 8 月 1 日起施行。《监狱教育改造工作规定》第 3 条规定：监狱教育改造工作的任务，是通过各种有效的途径和方法，教育罪犯认罪悔罪，自觉接受改造，增强法律意识和道德素养，掌握一定的文化知识和劳动技能，将其改造成为守法公民。今天我们应该如何理解和完成罪犯教育的任务？

◎ 任务分析

明确罪犯教育的任务，了解各项任务之地位和作用，以及完成各项任务的要求。

一、转化思想，矫正恶习

人的思想和行为是相互联系、相互影响的，思想支配行为，行为反映思想，要想行为符合社会规范，首先要使其有正确的思想。犯罪学和监狱学研究表明，一个人走上犯罪道路，由普通公民沦为罪犯，主要原因是其思想观念出现了偏差，导致其行为偏离了社会规范的要求。因此，要彻底改造罪犯，必须把罪犯思想的转化工作放在首位，而转化罪犯的思想，仅仅依靠惩罚监管是不够的，必须对罪犯开展强有力的思想教育。

转变罪犯的思想，矫正罪犯的恶习，是罪犯教育所要解决的根本问题。而对罪犯开展思想教育是罪犯教育中最基本的内容。通过社会主义法制教育，使罪犯明确我国法律制度是按照无产阶级和广大人民意志和利益制定的，是维护人民的民主权利和合法利益的，弄清法律保护什么，允许什么，禁止什么，反对什么，了解合法、违法的界线，从而树立法制观念，养成遵纪守法的良好习惯。通过认罪教育，使罪犯承认犯罪事实，找出犯罪的根源，认清犯罪的危害，从而服从法律判决，遵守监规纪律，接受改造。通过劳动教育、道德品质教育和人生观教育，使罪犯认识到劳动改造世界，劳动创造物质文明和精神文明的真理，自觉用道德规范约束自己。通过形势政策和前途教育，使罪犯认清形势，了解和相信党的政策，澄清模糊认识，消除顾虑，坚定信心，积极改造，争取光明的前途。所以，转化思想、矫正恶习是罪犯教育的核心任务。

二、传授知识，培养技能

知识是人们在改造社会的实践中所获得的认识和经验的总和，是人类在社会实践中逐步积累起来的，而教育则是传授知识的主要途径。罪犯在监狱中学习知识是非常必要的，从罪犯构成来看，罪犯的总体文化程度相对低于社会平均水平，知识欠缺是一个人犯罪的重要因素，通过文化知识的学习，可以增长知识，提高辨别是非的能力。有了文化，才能学习政治、科学和技术。所以我国监狱罪犯教育工作，明确提出要以思想政治教育为核心，以文化教育为基础，以职业技术教育为重点，把开展文化教育，提高罪犯的文化知识素质，作为教育的一项重要任务。《监狱法》第63条规定："监狱应当根据不同情况，对罪犯进行扫盲教育、初等教育和初级中等教育，……"第65条规定："监狱鼓励罪犯自学，经考试合格的，由有关部门发给相应的证书。"通过文化教育，改善罪犯的知识结构，使其摆脱愚昧状态，为他们转变思想、学习劳动技能创造条件，以适应国家社会主义现代化建设的需要。

培养罪犯的劳动技能，是监狱罪犯教育工作的法定任务。《监狱法》第64条规定："监狱应当根据监狱生产和罪犯释放后就业的需要，对罪犯进行职业技术教育，……"第70条规定："监狱根据罪犯的个人情况，合理组织劳动，使其矫正恶习，养成劳动习惯，学会生产技能，并为释放后就业创造条件。"所以，我们必须依法对罪犯开展多种形式的劳动技能教育。

对罪犯开展劳动技能教育，首先，这是改造罪犯思想的需要，好逸恶劳，缺乏劳动技能是多数罪犯的犯罪原因之一，罪犯只有在学习劳动技能的过程中，才能理解劳动的艰辛，懂得劳动成果的来之不易，才能逐渐转变好逸恶劳的思想，树立正确的人生观、价值观；其次，这是监狱稳定工作的需要，对罪犯开展劳动技能教育，可以将罪犯的精力和聪明才智引导到学习技术上来，开发罪犯智力，把原来对社会的消极、破坏因素逐渐转化为积极的建设因素，维持改造程序；最后，这是罪犯回归社会的需要，市场经济条件下，如果罪犯经过几年改造后仍然无一技之长，没有自食其力的本领，就很可能重蹈犯罪的覆辙，只有掌握了谋生的本领，才能立足于社会，服务于社会，做一个有用的守法公民。

三、开展心理健康教育，进行心理矫治

《监狱教育改造工作规定》第43条规定："监狱应当开展对罪犯的心理矫治工作。心理矫治工作包括：心理健康教育，心理测验，心理咨询和心理疾病治疗。"人的行为总是受其心理支配的，是其心理的外部表现，犯罪行为也不例外，它必然要受到犯罪心理的支配。罪犯的调控水平、个性倾向性、个性特征等是在长期的社会化过程中逐步形成并稳定下来的，时刻影响着他们的行为。犯罪行为的最终发生，固然要具备一定的外部条件，但与罪犯缺乏自我调整能力，已经形成并趋向稳定的不良个性心理也有一定的关系，所以要从根本上转变罪犯的犯罪思想，教育其恶劣的行为习惯，除了进行思想教育、文化技术教育外，还要进行针对性心理健康教育和心理矫治，从而完善罪犯人格，提高罪犯调控能力，增强

其社会适应能力入手，根除其犯罪内因。

罪犯接受惩罚和改造，必须保持良好的健康心态，否则是无法安心接受改造的。罪犯在改造过程中，普遍存在抑郁、焦虑、人际关系敏感、恐怖等心理状态，在改造中表现出不愿参加集体活动、逃避劳动、厌学、不服管理和混刑期等情绪和行为，甚至出现自杀、行凶等严重问题。同时，监内监外各种各样的东西都可能会对罪犯的心理产生影响，再加上其心理素质不健康，抵抗能力薄弱，对消极的东西，认同多于拒绝。这些不健康的心理，严重阻碍着罪犯接受惩罚和改造的效果，许多罪犯虽有接受改造的愿望，但无奈心理素质太差，无法达到规定的要求。所以罪犯教育的一个重要任务是对罪犯开展心理健康教育，进行心理矫治，让罪犯学会自我调节，逐渐完善人格，为主动接受改造提供一个良好的心理基础。

促使罪犯身心健康发展，也是实现罪犯教育目的的需要。罪犯经过一定时期改造后，最终还要回到社会，成为社会一员，但必须以健康的身心回归社会，否则极有可能出现"二进宫"、"三进宫"等现象。所以，认识到不健康的心理和不适应社会的行为产生的原因，并寻求改变方法：学会用积极的平衡的正常心态去适应当前和发展的社会环境，不断完善自己的人格，以健康的行为方式适应社会，是罪犯教育活动的一项重要任务。

四、注意事项

1. 转化思想，矫正恶习——罪犯教育的核心任务，是解决罪犯犯罪根源和犯罪行为习惯的根本途径。以马克思列宁主义、毛泽东思想、邓小平理论去冲击、转化、更新罪犯的立场、观点和思维方法。矫正恶习以社会主义法律和社会道德规范去指导、制约和教育罪犯的行为习惯。

2. 传授知识——罪犯教育的重要任务，是教育改造罪犯的主要途径，也是转化思想和培养技能的重要条件。增长知识以现代科学文化知识去武装罪犯的头脑，提高他们的文化素养，促进其增强了解社会和适应社会的能力。

3. 培养技能——罪犯教育的法定任务。培养技能以现代化生产技能知识去培养、训练、强化罪犯的劳动技能，创造谋生条件，促使其回归社会后从事正当职业，走勤劳致富之路，为社会创造财富。

4. 开展心理健康教育，进行心理矫治——罪犯教育的基础任务，是实现罪犯教育目的和罪犯接受惩罚与改造的保证条件。心理健康教育和心理矫治帮助罪犯辨明心理问题的性质及产生的根源，调整心理状态，排除心理障碍，恢复心理平衡。心理健康教育以提高罪犯调控能力，根除犯罪内因，重塑理想人格和增强社会适应能力为出发点，进行针对性心理健康教育，促使罪犯身心健康发展。

以上四个方面的工作是有机联系，不可分割的整体，彼此相辅相成，缺一不可，共同作用于罪犯，才有助于实现罪犯教育目的。

 任务拓展

1. 从罪犯的违法犯罪的原因如何理解罪犯教育任务？
2. 阐述罪犯教育任务之间的关系。

学习单元二　罪犯教育指导思想、规律和原则

内容提要

　　本单元学习内容：罪犯教育指导思想的内涵与研究方法；罪犯教育规律；罪犯教育原则的含义、内容、要求。

学习目标

　　了解罪犯教育指导思想的内涵与研究方法；对罪犯教育规律有初步认识，提高学生在今后工作中认知、运用规律的能力；掌握罪犯教育原则，使之成为罪犯教育工作的行动指南。

 学习任务六　罪犯教育指导思想

任务引入

　　确立"科学发展观"为党的指导思想是十八大报告的最大亮点。2012 年 11 月 10 日，《环球时报》报道："中共十八大将全球目光聚焦到这个人类历史上最大的政党身上……中共现有 8260 万党员，比欧洲主要大国的全国人口还要多。中共这九十多年几经转型，不停应对各种问题和危机的挑战。它经历的极端考验比世界上任何政党都多，它的成员来自社会所有阶层和民族……只要按照党代会报告的大方向去做，它对中国人民和中国国家命运的嵌入就会自然生成源源不断的力量，它和它领导的事业就一定是不可战胜的。"这段话揭示了指导思想对党的建设的重大意义。同样，对罪犯教育工作来说，指导思想一样有其重要意义，那么，罪犯教育的指导思想是什么？

任务分析

　　了解罪犯教育指导思想的界定，明确罪犯教育指导思想内涵。

基础知识

一、罪犯教育指导思想的界定

我们在了解什么是罪犯教育的指导思想前，要先了解什么是指导思想？指导思想就是指做某件（某些、某类等）事情遵循的依据、达到的目的，都要受一定的思想、观点或理论的指导和支配。

罪犯教育是以马克思列宁主义、毛泽东思想为指导，从理论上系统研究对罪犯的教育活动及其规律。我们党和国家在不同历史发展时期有不同的工作方针政策，受党和国家工作方针政策的影响，罪犯教育的工作方针也随之变化。

党的十八大提出了"全面推进依法治国。法治是治国理政的基本方式。要推进科学立法、严格执法、公正司法、全民守法，坚持法律面前人人平等，保证有法必依、执法必严、违法必究。完善中国特色社会主义法律体系，加强重点领域立法，拓展人民有序参与立法途径。推进依法行政，切实做到严格规范公正文明执法。进一步深化司法体制改革，坚持和完善中国特色社会主义司法制度，确保审判机关、检察机关依法独立公正行使审判权、检察权……党领导人民制定宪法和法律，党必须在宪法和法律范围内活动。任何组织或者个人都不得有超越宪法和法律的特权，绝不允许以言代法、以权压法、徇私枉法"。这就为我国今后法制建设指明了方向。

二、罪犯教育的指导思想

2007年司法部颁布的《教育改造罪犯纲要》第3条规定："教育改造罪犯的指导思想是：以邓小平理论和'三个代表'重要思想为指导，全面贯彻落实科学发展观，牢固树立社会主义法治理念，按照构建社会主义和谐社会的总要求，贯彻'惩罚与改造相结合，以改造人为宗旨'的监狱工作方针，紧紧围绕提高罪犯改造质量，坚持以人为本，充分发挥管理、教育、劳动改造手段的作用，发挥心理矫治的重要作用，推进教育改造罪犯工作的法制化、科学化、社会化，把罪犯改造成为守法公民。"

（一）追溯法律渊源——体现依法教育的指导思想

罪犯教育是让罪犯认罪悔罪、改变恶习、痛改前非、知法懂法守法，适应社会的一个关键环节。它既是执法的基础，也是改造的核心。罪犯教育是一项严肃的执法活动，在实施过程中必须严格依法办事，制定的教育内容、管理方式、管理手段等都要符合法律的规定和要求。《中华人民共和国宪法》（以下简称《宪法》）第28条明确规定："国家维护社会秩序，镇压叛国和其他危害国家安全的犯罪活动，制裁危害社会治安、破坏社会主义经济和其他犯罪的活动，惩办和改造犯罪分子。"显而易见，实行依法治国的战略决策，惩罚和改造犯罪分子，都是有宪法依据的。罪犯教育作为改造罪犯的手段和方法，它的指导思想在宪法中体现了出来，这就是罪犯教育指导思想的法律渊源。

《刑事诉讼法》、《刑法》与《监狱法》共同构成我国刑事法律体系。一种制度往往要受多个法律部门的制约。罪犯教育是我国刑事法律体系一个门类中实际的手段和方法，它不仅受到《监狱法》的规范和调整，而且受到《刑事诉讼法》、《刑法》的规范和调整。《刑事诉讼法》第253条规定："罪犯被交付执行刑罚的时候，应当由交付执行的人民法院在判决生效后10日以内将有关的法律文书送达公安机关、监狱或者其他执行机关。对被判处死刑缓期2年执行、无期徒刑、有期徒刑的罪犯，由公安机关依法将该罪犯送交监狱执行刑罚。……"

《监狱法》与《教育改造罪犯纲要》明确了罪犯教育的基本职权、职责内容、法律程序、基本原则、手段和工作要求，对罪犯教育工作作了具体而明确的规定。

（二）寻找政策依据——体现党和国家对罪犯教育的工作方针

罪犯教育必须要坚决执行党和国家的方针政策。这是由监狱本身的阶级性决定的。监狱作为建立在一定经济基础之上的上层建筑，是国家的刑罚执行机关。它的阶级性是很明显的，在执法过程中必须听从党的领导，执行党和国家的方针政策。

我们党和国家在各个时期有不同的工作重点，随之影响到监狱工作，监狱工作的方针政策也随着变化。因此，罪犯教育工作的方针政策也应该随之变化。监狱工作方针依次经历了："三个为了"、"两个结合"、"改造第一、生产第二"、"惩罚与改造相结合，以改造人为宗旨"等四个不同的历史时期。那么，罪犯教育工作方针随着国家的方针政策变化而变化也是理所应当的。

可见，党和国家的方针政策是罪犯教育工作的指针与风向标，它的精神贯穿于罪犯教育工作实践之中，它是在不断发展完善的。罪犯教育作为监狱改造工作的核心任务，必须以党和国家的方针政策作为教育罪犯工作的指针。

（三）吸收现代理论成果——体现科学教育的指导思想

拓宽信息网络运用，强化民警队伍素质建设，提高民警队伍战斗力。监狱要实现高效快速发展，必须提高教育能力，要想提高教育能力，民警队伍素质是关键。因此，要打造实战型民警队伍，增强民警的战斗力，必须坚持信息化应用，提升民警队伍建设质量，推进信息技术在民警队伍建设中的广泛应用。只有让民警把信息技术应用到罪犯教育之中，才能走以信息化建设为先导的现代化教育发展之路。

以系统论、信息论、控制论为主要内容的现代方法论，在我国日益受到重视。系统理论不仅是当代自然科学理论的最新研究成果，也是辩证唯物主义普遍原理的具体化和科学化。系统论、信息论、控制论为现代科学的发展提供了新思路、新方法，开拓了教育的研究视野，有助于从全方位、整体上认识教育的现象及其规律，构建具有中国特色的科学的罪犯教育体系。

（四）落实教育工作原则——体现中国特色社会主义法制指导思想

罪犯教育就是要全面落实依法教育的基本方略，在罪犯教育工作中要落实这个方略就要依法进行罪犯教育。在可持续性发展的态势下，应该与时俱进、开拓创新。在《宪法》的统领下，架构刑事法律体系，进一步完善罪犯教育的法律依据，使教育有法可依、有法必依。根据罪犯教育的实际需要，提高教育质量，建立起规范、科学的教育体系。在罪犯教育中要做到严格、公正、文明，尊重和保障罪犯的人权。在以人为本的基础上依法、严格教育，维护监狱与社会秩序稳定，贯彻执行罪犯教育的原则和要求，将他们改造成为守法公民。

任务拓展

查阅《中国共产党党史》，了解我们党不同指导思想在不同历史时期所起的作用。

学习任务七　罪犯教育规律

任务引入

马克思哲学告诉我们：任何事物都是不断变化发展的，并且这种变化发展是有规律的。现代化学的元素周期律是 1869 年俄国科学家门捷列夫（Dmitri Mendeleev）首创的，他将当时已知的 63 种元素依原子量大小以表格的形式排列，把有相似化学性质的元素放在同一行，这就是元素周期表的雏形。利用周期表，门捷列夫成功地预测了当时尚未发现的元素的特性（镓、钪、锗）。英国科学家莫色勒在此基础上继续研究，后来经过多年修订才形成当代的周期表。这是发现规律、运用规律的典型。罪犯教育也是如此。

 **任务分析**

在学习罪犯教育规律时，要认知规律、利用规律，只有这样才能保证在今后生活、学习、工作中"站在巨人的肩上"。

基础知识

一、罪犯教育规律的概念

什么是规律呢？列宁在《哲学笔记》中对规律是这样论述的："规律就是关系……本质的关系或本质之间的关系。"

《中国大百科全书·哲学卷》关于规律的注释为："规律亦称法则，……是客观事物发展过程中的本质联系，具有普遍性的形式。规律和本质是同等程度的概念，都是指事物本身所固有的、深藏现象背后，并决定或支配现象的方面。然而本质是指事物的内部联系，由事物内部矛盾所构成，而规律则是就事物的发展过程而言，指同一类现象的本质关系或本质之间的稳定联系，它是千变万化的现象世界的相对静止的内容。规律是反复起作用的，只要具备条件，合乎规律的现象就必然重复出现。"根据以上哲学界的注释不难看出，规律具有客观性、必然性、普遍性和可重复性等属性。

规律的本质告诉我们，任何社会现象都存在本身固有的规律。罪犯教育是一种社会现象，它同其他社会现象一样，内部各构成要素之间，或彼此间存在内在联系，这是不以人的意志为转移的。

罪犯教育规律就是罪犯教育系统在其运动发展过程中内部诸要素之间、教育与其他事物之间的本质联系以及发展变化的必然趋势。罪犯教育作为教育的一种特殊分支，是以教育罪犯为载体的，它既要符合教育的普遍规律，还应该有自己的特殊规律。

罪犯教育规律不以人的意志为转移，它是罪犯教育工作内部诸因素之间，与其他事物之间内在的、必然的、本质的联系，以及发展变化的必然趋势。

二、罪犯教育规律的内容

（一）强制性与自觉性逐步走向统一的规律

纵观教育发展的历史可以看出，不论是古代教育，还是现代教育；不论是家庭教育，还是社会教育；不论是启蒙教育，还是高等教育；都具有一定的强制

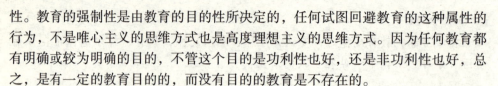

性。教育的强制性是由教育的目的性所决定的，任何试图回避教育的这种属性的行为，不是唯心主义的思维方式也是高度理想主义的思维方式。因为任何教育都有明确或较为明确的目的，不管这个目的是功利性也好，还是非功利性也好，总之，是有一定的教育目的的，而没有目的的教育是不存在的。

从罪犯教育规律的特征可以看出，罪犯教育具有强烈的阶级性，教育的内容和目的具有明显的法定性，同时，监狱民警的教育活动具有教育和执法的双重属性。这无疑增加了罪犯教育的强制性，因为罪犯教育要将触犯刑律的人教育改造成为符合社会要求的守法公民。说得直白些，罪犯教育就是把一个不符合既定要求的人改变为一个尽量符合既定要求的人。这是一个教育改造的过程，也是一个引导和矫正的过程。从罪犯的行为习惯的角度看，其与正常人的社会化目标有着很大的差距，在将罪犯个性化和社会化统一的过程中仅仅靠罪犯的自觉性，是远远不够的。所以，罪犯个性行为的改变必须要经过强制的手段来加强对他们的教育矫正，使他们达到法定的教育目的。

教育过程是强制性和自觉性相统一的过程，它们是相互作用，且共同存在于教育过程中的。在罪犯教育中强制罪犯接受教育改造是国家法定的，罪犯教育的强制性非常明显。但是，绝不能忽视了罪犯转变的自觉性。强制性是不以罪犯意志为转移的一种进攻性、定向性的教育措施。比如向罪犯灌输和传授法律知识、时事政治、文化科学知识等系统活动，既是搞好罪犯政治思想改造的重要条件，又是对罪犯进行生产技术教育的基础。所有这些都是为罪犯向正常的社会人转变、适应社会做准备的，是罪犯教育的外因。但是如果罪犯本身不去学习认识，自我反省，自我转变，不论强加再多的外因，罪犯（内因）是不会转变的，就达不到罪犯教育的既定目的。要想调动罪犯受教育的自觉性，就必须在强制教育的基础上提倡以人为本，强化自我教育。达到罪犯教育的目的，就必须把握好罪犯教育的强制性与罪犯转变自觉性逐步走向统一的规律。

（二）转化罪犯思想和传授知识相互促进的规律

教育作为一项重要的社会活动，与其所处的时代紧密相连，阶级社会中存在的教育具有明显的阶级性。罪犯教育作为一种特殊教育，它的阶级性是显而易见的。罪犯教育的目的是将罪犯改造成为守法公民。教育的过程是罪犯的思想转化过程，然而这个过程不可能是单一的思想转化过程，它只有在传授知识的基础上才能进行，因为思想教育本身也是知识教育的一种形式，只不过它不像自然知识和科学知识那样具有明显的知识性，因而不被人们所认识，但从某种意义上说，罪犯思想转化教育也是理念教育和知识教育。

《监狱法》已经对罪犯教育的内容和要求作了具体的规定，其第3条规定：

"监狱对罪犯实行惩罚和改造相结合、教育和劳动相结合的原则，将罪犯改造成为守法公民。"第62条规定："监狱应当对罪犯进行法制、道德、形势、政策、前途等内容的思想教育。"第63条规定："监狱应当根据不同情况，对罪犯进行扫盲教育、初等教育和初级中等教育，经考试合格的，由教育部门发给相应的学业证书。"

可见，这种教育的实施不能由罪犯依个人喜好来挑选，它是带有明显的法定性和强制性的。在转化罪犯思想的同时也是在传授知识，同时把传授知识的过程作为转化思想的载体。单纯的灌输思想政治教育的做法是片面的。试想为了转变罪犯的思想而去搞一种从理论到理论的空洞无物的教育能有多少用途？这样的教育罪犯不愿接受，恐怕监狱民警也会反感而不愿意实施，那样效果就可想而知。所以，必须把教育的过程看成是转化思想和传授知识相互促进的过程，二者存在于教育的过程中，是相互促进相互提高的，一个整体中的两个方面。

（三）反复教育与罪犯的思想认识反复逐步统一的规律

教育是一个个体社会化和社会个体化的过程。在教育中要通过一定的方法将知识、社会规则等人类社会所承载的东西传递给受教育的个体，实现个体的社会化。另一方面，个体也通过对知识、社会规则的再认知、再加工，实现一定程度上的创新，并以一定的行为方式作用于社会环境，实现社会的个体化。教育就是在这样循环往复的过程中不断发展的，也以这样的方式完成它作为一个社会子系统的使命。而罪犯教育是一个以知识、技术教育为基础的社会行为规范教育。其重点是德育思想、法律知识、行为规范教育，目的是将罪犯改造成为守法公民。

罪犯教育对受教育者来说是一个认识的过程，具有反复性。罪犯认识过程的反复性是指由于客观事物的复杂性，罪犯的认识往往要经过由感性认识到理性认识、再由理性认识到实践的多次反复才能完成。这是因为在认识过程中始终存在着主观和客观的矛盾。客观上，事物的各个侧面及其本质的暴露有一个过程；主观上，罪犯的认识能力的提高也有一个过程。认识的反复性决定了教育的反复性，这种反复性在罪犯教育中显得尤为重要，这是由罪犯个体因素对客观事物的认识不同，以及罪犯教育的重点（行为规范教育）与目的所决定的。这就需要监狱民警对他们采用不同的教育方式，捕捉不同的时机进行多次反复的教育。

罪犯的认识也有其发展的无限性。由于客观世界是无限发展的，因而人类认识的发展也是无止境的，它表现为"实践、认识、再实践、再认识"的无限循环，它在形式上是循环往复，在实质上是前进上升。罪犯认识也是这样的，经过思想上的反复斗争，有时甚至出现倒退，经过监狱民警的教育，再经过罪犯思想的反复认识，再经过民警的反复教育，经过这样多次反复教育"量"的积累，与罪犯思想认识的反复逐步走向统一，实现"质"的变化，达到罪犯教育的目的。

总之，罪犯教育是一项长远的、复杂的系统工程，具有反复性，不是一朝一夕的行为，更不能急功近利。在教育中有的罪犯打架斗殴，有的自杀自残，有的偷奸耍滑，有的脱逃偷盗，有的赌博吸毒，等等。因此，罪犯的这些行为还需要我们去耐心地教育，慢慢矫正。面对认识深浅不一，犯罪原因不同，性格行为各异的罪犯，监狱民警要反复抓，抓反复，是很不容易的事，要慎之再慎。所以，监狱民警必须掌握反复教育与罪犯的思想认识反复逐步统一的规律。

三、注意事项

1. 在本单元学习中主要是通过对教育规律的学习，去认知其他规律，不能刻舟求剑、墨守成规。

2. 在一定认知的基础上去发挥好规律的作用，为以后的工作打下坚实的基础。

任务拓展

认识自然规律与社会规律的区别与联系。

学习任务八　因人施教原则

◎ 任务引入

人像树木一样，要使他们尽量长上去，不能勉强都长得一样高，应当是："立脚点上求平等，于出头处谋自由"。

——陶行知

从陶行知的"立脚点上求平等，于出头处谋自由"，可以看出他的教育原则是因人施教，不可能对所有人都采用一种方法、一个模式去教育。即使用一种方法、一个模式，教育的效果也是不同的，因为被教育的对象个体不同。罪犯的个体不同，必须要采取不同的方法，才能达到预期的教育效果。

 **任务分析**

了解因人施教原则的概念，掌握因人施教原则的要求，学会在工作中运用因人施教原则。

基础知识

一、因人施教原则的含义

孔子早在两千五百多年前就提出了"因材施教"的教育思想。《辞海》对此的注解是："因材施教是教育和教学原则之一。指在基础性要求统一的前提下，对不同的受教育者，提出不同的要求，采取不同的方法"。

因材施教是教育和教学活动最基本的原则之一。由此，可以把因材施教原则移植到罪犯教育中。我们认为：因人施教原则是根据罪犯个体的不同情况，采取不同的教育内容和方法，进行针对性教育的方法。因人施教就是在教育工作中根据不同罪犯的认知水平，自身能力以及自身素质，针对每个罪犯的特点，采取不同方式、有针对性的教育方法，促使他们正常地转变，达到教育目的。它与因材施教相比更加细腻和详细，针对不同罪犯实施不同教育矫正方法，也是为每个罪犯量身定做不同形式的教育方法。

二、因人施教原则的要求

因人施教原则要求，在教育中要了解罪犯的实际情况，承认他们之间普遍存在的差异，根据个体的实际情况开展教育工作。

（一）调查研究，掌握罪犯的个体情况

在罪犯教育中要首先了解罪犯的个人情况。要查看他们的个人档案，初步了解他们的家庭情况、作案经过、刑期长短、犯罪历史、文化素养等基本情况。之后再找他们谈话，在第一次谈话后要实际对比看看是否有隐瞒部分，随后在以后的工作中进行多次谈话以了解他们的社会关系、改造表现、心理需求、个性特征、人际关系、思想状态、情绪变化等。在实际工作中监狱民警总结出了必须要掌握罪犯的具体情况，即"四知道"（详见学习任务十四　个别教育），一知：罪犯基本情况；二知：罪犯犯罪情况；三知：罪犯家庭状况和社会关系；四知：罪犯改造表现。

"四知道"是监狱民警对罪犯情况掌握的基本要求，也是他们应具有的基本

素质。全面而详细地了解"四知道"的基本内容，是贯彻因人施教原则的关键，是做好教育的必备条件，是考核监狱民警教育工作成绩的重要内容。

（二）针对不同个性的罪犯，采用不同的教育方式

在掌握罪犯的基本情况以后，针对罪犯个体的不同情况，要"一把钥匙开一把锁"、"具体问题具体分析"，区别对待，采取不同方法实施教育。

罪犯的个性是多种多样的，在教育过程中要因人而异，对不同个性的罪犯要采用不同的教育方法，用具体方法引导他们，这样才能解决具体问题。对不同罪犯个体不仅要了解其本人情况，还要了解他们的家庭情况与个人经历，个人一贯表现等各方面的情况。细致分析他们的个性特点，找准病因、对症下药，帮助他们辨明问题的性质及产生的根源，调整心理状态，选择有效的教育方法因人施教。以重塑理想人格和增强社会适应能力为出发点，进行针对性教育，促使罪犯身心健康发展。

（三）针对不同时间段，采用不同的教育方式

我们把罪犯教育分为四个阶段：一是入监教育，主要包括法律法规教育，对自己行为危害性的认知以及认罪悔罪教育。通过此阶段教育，可使罪犯适应环境，配合教育，顺利度过不适期。二是常规教育，主要包括个人、家庭、社会形势方面、法律方面、道德方面的教育，以正规讲课和个别教育为主，帮助罪犯认清自己行为的危害性，调整自己，坚定信念。这是教育的主体阶段，也是对教育效果起决定性作用的一个阶段。三是出监教育。在罪犯出监前，要对其进行专门教育，包括检查和评定在教育改造期间的情况，有针对性地为其重返社会提出指导建议，帮助其取得家庭、社会的认可和理解。四是出监后帮教。此阶段是前三阶段教育的继续和延伸，对于巩固教育成果以及正在服刑的罪犯有不可估量的作用。同时，罪犯出监后监内教育结束，教育工作的主要任务就落到了村、居委会，社区，派出所和家庭等社会帮教组织身上，如果帮教组织的教育和监督不力，教育效果就不能达到预期的效果。

三、注意事项

1. 不能简单地把"因人施教"理解为"因材施教"。
2. 在罪犯教育工作中，要注意发展教育对象的"本我"教育。

 任务拓展

阅读让－雅克·卢梭所作的《爱弥儿》。

学习任务九 分类教育原则

任务引入

经过多年的监狱工作实践，监狱工作者提出了"三分"工作，即分押、分管、分教，"三分"的核心是分教，实施分类教育成为罪犯教育工作应该坚持的原则。

任务分析

了解分类教育原则的概念，掌握分类教育原则的内容和要求，学会在工作中运用分类教育原则。

基础知识

一、分类教育原则的含义

分类教育原则的内涵，即在罪犯分类关押、分类管理、分级处遇的基础上，根据不同类型罪犯的特点而采取有针对性的教育内容和方法进行教育。

二、分类教育原则的内容

分类教育是罪犯教育所特有的一种教育原则。它与因人施教的原则不同，也与个别教育的方法有别。它是对某一种具有共性问题的罪犯在教育中对症下药，开展教育工作的一项法定原则。早在1954年，政务院公布并实施的《劳动改造条例》就规定，"对已判决的犯人应当按照犯罪性质和罪刑轻重，分设监狱，劳动改造管教队给以不同的监管"，这是分类教育的萌芽。1962年，公安部制定的《劳动管教工作细则（试行）》进一步规定，"监狱、劳改队应当对各类罪犯分别编队、分别关押、区别对待，并对不同性质的罪犯分别地有步骤地进行政治、文化和技术教育"，这是分类教育的雏形。1991年颁布实施的《司法部劳改局对罪犯实施分押、分管、分教的试行意见》提出对罪犯试行分押、分管、分教的实施意见，明确"横向分类、纵向分级，分级处遇、分类施教"，可见，分类教育的原则已经形成。1994年颁布的《监狱法》第61条规定："教育改造罪犯，实行因人施教、分类教育、以理服人的原则，采取集体教育与个别教育相结合、狱内教育与社会教育相结合的方法。"从中可以看出，分类教育原则发展的历史进程和法律渊源。

三、分类教育原则的要求

分类教育是"三分"工作的一个不可缺少的环节，也是实施教育的一个基础工作，它能调动同类罪犯的积极性。分类教育的前提是分押、分管，只有在分押分管的基础上才能实施分类教育，所以分类教育的原则是必须做好分类关押、分类管理。

（一）做好分类关押

1954年，政务院公布并实施的《劳动改造条例》规定，"对已判决的犯人应当按照犯罪性质和罪犯轻重，分设监狱、劳动改造管教队给以不同的监管"，这是分类关押的开始。在以后工作中各省、市、自治区都按照这个规定开始分类关押，六十多年来，我国监狱系统形成了一系列有效的罪犯分类的做法，也积累了相关经验。1991年出台了《司法部劳改局对罪犯实施分押、分管、分教的试行意见》，相比之前的《劳动改造条例》明显有了变化和发展。例如：首先按性别、年龄将罪犯分开，其次按刑期长短分开，最后按犯罪类型、初犯和累犯、出监和入监分开，这是很科学的，避免了深度的交叉感染，给管理和教育都奠定了基础，这样有利于提高罪犯的积极性和教育质量。

（二）搞好分类管理

在分类关押的基础上，监狱要搞好分类管理。分押是在省级监狱管理局做简单分类后（一般按性别、年龄、刑期长短分到各个下属监狱），监狱再次进行分类分押（二次分配）。通过我们研究发现，各个监狱不是按照刑期长短、犯罪原因、思想状况、实际表现去进行细致的分类的，而是按照各监区、分监区的工作量需要和人员的多少去进行分配；或者是不按分类要求去进行细致的工作，结果给教育者带来了工作困难，这就是没有依循分类管理的要求而造成的弊病。所以，搞好分类管理的基础是要做好分类关押。

（三）实施分类教育

只有在监狱细致地做好分押、分管工作的基础上进行分类教育，实施分类教育的效果才能体现出来。因为罪犯教育是在具体工作中体现的，管理是教育的载体和实施过程，不是单纯地为了教育而教育。在实施教育中，首先对罪犯进行准确的分类、定型，并制定针对性的教育方案；其次要对教育的内容、使用教材、教育方法进行分类；再次对不同类型的监狱民警进行分类；最后总结施教的结果并进行评估分类，吸取经验教训推动分类教育的良性发展，提高教育改造的效果与质量。

四、注意事项

分类教育是建立在分押与分管的基础上，这是从理论上按递进的方式去思考的，在工作中不能被这种观点牵制。

任务拓展

利用假期或实习期，实际考察监狱"三分工作"的实施情况是否合理。

学习任务十　　以理服人原则

任务引入

昔子产修其辞而赵武致其敬，王孙满明其言而楚庄以渐，苏秦行其说而六国以安，蒯通陈其说而身得以全。夫辞者，乃所以尊君、全身、安国、全性者也。

——节选自汉·刘向《说苑·善说》

从上边的一段话，可以看出不论子产、王孙满，还是苏秦、蒯通，他们"一言可以兴邦，一言可以丧邦"。但是，与人交谈不能只凭诡辩，而应重在说理、重在道德，才能使对方诚服，完成他们的使命，成为古今佳话。

任务分析

了解以理服人原则的概念，掌握以理服人原则的要求，学会在工作中运用以理服人原则。

基础知识

一、以理服人原则的含义

以理服人原则就是坚持摆事实、讲道理，用说理的方法，对罪犯做耐心细致的说服教育工作。

根据在教育中监狱民警始终处于主导地位的特殊规律。罪犯教育的强制功能决定了以理服人的实质是"强迫他人意志服从"，而不是单纯地强迫罪犯意志服从、行动服从的实践活动。这种法定性与强制性是其他社会教育所不具有的，只适用于罪犯教育这个特定范围内。

正确理解"强制服从"的含义。"强制服从"不能等同于"强词夺理"、"简单命令"、"以势压人"。"强制服从"的基本含义：一是要求罪犯必须依法接受教育，这是法定的义务；二是要求罪犯必须认清自己的行为对他人、家庭、社会的危害；三是要求罪犯必须严格执行罪犯改造行为规范与社区教育实施办法中的要求，培养良好的行为习惯。

在理解以理服人原则的含义时，作为监狱民警必要掌握在工作中的"尺度"与"分寸"。在这里"尺度"是宏观的要求，就是国家的法律条款，就是在以理服人原则中的"理"。"分寸"就是在实际工作中运用法律的力度与界限。

二、以理服人原则的要求

(一) 监狱民警具备专业素质和政治素质

国家对监狱民警的文化素质要求不断提高，一般都具有较高文化素质和业务素质。但是他们长时间在色调单一的氛围中工作，与其他行业相比产生了极大的反差，在工作5~7年后他们对自己的工作产生了职业倦怠，工作的态度与作风也就随之转变。所以，具有坚定的政治素质也是对监狱民警的基本要求。要有坚定过硬的政治素质才能在工作中坚持原则，认清界线，不畏艰苦，忍住清贫，耐住寂寞，才能认真执行社会主义人道主义政策，才能按"以理服人原则"的要求去做，才能在执法中公正、公平、不偏不倚。

(二) 捕捉说理时机，对症下药，注意教育的方式方法

在教育过程中要想使教育起到良好的效果，让罪犯从心理上，内心深处受到教育，思想有所转变，心灵得到升华，真正地起到教育的效果，必须要捕捉合适的时机。这个时机要在工作中捕捉，这个时机可能是触动罪犯心灵深处的一个讲座或一件事、一个温暖的问候，一个看似不重要的物品、一个不经意的动作或肢体语言等。要善于抓住有利时机，即最有力、最有效、最容易发生作用的时机，例如：集体教育或分类教育后、亲属会见后、对某事物产生兴趣时、受到委屈或遇到困难情绪波动时、发现进步或转变时、节假日或有喜庆之事时等。

在工作中捕捉到合适的时机后要对症下药。不论是平时表现好的还是不好的；不论是性格脾气温和的还是暴躁的，都必须有诚心、耐心、热心，采用说理教育，使用疏导教育的方法掌握好教育的分寸，决不能以罚代教，以管代矫。

(三) 以"言教、理教"为基础，用"身教"起到润物无声的效果

我国监狱均实行警务化管理，即实行统一化、标准化、文明化、规范化管理。在罪犯的日常行为中也培养他们守纪、守法、守道德的意识，而所有这些都是由监狱民警去实施的。监狱民警在日常教育中是以言教为主的，也就是让他们懂理、知理、说理，有正常的行为规范。但是言教离不开身教，俗话说"身教大于言教"。监狱民警在工作中应该按照工作规范的要求去做，一切依法、规范行事、言行文明、举止端庄、说话和蔼、做事公平。他们的一言一行影响罪犯的矫正与转变，对罪犯起到言传身教与潜移默化的作用。

　　总之，如果不注重平时的说理教育与反复教育量的积累，罪犯不能认罪、悔罪，彻底认识到自己行为的危害，那么无论抓住什么样的重要机遇，罪犯都不会从思想上转变，达到质变，罪犯教育的效果就是空谈。教育不是一蹴而就的事情，需要长时间地去下大功夫，以理服人必须从根本上让罪犯认识到他们的行为对家庭、社会、国家的危害。要沟通思想，发现思想有问题要及时找到解决问题的根源，利用各种教育资源去进行教育。对他们的不轨言行要加强教育，及时纠正、反复教、耐心教，不能一味迁就，这也是让罪犯认识道理的过程。

三、注意事项

1. 在运用以理服人原则中找到"理"，合理地运用"情"。
2. 在实际的工作中要运用，善于找到这个原则的支撑点。

任务拓展

1. 阅读张晓玲主编、中共中央党校出版社 2006 年出版的《人权理论基本问题》。
2. 组织讨论如何正确认识罪犯的权利与义务以及罪犯的人权。

实务技能篇

学习单元三　罪犯教育内容

内容提要

　　本单元学习内容：思想政治教育；文化知识教育；职业技术教育；入监教育；出监教育。

学习目标

　　掌握思想政治教育、文化教育、职业技术教育、入监教育和出监教育等教育内容，能较为熟练地开展日常教育工作。

实训任务一　思想政治教育

任务引入

　　周恩来同志 1956 年 7 月 15 日指出："劳改的目的，是要把犯人改为新人，政治教育是第一，使他觉悟，劳动是增强他的劳动观点，而不是从犯人身上生产出来的利润办更多的工厂，这还是第二。如果倾向第二种，是有毛病的，结果：忽视政治教育，会使犯人劳动过度，这就不是人道主义。你第一不加强政治教育，他将来不能成为新人，劳动的结果对新政权更加不满，那怎么能改造他呢？刑满以后他还是不满，出来后又犯法，结果还是关起来，……"

　　调研表明，从价值观念上看，罪犯具有十分严重的贪图享受、好逸恶劳的思想；自私自利、一切以自我为中心的思想；为拜金铤而走险的思想；……这些思想严重侵蚀了他们的灵魂。虽然经历过时间不等的矫正生活，但他们那种根深蒂固的享乐思想并未得到根除；一旦回归社会，面对周围繁华的世界，在缺乏足够经济能力的情况下，他们根本等不及也不愿意通过辛勤踏实的劳动去慢慢积累财富，铤而走险的思想就应运而生。

　　只有将违法犯罪思想彻底清除，才能真正从根源上纠正违法违规行为，思想政治教育是完成这一任务的核心内容。

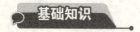 任务分析

　　了解思想政治教育的概念，掌握思想政治教育内容和方法；能够学会初步开展罪犯思想政治教育工作。

基础知识

一、思想政治教育的概念

　　思想政治教育是监狱用一定的思想观念、政治观点、道德规范，对罪犯施加有目的、有计划、有组织的影响，使他们形成符合一定社会要求的思想品德的矫正活动。

　　思想政治教育工作是罪犯教育内容的重要组成部分，是保证罪犯教育正确方向的关键。为此，必须准确把握思想政治教育工作的内涵：以理想信念教育为核心，对罪犯进行正确的世界观、人生观、价值观教育。罪犯之所以违反社会规范，从根本上说，是他们的世界观、人生观、价值观出现了问题。他们只有确立了正确的理想信念，才能真正成为一名遵纪守法的社会公民。

二、思想政治教育的内容

（一）认罪悔罪教育

　　认罪悔罪教育是针对罪犯犯罪情况，进行罪与非罪、罪与罚的剖析教育，目的是使罪犯认罪服判，知罪悔改。尤其是帮助罪犯剖析其最终走上违法犯罪道路的深层次原因，打破罪犯思想中存在的"牢狱之灾是命运一劫"的宿命论观点。

（二）法制教育

　　法制教育是指监狱为了达到将罪犯改造成为守法公民的教育目标，对罪犯开展的以法律常识教育为基本内容的思想教育活动。罪犯之所以最终走上违法犯罪道路，就是因为缺少法制思想。法制教育是通过组织罪犯学习《宪法》、《民事诉讼法》、《刑法》等法律知识，培养其遵纪守法观念，并教会其学会运用法律手段来维护自己的合法权益。

（三）公民道德教育

　　开展公民道德教育，使罪犯明确社会主义道德的基本原则和要求，认识正确处理个人、集体、他人的关系在社会生活中的重要意义，提高道德认识水平，培养遵守社会主义道德的自觉性。通过对罪犯进行社会主义核心价值思想体系的灌

输,培养他们的道德情感和持续的道德践行能力,形成以为人民服务为核心、以集体主义为原则的社会主义道德品质。对罪犯进行中华传统美德教育,使罪犯了解中华民族优秀的民族品质、优良的民族精神、崇高的民族气节、高尚的民族情感和良好的民族礼仪。

(四)劳动常识教育

《监狱法》第3条规定:"监狱对罪犯实行惩罚和改造相结合、教育和劳动相结合的原则,将罪犯改造成为守法公民。"劳动常识教育就是监狱对罪犯讲解有关劳动知识、劳动意义和劳动观念的教育。

(五)时事政治教育

时事政治教育是通过向罪犯讲解党的路线、方针、政策,不断增强罪犯的政治敏锐性与政治判断力,培养其对中国共产党及社会主义祖国真挚热爱的深厚情感。深入开展以国家改革开放和现代化建设取得的巨大成就为重点的形势教育,深入开展以近期国际、国内发生的重大事件,特别是与罪犯关系密切的事件为主要内容的时事教育,教育引导罪犯充分认识国家经济社会发展、社会和谐稳定的大好形势,消除思想疑虑,增强改造的信心。

三、思想政治教育的方法

(一)灵活灌输法

"马克思主义靠灌输"仍然是一个基本方法。在新的形势下,理论联系实际,深入浅出地向罪犯灌输唯物论和无神论,以及科学知识和科学精神,帮助罪犯树立正确的世界观、人生观和价值观,树立正确的理想信念。

(二)媒体引导法

报纸、广播、电视等各种现代传媒,覆盖面广,信息量大,是进行思想政治工作的重要载体。思想政治教育要善于利用各种现代传媒手段,坚持团结、稳定、鼓劲和正面宣传为主的方针,贴近罪犯、贴近实际、贴近生活,针对罪犯关注的热点和难点问题,正面引导,释疑解惑,平衡心理,理顺情绪,弘扬正气,压倒邪气。

(三)文化熏陶法

"观乎人文,以化成天下"。文化的作用就是滋养人的精神,提高人的素质。运用文化熏陶的方法进行思想政治工作,是一种寓教于乐的科学方法。监狱应当创造良好的条件,鼓励罪犯积极参加文化学习;积极组织各种文化活动,建设一个积极矫正的文化环境。

（四）活动参与法

通过监狱开展的各种创建活动，最大限度地把罪犯发动起来，动员他们积极参与，让他们在参与中受到教育，在参与中得到实惠。

（五）矫正典型引路法

"榜样的力量是无穷的"。邀请那些矫正效果良好、有一定成就的出监罪犯现身说法，对于各类罪犯的影响是直接的、效果显著的。

（六）网络宣传法

现代信息技术和互联网的发展为思想政治工作提供了新的手段，同时也带来了新的挑战。当前，应认真研究利用网络手段进行思想政治教育的问题，逐步建立思想政治教育的调研网络和信息网络，积极开展网上宣传，不断拓宽思想政治工作的新领域，增强工作的针对性。

（七）双向交流法

"双向交流"，是新形势下思想政治工作的一个创新。监狱民警和罪犯之间可以采取平等讨论、双向交流、谈心交心、达成共识的方法，以达到沟通思想、受到教育、增进感情、振奋精神的目的。

四、基本程序

1. 制定思想政治教育计划，优选教育方案。制定思想政治教育方案是思想政治教育过程的起点，包括制定思想政治教育目标及计划。具体内容包括：

（1）搜集信息，发现问题。罪犯在想什么、有什么需要、在做什么，这些信息是做好思想政治教育必须掌握的基础问题。发现了问题，对问题做出系统的分析研究，明白问题的性质与范围，以便有针对性确定教育目标，提出正确的罪犯教育目标。

（2）确定思想政治教育目标。在对问题进行系统分析之后，就要确定解决问题所要达到的预期效果，即目标。思想政治教育目标正确，是制定思想政治教育方案的关键。只有确立正确的教育目标，才能提出正确的教育内容、方法，并恰当地选择教育的对象、时机。

（3）制定思想政治教育计划。制定教育计划是解决思想教育政治工作"怎么做"的问题。只有制定出教育的行动计划之后，才能组织各方面的力量开展思想政治教育工作，实现思想教育工作的目标。

（4）优选教育方案。要考虑罪犯的各种情况，制定多种思想政治教育工作方案，对其进行综合比较、权衡，选择最贴近实际，最能实现思想政治教育目标的方案。

2. 实施思想政治教育活动。这是思想政治教育过程的中心环节，需做好以下工作：

（1）落实师资力量。监狱民警担任思想政治教育教师，是取得思想政治教育成功的关键性因素。使用和培养大批高素质监狱民警，思想政治教育才能后继有人。

（2）严格执行制度。思想政治教育必须建立完善的制度，并坚持按制度办事，使这项工作不因为人的因素及其他的外界变化而受到干扰。

（3）领导保障有力。对思想政治教育重要性的认识，体现为领导者对这项工作的重视程度。领导者亲力亲为，真正落实思想政治教育工作，这项工作才不是"虚"的。

3. 评估目标的实施结果。考核思想政治教育的效果。

（1）确定评估原则。实事求是原则；全面原则；历史性原则。

（2）选择评估方法：①自我评估；②综合评定法，按照目标中严格规定的定性和定量分析的各项指标，与主客体在达到指标中的实际成绩效果和贡献联系起来进行全面的分析、比较、鉴别和测量，作出客观的评价和结论；③专家集体评议法，主要针对集体和单位，指主管领导和有关专家深入单位组织，通过听取汇报、实际考察、抽样调查，以及分析比较后对被评估单位组织进行评优或者提出评估鉴定的方法。

五、注意事项

1. 重视罪犯思想政治教育工作。从罪犯入狱到出狱，自始至终都要把思想政治教育放到教育的重要位置来抓，坚决克服重惩轻教、重管轻教、重劳轻教的思想，只有让罪犯从思想深处受到教育，彻底悔改，才能使罪犯得到脱胎换骨的矫正。

2. 注意启发引导，切忌空洞说教。在教育罪犯时，要像父母对待犯错的孩子、医生对待生病的患者，态度既要诚恳又要和蔼，表情既要严肃又要认真，忌使用批评说教一类的语气。要以诚相见，说实话，讲事实，最好用罪犯身边发生的真实事例进行教育，让罪犯信服，才能起到教育应有的作用。

3. 注意让罪犯主动接受，创新方法技巧。罪犯的错误观念是根深蒂固的，要想让他们在短时间内得到改变绝非易事。一方面，思想政治教育要有针对性、说服力、感召力，使罪犯从被动接受教育到主动接受；另一方面，本着实事求是的态度，深入到罪犯中去，进行广泛深入的调查研究，摸清罪犯的思想动态和心理活动规律，创新思想政治教育方法技巧，把握教育的重点、难点、热点，进行深刻剖析、有的放矢、逐个击破，使罪犯在生动活泼、深入浅出、潜移默化中得到熏陶。

4. 多管齐下，把思想政治教育落到实处。对罪犯进行教育是一项复杂的系统工程，而思想政治教育是这项工程的主体，其他任何工作都应紧密围绕着这个中心来运转，形成一个政治教育、文化教育、劳动矫正、社会帮教、心理健康教育、文体活动辅助教育等为一体的有机整体；在科学管理上下功夫，建立无缝隙的教育矫正体系，形成一个良性循环的机制。坚持在舆论引导、教育制度的落实、文化课的学习、生产劳动时间的安排等方面，多管齐下，在实施其他教育手段时，要时时处处体现思想教育的目的，营造一个以政治思想教育为主、多种教育手段并行的强大的教育氛围，把罪犯矫正成一个合格的守法公民。

 ## 实训设计

实训项目：给罪犯上一堂劳动观教育课。

实训目的：通过训练，使学生掌握以课堂教育的形式对罪犯进行思想政治教育的方法。

实训方式：模拟实训。

材料：3月初，监狱准备组织罪犯参加植树劳动。为了让他们认识植树的意义，转变劳动态度，计划对他们进行劳动观教育。

实训要求：

1. 掌握罪犯的基本情况，包括违法违规情况、家庭情况、思想动态等。

2. 注意选择合适的教育方式，精心准备教学内容，以使教学活动充分发挥思想政治教育的效果。

实训提示：在对罪犯进行劳动观教育时，为充分发挥教育效果，应特别注意以下两个方面的问题：

1. 把劳动课的教学形式进行优化。为了将罪犯劳动课上得有声有色，课前十分钟给罪犯放一段有关监狱环境建设的视频，让罪犯能够感受到监狱绿化环境是来之不易的，是与全体罪犯的努力分不开的，每一个人都有责任和义务珍惜爱护这样的劳动成果。通过多媒体教学（PPT）将教学提纲、劳动内容安排、注意事项以及罪犯劳动实践的图片呈现在罪犯的面前，加强罪犯对植树劳动的认识。

2. 将罪犯植树劳动课的教学内容进行深化。将社会主义荣辱观引入课堂教学，特别是结合公益劳动课的开展，合理设计课程内容，将"以辛勤劳动为荣"

的观念融入教育主题中，引导罪犯积极参加植树劳动，鼓励罪犯为监狱环境建设贡献个人力量，使罪犯树立热爱劳动、自立自强的劳动观念，增强教学的针对性、实效性。将罪犯植树劳动理论课与监狱的实际及当前国家生态建设联系起来，并根据罪犯的思想实际，将符合罪犯实际的课堂教学方案融入教学内容中。

实训考核：为对课堂教学的效果进行检验，做法如下：

1. 制定考核的细则。在考核细则中，将考核的项目分为：课堂教学的纪律；教学内容是否丰富、教学是否结合实际；教学方式是否新颖；听课对象接受程度如何等。

2. 将考核项目总分确定为100分，确定每个考核项目的分值：课堂教学的纪律15分；教学内容是否丰富25分；教学是否结合实际25分；教学方式是否新颖15分；听课对象接受程度如何20分。

3. 由学生和指导教师分别打分，形成考核分数，使授课人及时发现自身的不足，及时努力提高。

任务拓展

社会主义市场经济条件下，教育的内容、手段、方式方法都必须进行革新。作为教育工作的关键一环，思想政治教育工作的宗旨不变，但其目标、内容、手段都必须与时俱进。因此，我们必须考虑，传统的思想政治工作怎样才能历经市场经济大潮的冲刷而永葆青春？思想政治工作怎样才能抓住时代脉搏，日新月异？思想政治工作如何借用新技术、新手段发挥更大的威力？

实训任务二　文化知识教育

 任务导入

康德曾说："人只有通过教育才能成为一个人，人是教育的产物。"我国犯罪学家严景耀先生认为："犯罪不是别的，不过是文化的一个侧面，并且因文化的变化而发生异变。""犯罪问题只能以文化来充分解释。"

犯罪学家认为，文化水平低、社会知识浅薄是违法犯罪原因系统中的一个重要因素，同时也是罪犯接受其他教育，重新回归社会的障碍。由于文化教育的重要性，对罪犯应投入大量的人力、物力，以提升罪犯的认知水平。

 任务分析

了解文化知识教育的概念、法律规定，掌握文化知识教育的设置和基本程序，学会组织实施文化知识教育。

基础知识

一、文化知识教育的概念和法律法规规定

文化知识教育是根据罪犯不同的文化程度，分别开展扫盲、小学、初中文化知识教育，鼓励他们自学，参加电大、函大、自学考试，并为他们参加学习和考试提供必要的条件。这是一项针对特殊教育对象有组织、有计划、有目的的教育活动。

《监狱法》第4条规定：监狱对罪犯应当依法监管，根据改造罪犯的需要，对罪犯进行文化教育。监狱应当根据不同情况，对罪犯进行扫盲教育、初等教育和初级中等教育，经考试合格的，由教育部门发给相应的学业证书。监狱鼓励罪犯自学，经考试合格的，由有关部门发给相应的证书。罪犯的文化教育，应当列入所在地区教育规划。监狱应当设立教室、图书阅览室等必要的教育设施。

《监狱教育改造工作规定》第26条规定：监狱组织的文化教育，应当根据罪犯不同的文化程度，分别开展扫盲、小学、初中文化教育，有条件的可以开展高中（中专）教育。鼓励罪犯自学，参加电大、函大、高等教育自学考试，并为他们参加学习和考试提供必要的条件。尚未完成国家规定的九年制义务教育，年龄不满45周岁，能够坚持正常学习的罪犯，应当接受义务教育；已完成义务教育或者年龄在45周岁以上的罪犯，鼓励其参加其他文化学习。

《未成年犯管教所管理规定》第30条、第34条规定：未成年犯的文化教育列入当地教育发展的总体规划，未成年犯管教所应与当地教育行政部门联系，争取在教育经费、师资培训、业务指导、考试及颁发证书等方面得到支持。对未成年犯的文化教育应当根据其文化程度，分别进行扫盲教育、小学教育、初中教育。采取分年级编班施教，按规定的课程开课，使用经国务院教育行政部门审定的教材。有条件的可以进行高中教育。鼓励完成义务教育的未成年犯自学，组织参加各类自学考试。

二、文化知识教育课程设置

根据罪犯的年龄、文化水平、刑期等情况设置不同的文化知识教育课程。一

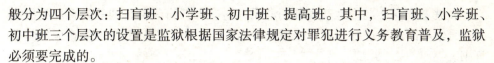

般分为四个层次：扫盲班、小学班、初中班、提高班。其中，扫盲班、小学班、初中班三个层次的设置是监狱根据国家法律规定对罪犯进行义务教育普及，监狱必须要完成的。

1. 扫盲班。以文盲、半文盲为对象，主要设置识字、算术和常识课程。要求一到两年脱盲，能读书看报写信，掌握整数和小数的四则运算。

2. 小学班。小学班包括有一定文化基础（小学四年级以上水平）和扫盲班毕业的罪犯，设置语文、数学、政治、自然常识等课程，要求两年完成课程，达到小学毕业水平。

3. 初中班。初中班包括具有小学毕业文化程度和初中肄业生或者名为初中毕业而无相应水平的罪犯。课程设置有语文、数学、理化、史地、政治、法律等课程。要求三年学完课程，考核合格达到初中文化程度。

4. 提高班。根据罪犯的文化程度和监狱的教学能力，可以酌情开设高中班，以补课教育和学历教育即系统教学相结合，学制两至三年。课程参考社会高中或补课需要开设。同时鼓励具有高中以上文化程度的罪犯参加高等教育自学考试或函授自学教育，并编班加强管理和组织教学辅导。

编班注意问题：编班要兼顾管理需要与教学需要相统一的原则，即不能偏重管理需要而不分层次或人为减少层次，也不能过分强调教学需要而将层次分得过细，造成组织困难。

三、基本程序

1. 根据罪犯文化水平、年龄、刑期长短等因素，对罪犯进行分班及课程设置。根据要求，开设扫盲班、小学班、初中班，设置相应的课程。高中班可以根据需要及监狱的教学能力开班和设置课程。

2. 进行教学前的准备。

（1）配备师资力量。可以让文化水平较高的罪犯担任文化教师进行教学。

（2）制定课程表。

（3）准备教学物资、仪器设备及教学场地。

3. 开展教学活动。根据课程表进行教学活动；进行教学活动的管理，教学纪律的检查维护。

4. 对教学效果的检验与反馈。以作业、单元测试、期中考试、期末考试的形式对教学效果进行测试；及时发现问题，及时反馈解决。

5. 对阶段性的教学活动进行总结。总结经验，吸取教训，从而在下一次的教学活动得到提高。

6. 考核发证。与当地教育部门联系，对参加扫盲教育、初等教育和初级中等教育学习的罪犯进行考试，经考试合格的，由当地教育部门发给相应的学业证书。

 实训设计

实训项目：制定罪犯文化知识教育实施方案。

实训目的：通过实训，使学生能够针对不同的文化知识教育内容、不同的罪犯类型编制教育计划，采用正确的方法，对罪犯实施文化知识教育，培养学生对罪犯开展文化知识教育的能力。

实训时间：2 课时。

实训方式：模拟实训。

实训要求：由实训教师组织学生到监狱实地考察罪犯文化知识教育实施的整体状况；学生要掌握罪犯文化知识教育基础知识和制定实施方案的基础知识。

实训步骤：

1. 制定实训方案。实训方案由实训教师负责制定。实训方案中，应贯彻理论联系实际的原则。实训方案包括两部分：一是组织学生到监狱实地考察罪犯文化知识教育实施整体状况的活动安排；二是组织学生进行罪犯文化知识教育实施方案制定的活动安排。

2. 人员组成及职责分工。

实训教师：负责与监狱教育科的联系，组织学生到监狱实地考察；组织学生撰写罪犯文化知识教育实施方案；对实训活动进行总结评估。

监狱实训教官：为学生现场讲解监狱罪犯文化知识教育工作的实施状况。

参加实训的学生：实地学习监狱进行罪犯文化知识教育工作的实务知识；学习方案制定的相关知识；撰写罪犯文化知识教育实施方案。

3. 进行充分的准备工作。学生应认真学习罪犯文化知识教育的知识，以使理论与实际相结合；提前与监狱进行沟通，充分考虑各种问题（如秩序、安全等问题），做好备案；去监狱实地考察前，对学生进行编排组织，进行纪律教育，以有秩序地在监狱实地考察；设计好到监狱时需要解决的问题，有备而去；对于撰写罪犯文化知识教育实施方案所需要掌握的知识进行充分的准备。

4. 按照方案实施活动。实训方案制定后，由实训教师带领学生按步骤进行实训活动。

5. 对方案及活动的实行情况进行评议总结，及时反馈。针对到监狱实地考察的活动及撰写罪犯文化知识教育实施方案的情况，由学生自评，肯定成绩，寻找问题；最后由实训教师进行总结，写成实训总结报告，以利于下一次活动的开展。

实训提示：制定罪犯文化知识教育实施方案时，要注意方案的可行性、针对性，撰写的过程中必须进行监狱实践活动。

1. 教师与当地监狱取得联系，协商学生实践撰写罪犯文化知识教育实施方案事宜。

2. 征得当地监狱同意后，组织学生采集罪犯的基本信息，以供制定实施方案使用。由教师出面与监狱协商，召开座谈会。学生、监狱民警代表共同参加，听取监狱民警介绍相应情况，学生将自己的问题集中提出，以求答疑解惑。学生应认真倾听，详细记录。

3. 由总负责的同学组织召开实施方案撰写讨论会。各小组由小组长主持，每名同学针对自己所负责的任务进行会议发言，做到简洁、全面、表达准确。小组长将本组的发言汇总，形成统一意见，交由总负责的同学。总负责的同学根据各小组的意见进行分析和要求，各小组再次讨论。如此反复数次，形成最终的统一意见。

4. 实施方案撰写完成后，教师联系所在地监狱，召开实施方案可行性座谈会；由学生、监狱民警代表共同参加。学生应认真倾听，详细记录。

5. 座谈会的意见应充分体现在方案的修改措施中。在数次的反馈与修改后，形成最终的实施方案。

实训考核：参与每次监狱实践调研活动的出勤情况、在每次活动中的发言情况、每次调研及讨论时的记录情况、资料搜集的情况、方案的格式、方案的内容。

罪犯文化知识教育实施方案制作实训考核评分表

项目	分值	评分标准	考核得分	扣分原因	备注
出勤考核	10 分	每次调研及讨论会出勤情况			
发言情况	10 分	每次调研及讨论时是否积极踊跃			
记录情况	10 分	准确记录调研及讨论的主要内容			
方案格式	10 分	符合制作实施方案的格式要求			
资料收集	15 分	是否积极搜取大量有价值的材料信息			
方案内容	45 分	内容齐全，无缺项，前后连贯，逻辑性强			
合计	100 分				

实训评价：针对实训情况，指导教师分别对每名同学进行打分，90分以上为优，80~89分为良，70~79分为中，60~69分为合格，不足60分的为差。同时，指导教师对学生应当掌握的知识与技能作出具体的点评与评价。

任务拓展

查阅欧美国家对罪犯进行文化知识教育的情况，通过阅读这些资料，谈谈对我们工作的启示。

实训任务三　职业技术教育

任务导入

通过职业技术教育可以让罪犯学习某种生产劳动或职业所需要的知识和技能，同时给予职业道德和职业习惯的教育和训练，使他们掌握一定的职业本领，以适应监狱的生产和将来就业的需要。

任务分析

了解职业技术教育的概念、法律规定，掌握职业技术教育的设置和基本程序，学会组织实施职业技术教育。

 基础知识

一、职业技术教育概念和法律法规规定

职业技术教育是监狱对罪犯进行的使其掌握适应监狱劳动和社会发展所需要的劳动技能的培养活动。这是促进罪犯全面矫正不可缺少的重要环节。

《监狱法》第64条规定：监狱应当根据监狱生产和罪犯释放后就业的需要，对罪犯进行职业技术教育，经考核合格的，由劳动部门发给相应的技术等级证书。第66条规定：罪犯的文化和职业技术教育，应当列入所在地区教育规划。监狱应当设立教室、图书阅览室等必要的教育设施。

《监狱教育改造工作规定》第27条规定：监狱应当根据罪犯在狱内劳动的岗位技能要求和刑满释放后就业的需要，组织罪犯开展岗位技术培训和职业技能教育。年龄不满 50 周岁，没有一技之长，能够坚持正常学习的罪犯，应当参加技术教育；有一技之长的，可以按照监狱的安排，选择学习其他技能。

《未成年犯管教所管理规定》第 35 条、第 36 条规定：对未成年犯的技术教育应当根据其刑期、文化程度和刑满释放后的就业需要，重点进行职业技术教育和技能培训，其课程设置和教学要求可以参照社会同类学校。对参加文化、技术学习的未成年犯，经考试合格的，由当地教育、劳动行政部门发给相应的毕业或者结业证书及技术证书。

二、职业技术教育课程设置

1. 第一产业技术培训。针对来自农村的罪犯，职业培训应该集中在种植业和养殖业方面，如蔬菜、粮食、林木花卉种植，家禽、水产、特种养殖等。

2. 第二产业技术培训。主要包括机械制造、原料加工、机械修理技术等职业训练。

3. 第三产业技术培训。第三产业以服务业为主，为社会提供了多种就业机会和岗位，适合监狱开展的项目有汽车和摩托车修理、家电维修、厨师、家装服务维修、装饰装修等。

三、基本程序

1. 调查研究。

（1）分析监狱进行生产对技术工种的需求情况。

（2）调查分析市场对于各种技术岗位需求的冷热状况，并分析一些技术岗位职业发展的前景。

（3）在罪犯中进行职业技术教育的情况摸底，包括希望培训的岗位、参加的人数及他们的基本信息，如文化程度、年龄、捕前职业、刑满释放后计划就业的方向及地域等。

2. 确定培训项目。与罪犯沟通交流，将他们学习职业技术的愿望与就业形势、监狱的培训能力以及监狱生产的需要统一起来，从而确定培训项目。

3. 制定职业技术教育方案。根据以上情况，制定职业技术教育方案，包含以下内容：

（1）指导思想。

（2）工作目标。

（3）主要任务。

（4）保障措施，包括师资、场地、设备、安全、后勤保障等。

（5）各部门及人员的职责分工。

（6）具体实施，包括培训人员的分班、教学日历的制定、教学活动的实施与管理。

（7）考核与反馈。

4. 对参加培训人员进行分班，聘请技术教师，组织教学。根据方案按步骤做好准备工作、实施教学，组织管理工作。

5. 考核发证。与当地劳动部门联系，对参加职业技术教育的罪犯进行考试，经考试合格的，由当地劳动部门发给相应的技术等级证书和技师合格证书。

实训设计

实训项目：制定罪犯职业技术教育培训方案。

实训目的：通过实训，使学生能够针对不同的教育内容、不同的罪犯类型编制教育计划，采用正确的方法，对罪犯实施职业技术教育，培养学生对罪犯进行职业技术教育的能力。

实训时间：2 课时。

实训方式：模拟实训。

实训要求：由实训教师组织学生到监狱实地考察罪犯职业教育实施的整体状况；学生要掌握罪犯职业技术教育基础知识和制定培训方案的基础知识。

实训步骤：

1. 制定实训方案。实训方案由实训教师负责制定。实训方案中，应贯彻理论联系实际的原则。实训方案包括两部分：一是组织学生到监狱实地考察罪犯职业教育实施整体状况的活动安排；二是组织学生进行罪犯职业技术教育培训方案制定的活动安排。

2. 人员组成及职责分工。

实训教师：负责与监狱教育科的联系，组织学生到监狱实地考察；组织学生撰写罪犯职业技术教育培训方案；对实训活动进行总结评估。

监狱实训教官：为学生现场讲解监狱罪犯职业技术培训工作的实施状况，答疑。

参加实训的学生：实地学习监狱进行罪犯职业教育技术教育工作的实务知识；学习方案制定的相关知识；撰写罪犯职业技术教育培训方案。

3. 进行充分的准备工作。学生应认真学习罪犯"三课"教育的知识，以使理论与实际相结合；提前与监狱进行沟通，充分考虑各种问题（如秩序、安全等问题），做好备案；去监狱实地考察前，对学生进行编排组织，进行纪律教育，以有秩序地在监狱实地考察；设计好到监狱时需要解决的问题，有备而去；对于撰写罪犯职业技术教育培训方案所需要掌握的知识进行充分的准备。

4. 按照方案实施活动。实训方案制定后，由实训教师带领学生按步骤进行实训活动。

5. 对方案及活动的实行情况进行评议总结，及时反馈。针对到监狱实地考察的活动及撰写培训方案的情况，由学生自评，肯定成绩，寻找问题；最后由实训教师进行总结，写成实训总结报告，以利于下一次活动的开展。

实训提示：制定职业技术教育培训方案时，要注意方案的实用性、针对性。因此，撰写的过程中必须进行社会实践活动。

1. 教师与当地监狱取得联系，协商学生实践撰写罪犯职业技术教育培训方案事宜。

2. 征得当地监狱同意后，组织学生采集罪犯的基本信息，以供制定培训方案使用。由教师出面与监狱协商，召开培训方案撰写座谈会。学生、监狱工作人员、罪犯代表共同参加，听取相应情况介绍，学生将自己的问题集中提出，以求答疑解惑。学生应认真倾听，详细记录。

3. 必须充分考虑罪犯、社会及企业三方的需求，找到三者之间的需求平衡点。培训目标的制定、考核都要体现出这种平衡。

4. 仔细分析参加培训的罪犯的受教育程度、工作经历、个性特征等情况，对收集到的各种情况进行分类整理和详细记录，以使教育培训具有针对性。

5. 由总负责的同学组织召开方案撰写讨论会。各小组由小组长主持，每名同学针对自己所负责的任务进行会议发言，做到简洁、全面、表达准确。小组长将本组的发言汇总，形成统一意见，交由总负责的同学。总负责的同学根据各小组的意见进行分析和要求，各小组再次讨论。如此反复数次，形成最终的统一意见。

6. 方案撰写完成后，教师联系所在地监狱，召开培训方案可行性座谈会；由学生、监狱工作人员、罪犯代表共同参加。学生应认真倾听，详细记录。

7. 座谈会的意见应充分体现在方案的修改措施中。在数次的反馈与修改后，形成最终的培训方案。

实训考核：参与每次实践调研活动的出勤情况、在每次活动中的发言情况、每次调研及讨论时的记录情况、资料搜集的情况、方案的格式、方案的内容。

罪犯职业技术教育方案制作实训考核评分表

项目	分值	评分标准	考核得分	扣分原因	备注
出勤考核	10 分	每次调研及讨论会出勤情况			
发言情况	10 分	每次调研及讨论时是否积极踊跃			
记录情况	10 分	准确记录调研及讨论的主要内容			
方案格式	10 分	符合制作实施方案的格式要求			
资料收集	15 分	是否积极搜取大量有价值的材料信息			
方案内容	45 分	内容齐全，无缺项，前后连贯，逻辑性强			
合计	100 分				

实训评价：针对实训情况，指导教师分别对每名同学进行打分，90 分以上为优，80～89 分为良，70～79 分为中，60～69 分为合格，不足 60 分的为差。同时，指导教师对学生应当掌握的知识与技能作出具体的点评与评价。

注意事项：

1. 方案的制定需要每一名参与的同学做到目标一致、团结合作、分工负责，这样才能做出一份优秀的方案。

2. 一份方案，只有具有实际的可操作性才具有真正的价值。因此，方案的制定只有从实际中来，到实际中去，反复完善，才具有现实性，才有意义。

3. 每名同学在这个过程中，要重在参与，大胆发言，大胆讨论，敢于表达自己的意见和想法。

4. 只有拥有丰富的材料，才能写出完美的方案。闭门是造不出好车的。

5. 要有意识地培养自己的调查能力、分析能力和判断能力，有意识地加强写作锻炼，提高写作能力。

任务拓展

罪犯职业技术教育方案，重点在于它的可操作性。方案的撰写是否经过实际的调研，是否掌握了大量的材料信息，是否具有客观理性的态度，这些是决定可操作性的关键所在。我们所制作的罪犯职业技术教育方案是否符合这些要求？为解决上述疑问推荐学习内容：

1. 欧美国家对罪犯进行职业技术教育的情况。

2. 德国本土欲以"监狱制造"代替中国外包制造。

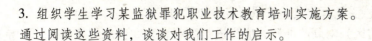

3. 组织学生学习某监狱罪犯职业技术教育培训实施方案。

通过阅读这些资料，谈谈对我们工作的启示。

实训任务四　入监教育

◉ 任务引入

这是一所特殊的学校，学员要想适应学校的生活，必须先接受入校教育，熟悉学校的规章制度，以一个学生的姿态，虚心接受学校的教育与管理，这样才能很快适应学校生活并拿到毕业证，并有可能提前毕业。

◉ 任务分析

掌握入监教育概念、法律规定及内容；熟悉入监教育的程序，能够初步对罪犯进行入监教育。

基础知识

一、入监教育概念和法律法规规定

（一）入监教育概念

入监教育是指监狱为了使罪犯适应改造生活、认识自己的错误，为即将到来的改造生活奠定良好的基础，依法对罪犯进行的以遵守监规纪律和监狱内行为训练为内容的短期集中教育活动。入监教育是罪犯教育工作的一个起点，入监教育的效果将直接影响到罪犯的改造态度和改造质量。

（二）入监教育法律法规规定

司法部《教育改造罪犯纲要》、《监狱教育改造工作规定》等法规对入监教育有以下的规定：

1. 对新入监的罪犯，应当将其安排在负责新收分流罪犯的监狱或者监区，集中进行为期 2 个月的入监教育。

2. 新收罪犯入监后，监狱（监区）应当向其宣布罪犯在服刑期间享有的权利和应当履行的义务。罪犯在服刑期间享有下列权利：人格不受侮辱，人身安全和合法财产不受侵犯，享有辩护、申诉、控告、检举以及其他未被依法剥夺或者限制的权利。罪犯在服刑期间应当履行下列义务：遵守国家法律、法规和监规纪

律，服从管理，接受教育改造，按照规定参加劳动。

3. 监狱（监区）对新收罪犯，应当进行法制教育和监规纪律教育，引导其认罪悔罪，明确改造目标，适应服刑生活。

4. 监狱（监区）应当了解和掌握新收罪犯的基本情况、认罪态度和思想动态，进行个体分析和心理测验，对其危险程度、恶性程度、改造难度进行评估，提出关押和改造的建议。

5. 入监教育结束后，监狱（监区）应当对新收罪犯进行考核验收。对考核合格的，移送相应类别的监狱（监区）服刑改造；对考核不合格的，应当延长入监教育，时限为 1 个月。

二、入监教育内容

根据对入监罪犯教育改造的目的和任务，入监教育内容包括：

（一）监狱教育改造工作制度教育

阐明监狱是国家刑罚执行机关，惩罚和改造罪犯是监狱的根本任务，监狱工作的目的是把罪犯改造成为守法公民，使罪犯明白只有接受改造，真正弃恶从善，才会有光明的前途，抗拒改造，必将受到更严重的法律惩罚。教育罪犯全面而深刻地理解《监狱法》中的各项规定和"惩罚与宽大相结合"等各项政策的精神实质，明确监狱开展教育的根本目的是为了最大限度地把他们改造成为守法公民。

（二）监规纪律教育

以《罪犯守则》和《监狱服刑人员行为规范》为基本内容，明确监规纪律的强制性和规范性，强调遵守监规纪律的重要性。监规纪律是监狱根据国家有关法规制定的具有法律效力的一种强制措施。监规纪律是罪犯判断是非的标准，是他们在改造期间言行的准则，强化罪犯遵守监规纪律的意识，使其自觉地去学习和遵守监规纪律。

（三）认罪服法教育

组织入监罪犯学习有关的法律知识，加强对他们进行认罪服法教育。告诉罪犯已经发生法律效力的判决和裁定必须无条件地接受，明确监狱及监狱民警的法定地位和职责，使罪犯明确我国刑罚执行程序，以及保证准确无误地认定犯罪事实和适用刑罚的道理，向罪犯阐述监狱民警的执法、行刑、教育和管理的职能，使罪犯明确自己的地位，罪犯唯一的出路就是承认罪行，认清危害，服从管理，接受教育和改造。

（四）心理健康教育

对入监罪犯在确保心理健康教育时间的条件下，进一步更新内容，普遍开展心理健康知识教育、心理测量和危险程度的预测分析，并建立入监罪犯集训情况心理状况综合评估。受训结束时，对入监罪犯的认罪态度、集训表现、犯罪恶习、心理特征、危险程度等作出评估，为今后监区和分监区掌握罪犯的基本情况，开展有的放矢的教育改造工作奠定基础。

三、入监教育要求

针对入监罪犯服刑意识差、文化水平低、行为认识偏执等特点，在入监教育过程中要做到"四结合"，切实把好罪犯入监改造第一关。

1. 坚持认罪服法教育与服刑指导相结合。围绕促进罪犯认罪悔罪这条主线，通过法制教育和道德教育，帮助他们从"违法公民"转变为"守法公民"，并逐步转变为一个有道德情操的公民。同时，加强服刑指导，把《罪犯改造必读》、《罪犯行为规范》以及一些法律常识等设为必修课程，将行为规范列入入监教育主要内容。

2. 坚持思想教育与行为训练相结合。行为养成教育是入监教育的重要内容，是使罪犯养成遵监守纪习惯的基础性工作。要狠抓罪犯改造行为规范教育，强化规范养成，有效矫正新收押罪犯的不良行为，强化监规纪律意识。

3. 坚持常规教育与多元教育相结合。面对罪犯对监狱改造初期不适应等情况，监狱民警应从解决他们的实际困难入手，做好思想转变、服刑指导和帮助照顾工作，使他们尽快适应改造生活。

4. 坚持集体教育与个别教育相结合。针对罪犯的不同情况，因人施教、具体对待，做到集体教育与个别关怀教育相结合，灵活开展对新入监罪犯的教育管理。

四、基本程序

1. 入监适应阶段。收集新入监罪犯基本信息，进行入监评估；根据罪犯犯罪性质、文化层次、危害程度、社会阅历等对入监罪犯进行初步评估归类，建立心理档案。

对入监罪犯进行监规纪律教育，帮助其逐渐适应监狱环境，自觉远离违规违纪行为。

2. 集中教育训练阶段。对入监罪犯进行编班，实施教学计划。教育内容包括监狱基本教育改造制度教育、认罪服法教育、防脱逃教育、身份意识教育、劳动意识教育、心理健康教育、行为规范教育、行为养成教育、改造前途与方向教育等。同时对他们进行准军事化训练，培养其严格的纪律意识，促使其养成良好的行为习惯。通过教育与训练活动，使他们迅速完成"角色"转变，树立改造意识，为今后的监狱生活奠定良好的基础。

3. 考核鉴定阶段。对入监罪犯的集中教育培训情况考核鉴定。入监教育考核的主要依据是《监狱教育改造工作规定》、《监狱服刑人员行为规范》等有关规定。考核采取观察、谈话、笔试、现场演练等方式，定期和不定期相结合，进行综合考核。建立考核台账，最后量化计分。

入监教育最后一个流程是对学习结束的入监教育罪犯进行验收，对验收达标的罪犯向各监区分配；对验收未达标的罪犯，对其重新进行入监教育，可以延长一个月。

 实训设计

实训项目：撰写罪犯入监教育实施方案。

实训目的：通过方案的撰写，使学生对罪犯入监教育的目的、内容、程序、方法、作用有全面深刻的认识；学会撰写罪犯入监教育实施方案。

实训方式：模拟实训。

实训时间：4课时。

实训要求：

1. 做好准备工作，参与实训的同学首先应该将入监教育相关法律规定、作用、意义等理论全面准确地掌握；搜集大量有关入监教育的材料。

2. 在实际调研中，每位参与的同学都要珍惜调研机会，精心准备好问题，认真倾听、记录，整理好材料。

3. 参与实训的同学要精心组织，团结一致，分工合作，遵守纪律。

4. 撰写入监教育实施方案要格式正确、运用法律适当、实施办法贴近实际、切实可行。

实训步骤：

1. 布置各位同学深入学习入监教育相关法律规定、作用、意义等理论；搜集大量有关入监教育的材料。

2. 实训指导教师联系监狱，为学生观摩与调研做好准备。

3. 实训教师带领学生到监区观摩与调研。

（1）现场观摩入监监区的入监教育活动，由监狱民警现场详细讲解入监教育的法律规定、入监教育的内容、组织实施、纪律要求、考核达标等内容。

（2）监狱安排学生和犯人进行现场座谈，包括服刑时间较长的犯人及正在接受入监教育的犯人。学生们可以借此机会零距离接触罪犯，消除隔膜，并对监狱教育尤其是入监教育有直观的认识。

（3）组织座谈会，由监狱民警对同学们的各种问题答疑解惑。

4. 实地调研结束后，学生们应将调研材料进行认真整理。

5. 指定数名同学分别带领几名同学撰写入监教育实施方案的不同部分，由一名综合素质强的同学负责总撰写工作。

6. 将入监教育实施方案的初稿寄交至监狱相关人员，提出意见；同学们根据意见，召开讨论会，修改方案，并再次寄回监狱听取意见。如此反复数次，最后定稿。

实训考核：

入监教育实施方案撰写实训考核评分表

项目	分值	评分标准	考核得分	扣分原因	备注
出勤考核	10 分	每次调研及讨论会出勤情况			
发言情况	10 分	每次调研及讨论时是否积极踊跃			
记录情况	10 分	准确记录调研及讨论的主要内容			
方案格式	10 分	符合制作实施方案的格式要求			
资料收集	10 分	是否积极搜取大量有价值的材料信息			
方案内容	50 分	内容齐全，无缺项，前后连贯，逻辑性强			
合计	100 分				

实训评价：针对入监教育实施方案撰写实训情况，指导教师分别对每名同学进行打分，90 分以上为优，80～89 分为良，70～79 分为中，60～69 分为及格，不足 60 分的为差。同时，指导教师对学生应当掌握的知识与技能作出具体的点评与评价。

注意事项：

1. 要正确理解实训的目的，精心准备，珍惜实地调研及撰写方案的机会。

2. 在监狱调研时，要遵守调研纪律，遵守监狱的各项要求，保证调研的顺利完成。

3. 要重在参与，大胆发言，大胆讨论，敢于表达自己的意见和想法。

4. 要有意识地培养自己的调查能力、分析能力和判断能力，有意识地加强写作锻炼，提高写作能力，完成入监教育实施的撰写任务。

任务拓展

1. 入监教育实施方案的撰写，重在其可行性与科学性。通过实地调研的方式，对于我们写好方案有什么关键性的作用？
2. 组织学生学习某监狱罪犯入监教育实施方案。

实训任务五　出监教育

任务引入

毛泽东同志说："许多犯罪分子是可以改造好的，是能够教育好的，""我们的监狱其实是学校，也是工厂，或者是农场……"当罪犯即将离开这所特殊的学校，以一个守法公民的姿态步入社会时，监狱民警最后还需要对他们做些什么？

任务分析

掌握出监教育概念、法律规定及内容；熟悉出监教育的程序，能够初步对罪犯进行出监教育。

基础知识

一、出监教育概念和法律法规规定

（一）出监教育概念

出监教育是监狱为了使即将刑满出监的罪犯能够巩固改造成果，确保改造质量，使罪犯能够顺利地回归社会，集中一段时间进行的专门教育。出监教育是监狱对处于刑满前的最后改造阶段的罪犯进行的一项总结性、补课性和适应社会的专门教育。

（二）出监教育法律法规规定

《教育改造罪犯纲要》、《监狱教育改造工作规定》等法规中明确规定：

1. 监狱对即将服刑期满的罪犯，应当集中进行出监教育，时间为 3 个月。

2. 监狱组织出监教育，应当对罪犯进行形势、政策、前途教育，遵纪守法教育和必要的就业指导，开展多种类型、比较实用的职业技能培训，增强罪犯回归社会后适应社会、就业谋生的能力。

3. 监狱应当邀请当地公安、劳动和社会保障、民政、工商、税务等部门，向罪犯介绍有关治安、就业、安置、社会保障等方面的政策和情况，教育罪犯做好出监后应对各方面问题的思想准备，使其顺利回归社会。

4. 监狱应当根据罪犯在服刑期间的考核情况、奖惩情况、心理测验情况，对其改造效果进行综合评估，具体评价指标、评估方法另行规定。

5. 监狱应当在罪犯刑满前 1 个月，将其在监狱服刑改造的评估意见、刑满释放的时间、本人职业技能特长和回归社会后的择业意向，以及对地方做好安置帮教工作的建议，填入《刑满释放人员通知书》，寄送罪犯原户籍所在地的县级公安机关和司法行政机关。

6. 监狱应当对刑满释放人员回归社会后的情况进行了解，评估教育改造工作的质量和效果，总结推广教育改造工作的成功经验，不断提高监狱教育改造工作的质量。

二、出监教育内容

（一）总结教育

引导罪犯实事求是地全面总结过去改造生活的成绩和存在的问题，拟定出监后工作、生活的规划。组织罪犯从法制观念、思想道德、文化技术、纪律作风四个方面开展自我总结。

（二）补课教育

针对罪犯存在的各种思想问题和行为表现，对照罪犯改好的标准，按照"缺什么，补什么"的原则，对罪犯进行思想、文化、职业技术等相关内容的补课教育。其重点是政治思想和职业技术补课，侧重讲解《刑法》、《刑事诉讼法》、《治安管理处罚法》、《税收征管法》等常用法规知识，教育罪犯正确处理和对待可能遇到的原团伙成员拉拢等情况，防止其重新犯罪。职业技术教育突出"短平快"特色，注重罪犯的创业设计和就业需求。

（三）适应社会教育

针对罪犯即将刑满回归社会而进行的增强罪犯适应社会生活能力的教育，其主要内容包括形势政策、就业安置、市场经济、心理健康教育、理想前途等。要大力加强对罪犯回归社会前的就业指导，增强其回归社会的生存能力；加强创业培训，提升其回归社会的发展能力；开展社会适应训练，增强其回归社会后适应社会的心理承受能力。

三、出监教育任务

（一）巩固日常教育成果，降低重新违法犯罪率

监狱对罪犯实施出监教育，开设出监教育课程，进行出监教育谈话和回归宣誓等活动；开展出监教育评估，注重对罪犯出监前的综合评价和重新违法犯罪预测；与安置帮教的协调联系；做好对刑释人员的跟踪评估，减少罪犯的重新违法犯罪率，把罪犯改造成为守法公民，从而促使其最终能够顺利回归社会。

（二）进一步查漏补缺，弥补日常教育之不足

对罪犯进行有针对性的补课教育，把罪犯尚未巩固的法纪观念、某些过激或危险的思想遗留问题、尚未掌握或巩固的谋生技能等问题，在出监教育阶段解决好。通过出监教育，使罪犯得到较为彻底的改造。

（三）提升罪犯社会适应能力

对罪犯进行社会适应教育，加强社会形势政策教育和职业指导培训，提升罪犯就业能力；加强对罪犯回归社会前的教育训练，帮助他们克服回归社会时的心理问题，树立回归社会的信心和勇气，提升罪犯的社会适应能力，为罪犯顺利回归社会打下坚实基础。

四、基本程序

1. 分析、总结阶段。进行出监教育开课动员，组织罪犯制定新生计划，回顾改造历程，认真自省自律，总结整个服刑期间的改造情况，查找并解决改造中存在的问题。

2. 补充教育、学习阶段。进行法制、道德、心理健康、形势政策教育以及介绍就业、安置、民政、社会保障、工商、税务、金融、治安等方面的有关政策。

3. 巩固、提高阶段。着重进行心理、就业、生活常识的咨询和指导。组织罪犯书写"新生历程"、召开"回归立志座谈会"、开展队列及行为规范验收，评比"优秀学员"。撰写出监教育总结，进行出监鉴定和评审，并组织考核。收集新生寄语，实施离监谈话教育，举行新生告别仪式。

 实训设计

实训项目：撰写罪犯出监教育动员大会讲话稿。

实训目的：通过撰写罪犯出监教育动员大会讲话稿，使学生对罪犯出监教育的目的、内容、程序、方法、作用有全面深刻的认识；学会撰写罪犯出监教育动员大会讲话稿。

实训方式：模拟实训。

实训时间：2课时。

实训要求：

1. 收集资料。首先应该将出监教育相关法律规定、作用、意义等理论全面准确地掌握；搜集大量有关出监教育的材料。

2. 进行监狱调研。在监狱实际调研中，学生要深入到罪犯出监教育工作实际中，了解出监教育的具体实施情况，精心准备好问题，认真倾听、记录，整理好材料。

3. 撰写罪犯出监教育动员大会讲话稿要格式正确、运用法律适当、贴近实际、切实可行。

实训步骤：

1. 安排学生深入学习出监教育相关法律规定、作用、意义等理论；搜集大量有关出监教育的材料。

2. 实训指导教师联系监狱，为学生观摩与调研做好准备。

3. 实训教师带领学生到监区观摩与调研。

（1）现场观摩出监监区的出监教育活动，由监狱民警现场详细讲解出监教育的法律规定、内容、组织实施、纪律要求、考核达标等内容。

（2）监狱安排学生和犯人进行现场座谈，包括服刑时间较长的犯人及正在接受出监教育的犯人。学生们可以借此机会零距离接触罪犯，消除隔膜，并对监狱教育尤其是出监教育有直观的认识。

（3）组织座谈会，由监狱民警对同学们的各种问题答疑解惑。

4. 实地调研结束后，学生们应将调研材料进行认真整理。

5. 撰写罪犯出监教育动员大会讲话稿。

6. 将部分撰写的比较好的罪犯出监教育动员大会讲话稿初稿寄交至监狱相关人员，提出意见；同学们根据意见进行修改，并再次寄回监狱听取意见。如此反复数次，最后定稿。

实训考核：

撰写罪犯出监教育动员大会讲话稿实训考核评分表

项目	分值	评分标准	考核得分	扣分原因	备注
内容正确	10 分	准确反映出监教育的主要内容			
格式规范	20 分	符合动员大会讲话稿的格式要求			
资料收集	20 分	积极搜取大量有价值的材料信息			
内容翔实	50 分	内容齐全，无缺项，前后连贯，逻辑性强			
合计	100 分				

实训评价：针对撰写罪犯出监教育动员大会讲话稿实训情况，指导教师分别对每名同学进行打分，90 分以上为优，80～89 分为良，70～79 分为中，60～69 分为及格，不足 60 分的为差。同时，指导教师对学生应当掌握的知识与技能作出具体的点评与评价。

注意事项：

1. 要正确理解实训的目的，精心准备，珍惜实地调研及撰写讲话稿的机会。

2. 在监狱调研时，要遵守调研纪律，遵守监狱的各项要求，保证调研的顺利完成。

3. 要有意识地培养自己的调查能力、分析能力和判断能力，有意识地加强写作锻炼，提高写作能力。

 任务拓展

美国联邦监狱局的核心计划建构了为囚犯提供改过机会的良好环境。除了发挥主流社会价值的模范作用之外，美国联邦监狱局职员也勤勉工作，鼓励囚犯参加"自我改进计划"并积极强化囚犯的"亲社会行为"。

查阅美国联邦监狱的罪犯教育的相关内容，了解他们的职业培训计划。

学习单元四　集体教育

内容提要

　　本单元学习内容：集体教育的概念、特征、方法及要求；课堂教学的概念、特点、环节、要求；专题教育的概念、特点、环节、要求、制定专题教育方案、模拟组织专题教育活动；备课、授课、模拟训练。

学习目标

　　了解集体教育、课堂教学和专题教育的概念、特点，掌握和运用备课、授课、专题教育的基本要求及技巧；能够根据课堂教学、专题教育的知识和要求，较为熟练地开展课堂教学和专题教育工作，不断提高罪犯教育质量和效果。

学习任务十一　集体教育

任务引入

　　某监狱近日接收一批罪犯，这些罪犯普遍认为自己没错，抵触情绪强烈。为此，监狱民警准备采用集体教育的方式对其开展有针对性的认罪认错教育。什么是集体教育？如何开展集体教育呢？

任务分析

　　了解集体教育的概念、特征；掌握集体教育的形式和具体方法。

基础知识

一、集体教育的概念

　　集体教育是相对于个体教育而言的。集体教育是监狱民警对罪犯群体集中进行的，以解决普遍性问题为目的的思想引导、知识传授和行为养成的教育活动。集体教育的受教育面较广，容易形成一定的声势和氛围，是一种普遍的、常用的教育形式。

集体教育包含三层含义：一是教育目的明确，以解决罪犯普遍性问题为目的；二是教育对象是罪犯群体；三是教育的途径——思想引导、知识传授和行为养成。集体教育不仅对于解决罪犯的共性问题行之有效，而且还可以通过集体教育的形式培养罪犯良好的集体观念和行为习惯，发挥群体的教育影响作用。

二、集体教育的特征

（一）权威性

《监狱法》第61条规定罪犯教育要采取集体教育与个别教育相结合，这一规定明确集体教育是教育的一种法定方法，权威性显而易见。除此，其权威性还体现在：一是组织形式具有权威性。集体教育面向罪犯群体，教育规格高、声势大、气氛严肃。二是施教者身份具有权威性。施教者是依法行使职权的监狱民警或是聘请的社会知名人士、政法部门权威人士，他们容易引起罪犯注意，影响力大。三是教育内容具有权威性。教育内容政策性强，与罪犯切身利益密切相关，对罪犯具有相当的吸引力。

（二）规范性

集体教育对参加人员、教育内容、教育过程、时间及地点等都有具体规定，自始至终都是按照事先制定的教育计划组织实施，活动目的非常明确。因此，集体教育是一项规范性很强的教育活动。

集体教育规范性的特点主要体现在以下三方面：一是教育过程规范。集体教育活动目的明确，具有周密的计划，实施的过程比较严谨，进行教育的时间、地点、环境等方面都有严格的要求。二是教育内容规范。针对罪犯共性问题，向罪犯传递科学性、思想性、可靠性强的信息，有针对性地解决罪犯中存在的普遍性、共同性的问题。三是教育场所纪律要求严格规范。在集体教育过程中，罪犯必须依法遵守纪律，保持良好的教育秩序。

（三）高效性

高效性是集体教育的突出特点，可以在单位时间内向多人同时传递信息，对众多罪犯产生影响。集体教育高效性的特点主要体现在信息传播过程中，具体表现为：一是传播速度快；二是受教育面广；三是教育影响力大、效果突出。因此，集体教育可以形成强大的舆论力量和教育氛围，这是其他教育方法所无法比拟和替代的。

三、集体教育的形式

（一）课堂教学

课堂教学是按照拟定的教学计划，在规定的时间和地点，对罪犯进行的系统的授课活动。这种教育的组织形式比较严密、规范，有教材，有教学大纲，有明确的时间，地点一般在教室或其他适合教学的专门场所。教育对象相对稳定，教育内容比较系统。对罪犯的思想教育、文化教育和职业技术教育多采用这种形式。

（二）专题教育

专题教育是就特定专题或任务而进行的宣讲说教活动。它多带暂时性，时间比较短，地点也不十分严格，教育内容单一。与课堂教学比较起来更加灵活多样，如专项工作动员、思想行为批判、奖惩剖析、改造工作总结，时事政策宣讲、英模报告，以及学习文件材料等都属于专题教育。

（三）现场教育

现场教育是一种组织罪犯直接参与社会实践，以亲身体验为特点的集体教育形式。其特点是使罪犯在实践中学习，比较生动、直观，容易激发罪犯的感情，加深印象和记忆。主要方法有参观法、实习法等。由于监管安全问题，这种教育形式在监狱运用得比较少。

（四）分组教育

分组教育是根据教育的目的和内容要求，将罪犯群体划分成若干小组进行教育的一种集体教育方法。分组教育可以调动罪犯的主观能动性，深化教育内容。其特点是形式生动活泼、灵活性大，适用于各种内容的教育活动。主要方法有座谈法、讨论法和评比法。

 任务拓展

思考：某监狱近日接收一批新入监罪犯，假如你是一名监狱民警，你准备采用哪些集体教育的形式和方法对其开展有针对性的认罪认错教育？请你设计一个对这些罪犯开展针对性教育的步骤（参考阅读：高莹主编的《矫正教育学》及王祖清主编的《罪犯教育学》中有关集体教育的知识内容）。

学习任务十二　课堂教学

○ **任务引入**

　　某监狱民警王某某被指定负责对罪犯进行《法律常识》的课堂教学工作。什么是课堂教学？如何对罪犯开展课堂教学？

○ **任务分析**

　　了解课堂教学的概念、特点，熟悉课堂教学的方法、内容和要求，掌握课堂教学的程序。

基础知识

一、课堂教学的概念

　　课堂教学是监狱民警在教室以班级授课的方式，按照监狱制定的教学计划对罪犯进行的系统性授课的集体教育活动。在罪犯教育中，课堂教学是把罪犯按照知识水平编成固定的班级，监狱民警根据课程安排有计划地给罪犯集体上课。课堂教学要求班级的学习内容和进度要保持一致，思想政治课程必须由监狱民警承担教学任务，文化课可以由监狱民警或文化程度较高的罪犯承担教学任务。

　　在罪犯教育中，进行"三课"教育一般采用课堂教学。实际上，课堂教学不仅是"三课教育"的重要形式，也是进行技能训练、思想熏陶、习惯养成、人格陶冶的重要形式，课堂教学不仅是教学形式，也是教育手段。

　　课堂教学也是监狱民警对罪犯进行思想政治、文化知识、职业技术教育的主要形式，是监狱民警向罪犯传授思想、知识、技能的主要阵地，是罪犯教育的重要手段。课堂教学能力是监狱民警必须具备的基本业务能力之一。

二、课堂教学的特点

（一）系统性

　　由于课堂教学是按罪犯监区、犯罪类型、文化程度组织编排的，由监狱民警根据统一的教材对全班进行教育，各门学科均按照一定的教育时间表有计划地、轮流交替地进行，因此无论从时间还是空间来看，课堂教学都是罪犯在较短的时间内能有系统、有重点地学习政治、法律、文化、技术的一种比较系统、有效的形式。

（二）主导性

在课堂教学中，监狱民警有目的、有计划、有组织地面对全体罪犯进行教育，它保证了在整堂课中，每个罪犯的学习都自始至终在监狱民警的直接主导下进行。

（三）教育性

课堂教学是按班级进行教育的一种集体组织形式。由于罪犯的学习内容相同、程度相近，因此集体成员彼此之间在学习上、思想上遇到困难和问题时，有利于开展讨论、相互促进、共同提高。

（四）强制性

课堂教学是罪犯在服刑期间监狱对其组织开展的有计划、有目的的教育活动，它是依附于刑罚执行过程的，是为了达到把罪犯改造成为新人而实施的一种特殊教育活动。接受课堂教学是罪犯在服刑期间必须履行的一项法定义务，如果罪犯拒绝接受，则要受到监规纪律的惩罚，因此具有强制性。

三、课堂教学的具体方法

（一）讲授法

讲授法是监狱民警通过口头语言系统连贯地向罪犯传授思想道德、文化、技术知识内容，进行思想引导、文化教育、技术培训的方法。它是课堂教学当中的一种主要方法。讲授法又可以分为讲述、讲解、讲读、讲演等具体的方法。讲述一般用于向罪犯叙述事实材料或者描绘所讲的对象；讲解一般用于解释、论证原理、概念等；讲读多在语文课中采用，适合进行语言的欣赏；讲演则适合在分析和论证事实作出科学结论时采用。

（二）讨论法

讨论法是监狱民警组织和引导罪犯，通过全班或小组形式就某一问题发表自己的观点、交换意见、相互学习的方法。讨论法是一种多向的交流过程，有利于罪犯在学习某一部分内容之后发表自己的见解，可以相互启发，提高理解能力和认识水平，培养其对问题的独立思考能力、钻研精神和口头语言表达能力。

（三）读书指导法

读书指导法是监狱民警通过指导罪犯阅读文字材料，使其掌握教学内容的教育方法。读书指导法是培养罪犯提高阅读能力和习惯的一种重要途径，可以充分发挥罪犯的主动性、选择性，培养罪犯自学的习惯，拓展其视野。

（四）演示法

演示法是体现课堂教学的直观性原则的一种重要教学方法，是监狱民警通过展示实物、教具或实验向罪犯传授知识、技能的方法。为了使罪犯能够更好地理解来自教材的间接知识，监狱民警有必要通过演示强化罪犯对所学知识的理解，为其提供感性材料。

（五）练习法

练习法是罪犯在监狱民警的指导下，应用所学习的知识完成一定的重复性的操作，从而掌握一定的技能和技巧的方法。练习法主要是一种用于知识技能巩固的方法。练习可以分为多种类型：依据技能技巧的种类可以分为动作技能练习和智力技能练习；依据运用能力的不同可以分为口头练习和书面练习；依据形成的技能技巧的水平可以分为模仿性练习、独立练习和创造性练习等。

四、基本程序

1. 制定教学计划。教学计划包括教学目的、课时安排、教学要求等内容。
2. 备课。监狱民警根据教学计划做课前的准备工作。
3. 撰写教案。根据教学内容和教案的规范格式，撰写出本节内容的教案。
4. 课堂教学。监狱民警对罪犯实施课堂教学。
5. 考查和考核。监狱民警对罪犯的学习情况进行考查。考查分为课堂考查和作业考查。考核的方法一般是进行考试。

五、注意事项

在进行课堂教学时，要根据教育内容，灵活多样地选取多种教学方法，活跃课堂气氛，使罪犯最大限度地参与到课堂教学中，调动他们的学习积极性。在一堂课中，要将讲授法、讨论法、示范法，以及训练法等融合在一起，杜绝单一方法的灌输，杜绝一言堂教学。

 任务拓展

1. 课外阅读王道俊、王汉澜主编的《教育学》中有关教学部分的内容。
2. 学生 10 人为一组，分析讨论如何开展课堂教学。

学习任务十三 专题教育

任务引入

国庆临近，某监狱为了对罪犯进行爱国主义教育，激发他们的爱国热情和民族自豪感，并将爱国热情转化为悔过自新的动力，坚定重塑自我的信心和决心，营造"团结、和谐、奋进"的改造氛围，提升罪犯教育质量，决定于9月26日在各监区举办"美丽中国梦"的专题教育活动。什么是专题教育？监区如何对罪犯进行专题教育？

任务分析

掌握专题教育的基础知识和基本程序，为开展专题教育训练做准备。

基础知识

一、专题教育的概念

专题教育是将罪犯集中起来，在特定的时间和地点由特定人员就某一主题发表见解、介绍情况、进行动员的集体教育方法。专题教育是密切配合罪犯改造形势和需要，针对罪犯在某个阶段的教育中存在的突出问题进行教育，鼓励先进、鞭策后进，提出希望和要求，以保障和促进教育工作的顺利进行。

专题教育具有时间、地点安排灵活机动，规模可以随内容适当调整等特点，因此是罪犯集体教育当中使用得比较普遍的一种方法。

专题教育适用于各种动员、总结、宣讲政策、表彰等教育活动。如遇有重大纪念节日和专门活动时，监狱要适时开展纪念性和引导性专题教育活动；当监狱发现有严重事故苗头，有碍正常改造风气，可能给监管安全和改造秩序带来潜在危害、破坏改造秩序或已经发生了管教安全生产事故的，要开展警示性专题教育活动。

二、专题教育的类型

根据专题教育的内容可以分为单一性专题教育和综合性专题教育；根据专题教育宣讲人的身份可以分为由监狱民警担任主讲的专题教育、由社会帮教人士担任主讲的专题教育、由改造积极分子担任主讲的专题教育等；根据专题教育所要达到的目的可以分为教育性专题教育、动员性专题教育和奖惩性专题教育。此处重点介绍第三种类型。

（一）教育性专题教育

监狱对罪犯举办的所有的专题教育都具有教育性。这里所指的教育性专题教育是重在向罪犯宣传、讲解国内国际的政治、经济形势，政策、法律和法规，或者由社会帮教人士、刑满释放人员做思想教育报告等。这种专题教育类似于课堂教学中由监狱民警进行的思想政治教育，不过参与的罪犯人数更多，所处的地点一般是场地较大的礼堂。

（二）动员性专题教育

动员性专题教育是为了完成特定的任务，由监狱民警通过专题教育的形式向罪犯阐明利害关系、讲清道理，激发罪犯参与完成任务的热情的教育形式，目的在于通过报告，使得罪犯采取监狱所希望的行动。在教育罪犯的过程中，经常要通过举行专题教育的形式来激励罪犯参与到学习、劳动、改造实践当中。因此，动员性专题教育又可以分为改造动员、学习动员、生产动员和竞赛动员等不同的形式。

（三）奖惩性专题教育

在教育改造罪犯的过程中，为了转变罪犯的行为模式、心理状态、思想观念等，监狱对遵守监规纪律的行为进行奖励，对违反监规纪律的行为进行惩罚。而奖励和惩罚不仅仅表现在物质上，还包括精神的奖励和惩罚，奖惩性专题教育就是为了达到奖惩的目的而举行的。

三、专题教育的特点

（一）灵活性

专题教育与正规的课堂教学相比，具有更高的灵活性。无论在时间、地点上，还是在对象、内容上，都可以灵活掌握。在时间上，既可以是白天，也可以是夜晚，既可以是劳动时间，也可以是工余时间。在地点上，可以在田间地头、厂房车间，也可以在礼堂、监舍，随地都可进行。在对象上，既可以是顽危犯，也可以是改造积极分子或表现一般的罪犯。在内容上，可以是亲切的鼓励，可以是和风细雨的说理，也可以是严肃的批评。这项工作从主体上看，既可以由监狱领导、民警单独进行，也可以邀请与罪犯有关的单位、亲友共同进行，还可以是社会知名人士、英雄模范或刑满释放人员等。这些都可以根据情况灵活掌握，以求达到最佳教育效果。

（二）独立性

专题教育在教育内容上具有相对独立性，它不是"三课"教育，也不是入监教育或出监教育，它是由专人就一定的主题对罪犯进行宣讲或告诫的活动，是动员、总结、宣讲政策、表彰等。它一般是一个独立的主题，一事一议，与罪犯之前或之后安排的改造、学习等没有连贯性，因而，专题教育在教育内容上具有相对独立性。

（三）针对性

专题教育针对罪犯群体共性问题进行认真、充分、符合实际的分析，针对罪犯群体的突出问题、特殊问题进行教育，确保有的放矢，切中要害。专题教育注重解决罪犯群体的共性问题，这些问题伴随罪犯的改造不断发生变化，与社会政治形势、党和国家的方针政策、罪犯群体的犯罪原因、改造态度及改造过程紧密相关，不能通过"三课"教育得到解决，必须从罪犯群体所遇到的具体问题出发，才能更符合罪犯群体当下改造的需要。

四、基本程序

1. 确定专题教育的目的。
2. 确定专题教育主题。
3. 制定专题教育活动实施方案。
4. 选定主讲人。
5. 撰写专题教育讲话稿。
6. 组织专题教育大会。
7. 组织会后讨论总结。

 任务拓展

1. 浅析专题教育与思想政治教育的关系。
2. 请根据专题教育的基本程序，设计一个奖惩性专题教育程序。

 实训任务六　备　课

◐ **任务引入**

某监狱准备举办观摩教学比赛，要求监狱民警都必须参加，且在比赛前一周将准备的教学内容写成教案交至教育科。怎么备课和写教案呢?

◎ 任务分析

　　了解备课的基本程序和要求,掌握教案的内容和书写格式,学会写教案。

● 基础知识

　　备课是课堂教学工作的起点,是上好课的重要前提和保证。备课是监狱民警的一项细致性、经常性工作,备课也是监狱民警工作能力的体现。

一、备课的内涵

　　备课就是去熟悉、准备讲课的内容,明确这堂课的教学目的与要求,教学重点、难点,采用的教学方法,对教学内容的取舍等;备课要吃透教材,针对罪犯的实际情况,确定恰当的教学方法与教学步骤;在备课时要制定教学计划,明确教学目的、要求、划分课时,写出具体的教案。

　　监狱民警根据教学大纲的要求和本门课程的特点,结合罪犯的具体情况,选择最合适的表达方法和顺序,以保证罪犯有效地学习。备课的环节包括研究教材、研究罪犯、查阅资料、设计教学方法、撰写教案等。对于重点、难点或比较抽象的概念,备课时就要想办法在课堂上如何用浅显易懂的事例或简明的语言,使罪犯容易理解和接受,收到好的教学效果。

二、备课要做好三项工作

（一）钻研教材

　　钻研教材包括研究教学大纲、教科书和阅读有关参考资料。掌握教材一般要经过懂、透、化三个阶段:"懂"就是掌握教材的基本结构;"透"就是对教材融会贯通,使之成为自己的知识体系;"化"就是教师的思想感情要和教材的思想性、科学性融合在一起,只有达到这个境界才算是完全掌握了教材。

　　1. 钻研教学大纲、教科书和参考资料。监狱民警要明确教学目的和要求,明确在教学中罪犯学习和掌握的内容,包括:①掌握的基础知识;②学会的技能和技巧;③发展的智力、能力;④培养的思想观点、道德品质及习惯。

　　2. 研究和掌握教学方法。要把教学内容转化为罪犯的知识、技能以及思想观念,就要组织教材内容,选择教学方法。要抓住学习的重点和罪犯认识上的难点、疑点,选择恰当的教学方法。如难点:举例法、实验法、练习法、训练法;

重点：讲授法、作业训练法等。

（二）全面了解罪犯

为了使教学内容切合实际，有的放矢，必须全面深入地了解罪犯。了解罪犯的学习目的、态度、学习方法和效果；掌握罪犯的接受能力、思维特点、兴趣爱好和文化基础，从而确定教学内容的深浅，知识的宽窄，分量的轻重，进度的快慢，采用恰当的教学方法。在此基础上，还应把罪犯的学习情况加以分类，对他们在学习上的优缺点着重进行细微的分析和研究，以便在课堂上加强指导，并通过提高他们的学习质量来带动其他同类的罪犯，最后达到全班罪犯都得到提高和发展的目的。

（三）制定教学计划

1. 学年或学期教学计划。一般在学年或学期初，根据教学大纲的要求，制定好一学年或一学期的教学计划。内容包括：罪犯情况简要分析；本学期或学年的教学目的要求；教材的章节或课题内容分析；确定教材的基础知识、重点、难点、基本技能的训练范围；教学总课时数和具体时间安排；各课题所需要的主要教具；各课题所需要运用的教学手段等。

2. 课题（单元）计划（章节计划）。对教学大纲中一个较大的课题或教科书的一个单元要进行全盘考虑，并在此基础上制订出课题计划。课题计划的内容包括：课题名称、本课题的教育目的、课时划分及各课时的类型和主要教育方法、必要的教具。制订课题计划时，应明确本课题在整个学科知识体系中所处的地位与前后课题之间的关系，考虑和授课相配合的其他教学形式的运用。

3. 课时计划。课时计划通常又叫教学设计或教案。课时计划是为顺利而有效地开展教学活动，根据教学大纲和教材要求及罪犯的实际情况，以课时或课题为单位，对教学目标、内容、教学步骤、教学方法等进行的具体设计和安排的一种实用性教学文书。它一般包括：班级、课程名称、授课时间、课题、教学目的与要求（教学目标）、教学重点和难点、教学方法的运用、教学环节及教学教具等。

三、课时计划

（一）课时计划的类型

1. 详尽式课时计划。严格按照课时计划的规范格式和要求制定的课时计划叫做详尽式课时计划。从事课堂教学 5 年以下的监狱民警应当写详尽式课时计划。

2. 提纲式课时计划。不需要严格遵守课时计划的规范格式和要求，监狱民警根据自己的教学经验，提纲要领地把教授的知识和技能书写出来的课时计划叫做提纲式课时计划。从事课堂教学5年以上的监狱民警可以写提纲式课时计划。

（二）课时计划的基本内容

1. 课时计划的首部。主要包括以下几点：

（1）课题，课时，授课时间。

（2）教学目的要求（教学目标）：要完成的教学任务。

（3）教学重点：需要解决的关键性问题。

（4）教学难点：学习时易产生困难和障碍的知识传授与能力培养点。

（5）教学方法：在教学过程中所使用的具体方法。

（6）教具：辅助教学手段使用的工具。

（7）教学流程及教材处理（课堂结构）：教学进行的环节、步骤。

2. 课时计划的主体部分。

（1）复习上节内容。注意复习哪些内容，提问哪些人，需用多少时间等问题。

（2）导入新课。通过新颖活泼、精炼概括的语言将罪犯引入本节课的教学内容，激发他们学习新知识的兴趣。

（3）讲授新课。讲解本节课的教学内容。针对不同教学内容，选择不同的教学方法；逐步启发、引导罪犯学习新知识；详细安排内容和步骤。

（4）巩固练习。练习要设计精巧，有层次、有难度、有密度。

3. 课时计划的尾部。主要包括课堂小结和布置作业两部分内容。

（1）课堂小结。归纳应掌握的基础知识和应会的能力。

（2）布置作业。布置作业要考虑到课本知识的巩固积累和运用，兼顾知识的拓展性和罪犯能力的培养。要注意需不需要给以解题提示、点拨或必要的解释。

（三）课时计划基本格式

1. 课时计划首页（见本任务附件"课时计划首页"）。

2. 主体部分，具体包括三部分内容：①复习上节内容；②导入语：通过举例、讲解等使罪犯明确学习内容，启发罪犯学习的兴趣和积极性，引起学习动机；③教学内容和方法。

3. 课时计划尾部：包括课堂小结，布置作业。

四、备课要求

（一）明确教学目标

教学目标既要符合课程标准的要求，又要符合罪犯的实际情况，既不能降低标准，又不能高不可攀。教学目标是设计教学过程的依据，是课堂教学总的指导思想，是上课的出发点，也是进行课堂教学的最终归宿。教学目标一般包括三个方面：一是知识目标，要学习掌握的基础知识；二是能力目标，要培养和训练的能力；三是德育目标，要培养什么品德。

一节课的教学目标是根据教学课程的总体目标和本节课的教学内容而确定的，制定一个具体明确又切实可行的教学目标，主要在于认真钻研教材。

（二）收集和积累教学资料

每个罪犯的文化水平和接受能力都不相同，而教材由于受篇幅的限制，不少内容只能罗列一些结论性的东西。备课时要广泛地阅读文献资料，有条件地选择有关专著精读，了解本学科的前沿信息、科学结论的形成依据和理论演变发展的过程，让罪犯感到所上的课程贴近实际，有时代气息。

（三）突出教学重点和难点

把握教学的重点、难点是一节课的关键，课堂教学水平主要体现在重点的突出和难点的突破上。一般来说，一节课中要讲授的主要知识就是本节课的教学重点，罪犯在理解和接受上存在困难的地方就是教学难点。当重点和难点确定以后，要善于与罪犯熟悉的生活、原有的知识相联系，制定出详细的、切实可行的教学方案，帮助罪犯化难为易，理解和掌握所学知识。

（四）注重课后总结和反思

每节课结束后要把课堂突发事件记录下来，对自己的教育观念、教学行为、罪犯表现、教育的成功与失败等进行理性分析，通过反思、体会和感悟，帮助自己总结和积累经验，形成一套能适应教育变化的、能出色驾驭课堂教学的知识体系和本领。

五、基本程序

1. 了解课程标准。认真学习课程标准，全面了解和掌握课程标准的整体要求及分章节要求。要求做到把握其中对知识点的不同要求。

2. 钻研教材内容，确定教学目标，制定教学计划。在熟悉全部教材内容、阅读课程的教学大纲的基础上，确定教学目标、内容、教学时数，制定教学计划。

3. 了解罪犯情况。了解掌握罪犯的知识基础、认知水平、理解能力、需求度等情况，做到有针对性地讲授知识。

4. 规划一节课的教学过程和步骤，准备相关资料。具体思考和规划一节课的教学过程，如何开始，如何引入要讲解的内容，对计划讲授的内容的流程和顺序，对于教学的重点、难点或者比较抽象的概念，设计如何用深入浅出的方式讲得清楚明白，引人入胜。对于计划使用的一些资料或材料，提前做好准备。板书和多媒体课件设计也要认真细致地考虑。

5. 撰写课时计划。把备课的过程用书面形式呈现出来。在撰写课时计划的过程中，不仅是对备课的整理，还是一个思考再加工的过程。可以检查自己在备课中的疏漏，甚至有时会触发灵感，找到更好地讲解某个内容的形式和方法。

六、注意事项

1. 罪犯的可接受性。任何好的教学一旦脱离了与其适应的教学对象，都可能变成对牛弹琴。在备课时必须充分考虑到罪犯的特点和接受能力，要努力使教材中的重点和难点内容变不易接受为容易接受。

2. 教学活动的教育性。备课时不仅要考虑使罪犯掌握知识技能，还要注重在教学中促使罪犯培养良好的品德习惯和个性品质，实现在课堂教学中既教书又育人。因此，在备课时研究和设计课堂渗透的过程中要注意：课堂渗透绝不能是生硬的、穿靴戴帽式的，而必须是春风化雨、潜移默化的，钻研渗透艺术，才能真正产生"润物无声"的效果。

3. 课时计划撰写详略视需要。课时计划撰写是详是略要视具体情况和实际需要而定，千万不可一概而论。对于新民警来说，有些内容可以写得详细一点。对于从教多年的监狱民警来说，有的教材已使用多次，在原有课时计划基础上，重新写个新的略案也无妨。

 实训设计

实训项目：备课，写出一份课时计划。

实训目的：通过训练，使学生学会备课，会写课时计划。

实训时间：2课时。

实训方式：模拟实训。

实训器材：教材、教案纸、笔。

实训要求：

1. 10人为一组，轮流介绍自己的备课思路，组内评议后，各自写出课时计划。

2. 学生要积极参加，在练习中掌握技能。

3. 学生要掌握备课的基础知识，熟悉备课的步骤。

4. 学生要掌握课时计划的规范格式和书写要求。

实训步骤：

1. 学生选取自己喜欢的课程，从中选取一节内容，认真钻研教学内容。

2. 了解教学对象。

3. 确定教学目的、教学重点和难点。

4. 根据教学内容和教学对象选择教学方法。

5. 设计教学环节。

6. 撰写课时计划。

7. 在小组内轮流介绍自己的备课思路，组内评议后，各自写出课时计划。

8. 指导教师对学生的课时计划进行评议。

实训提示：备课并把课时计划写出来，应当掌握以下技术要点：

1. 确定拟讲授的课堂内容。

2. 回顾学习过的备课过程与方法。

3. 思考教学思路与教学过程。

实训考核：具体考核评分标准见下表：

课时计划实训考核评分表

项目	分值	评分标准	考核得分	扣分原因	备注
格式	20分	规范、齐全			
内容	20分	完整、准确和正确			
教学目标	20分	明确、适当			
重点难点	20分	突出、准确			
逻辑层次	10分	层次清晰、表达准确			
教学环节	10分	清晰、明确、完整，没有遗漏			
合计	100分				

实训评价：根据课时计划评价标准，指导教师对学生撰写的课时计划进行打分，90分以上为优，80~89分为良，70~79分为中，60~69分的及格，不足60分的为差。同时，指导监狱民警应对学生应当掌握的知识与技能作出具体的点评与评价。

任务拓展

1. 根据省监狱管理局今年年初下发的罪犯教育工作计划和某监狱的罪犯思想政治教育计划，学生 10 人为一组，分析这两个教育计划，制定罪犯政治思想教学计划。

2. 组织学生观摩学习教师制定的课时计划。

 附件

课时计划首页

教学内容					
课时			授课时间		
教学目的要求	知识目标				
	能力目标				
	德育目标				
教学重点					
教学难点					
教学方法					
教具学具					
教学流程					
教材处理					

 实训任务七　授课

任务引入

《刑法修正案（八）》颁布实施后，为了让罪犯尽快了解《刑法修正案（八）》的内容，某监狱组织安排了《刑法修正案（八）》课堂教学，小李是从某政法学院毕业刚参加工作的监狱民警，教导员指定他为罪犯进行课堂讲授，为了给罪犯上好课，他认真准备了教案，制作了教学 PPT。小李怎么讲课才能达到良好的教学效果呢？

○ **任务分析**

掌握授课的基础知识，熟悉授课的基本过程和环节，训练授课的基本能力。

基础知识

一、授课的概念

授课是按照教学大纲和教学计划的要求，在规定的时间里，在课堂上将思想政治、文化知识、职业技术、心理健康等教育内容用口头宣讲的方式，进行深刻而系统的讲解、阐述的一种教学形式。

授课是整个教学工作的中心环节，是监狱民警业务水平和教学能力的集中反映，是罪犯掌握系统知识、发展能力和个性的基本学习形式，也是教与学相互作用最直接的表现。授课应按制订的课时计划进行，但又要根据课程的进行情况灵活地掌握，不为课时计划所束缚。

二、授课的基本标准

（一）表达清楚

表达清楚是授课的最基本要求，就是把教材的内容、线索核实理顺，纲举目张，达到思路清、线索明的要求，使罪犯在掌握知识的前提下，智能得到发展，同时思想也受到教育。

1. 重点突出。要抓住教材的内容、中心思想，把本课中起主导作用的原理、事实、定理和公式等作为教学重点，与本课中处于次要地位但舍之就不能保持学科的系统性和完整性的材料紧密结合。

2. 循序渐进。要认识课程的内部规律，充分发挥教材原有的连贯性，尽量加强教材前后之间、不同方面之间的内在联系，在已有的知识基础上，讲清楚新的教学内容，使学生不断地储存和积累知识，促进智能的发展。

3. 言简意赅。授课要用最精炼的语言表达出丰富的内容，做到准确深刻。重点把教材的基本线索、基本要点提出来，使之更加清晰、有条理、准确。同时要能舍弃可略讲或不讲的东西，做到言简意赅。

4. 针对实际。要从罪犯实际出发，既不能过于深奥，让罪犯难以理解，又不能过于肤浅，使罪犯觉得索然无味，一定要在罪犯的实际基础上，努力让罪犯通过积极的思维活动，培养和发展智能，从而自觉地掌握知识。

5. 规范完整。即语言规范和板书完整。语言除了语法、用词适当外，还应当有时代感，同时应严格按照教材内容的逻辑顺序，用板书写出简明的纲要，完整系统地体现教学的主要内容。它是罪犯最基本的学习笔记，是听课和课后复习的提纲，是把课讲清楚的重要手段。

（二）系统严密

授课内容应层次井然，条理有序，使罪犯获得系统的知识。

1. 要拟出条理简明的课题大纲。这既是讲授大纲，也是罪犯听课、复习的大纲。列大纲的方法通常有三种：一是先列大纲后授课。这种方法的优点是不会遗漏重要的教材内容，一目了然，知道教学的内容、要点、顺序等。二是边列大纲边授课。监狱民警熟悉教材，边列大纲边授课密切配合，教学效果最佳，是最常用的授课法。三是先授课后列大纲。这种方法有利于帮助罪犯整理教材，归纳授课内容，有利于罪犯获得系统知识，但不易在授课时让罪犯感到有鲜明的系统性。

2. 教学过程应当完整得当。一堂完整的课包括四个环节，就是"复、新、巩、布"。"复"：复习上节课内容，新课开始前应将上节课或与此相关的知识简单复习一下，作为本节新课的铺垫和前奏，建立起新旧内容之间的内在联系。复习时间不宜超过整个课时的1/10的时间。"新"：讲授新课，是课堂教学的主要部分。在这一环节对启发罪犯思维方法、使用教具、教学方法、培养能力等都要考虑到，对授课内容要注意到前后连贯、循序渐进的原则，既要主次分明，又要浑然一体。"巩"：巩固新课知识，新课内容结束时，应当给罪犯整理总结一番，让罪犯对整堂课的知识有一个全面的了解。"布"：布置作业，让罪犯做一些巩固和发展智能的作业和看一些适当的参考书。

（三）具体生动

授课的最高要求是生动具体而有趣，这与监狱民警学识、经验、言词、教学内容等都紧密相关。具体应注意以下几个方面：

1. 要有广博的学识和经验。监狱民警要多读书，多深入社会，认真地学习一切有用的知识，这样才能产生很多创造性的思维和方法，使授课深入浅出，妙趣横生。

2. 要讲究语言技巧。根据教材内容、情节的变化采用不同的语言、声调和表情，使三者有机地结合起来。适当引用口语或书面语言，教材中重要的话，巧妙地使用语言技巧会使讲课显得生动有力。通过语言技巧设置出奇妙的情景，更能启发罪犯的想象。

3. 适当地处理教材。由于教材内容受篇幅限制，多为简略和抽象，罪犯学习常有难解和乏味感。要想讲得生动，必须把浓缩的事例展开叙述，把概括的内容详细讲解，启发罪犯的思维想象，把书本知识和实际生活结合起来。因此，要注意适当地处理教材。

三、授课的技巧

要使授课清楚明白，系统严密和生动有趣，就要研究和熟练地运用授课技巧。

（一）教学准备充分

首先要认真准备教案，熟悉教材，全面了解教材内容。对课程的全部内容非常熟悉，对课程内容吃透后再上讲台，不能是明天要讲什么内容就去熟悉什么内容。不知道这节课在整个课程中占什么地位，会对以后的课程起到什么作用，这实际上是一种不负责任的态度，这样的讲课非但达不到前后贯通的效果，就连教育者自己也可能讲到后面忘了前面。因此，在备课之初必须对这本教材的全部内容融会贯通。

（二）教态自然大方

教态是教师的表情动作、语言感情、精神气质。教态必须与教材内容和教学目的一致。

1. 保持正常心态。如果上课前心跳气急，讲话时感到开口困难，可以利用组织教学的间隙默默地进行一次深呼吸，同时用严肃而亲切的目光巡视罪犯，取得罪犯的合作，即可恢复正常情态。

2. 保持良好仪态。要随时与罪犯用目光交谈，严肃、庄重、和蔼、亲切。站立姿势要直，身体重心落于双脚，不要用手撑住讲台，不要遮住黑板，避免呆滞不动或过快走动，手的动作要自然简练，恰到好处。姿态语言、面部语言、手势语言、外表语言均应与教学气氛相协调。

（三）语言切实动听

1. 语言声音优美。音量要适中，音色要优美，语调要自然。授课声调要抑扬顿挫、高低缓慢地变化。

2. 语言速度要适中。教学语言的速度以每分钟90至120个字为宜。授课的停顿，不仅要使罪犯听得清楚、舒服，还要留给罪犯回味思考的时间。

3. 语词得体。就是选词用字以及语句的结构要正确、严密，即用得其所、联结妥帖，达到易懂而不粗俗，深刻而不艰涩，既简练有力，又清晰雅达。

4. 切实有趣。授课内容要真实具体，避免空泛抽象，即使理论性较强的教材，也可通过实例、比喻及事实，使之具体化，再根据自己的生活经验，吸取已有的教学经验，同时运用教具，配合各种教法，使授课形式生动活泼，授课语言清新动听，授课内容深入浅出。

（四）板书简洁系统

1. 规范整洁。规范整洁的板书会给罪犯书写带来整洁和一丝不苟的榜样。

2. 简明系统。避免重点不明、主次不分。

3. 边写边讲。这是运用板书的最高要求。板书时，要以声音来调整罪犯的学习情绪，引起罪犯注意。写完板书，要自然让开，同时观察罪犯抄记的情况，如有少数人尚未抄完，最好不要再作重述，而是继续往下讲，在重新授课时，可以重述板书提纲起到承上启下的作用。主板书一定要在罪犯从各角度都看得到的明显位置。

四、基本程序

1. 课前准备。做好上课前的各项工作，准备好上课所需的教学资料和教具。作为特殊环境下的课堂教学，课前的组织是监狱民警工作的一部分，在开始上课前，按照规定与其他监狱民警一起将罪犯带入指定地点。

2. 实施教学。

（1）创设情境，导入新课。课堂所创设的情境必须贴近罪犯生活实际，新旧知识衔接自然，具有知识性、趣味性和激励性。

（2）讲授教学内容，答疑解惑。严格按照教学大纲和教材的要求，充分考虑教学对象的特殊性，鼓励罪犯合作交流，留给罪犯充足的探索、思考时间和空间，由易到难引导罪犯逐步完成对各个知识点的认知。

（3）巩固练习，查缺补漏。课堂练习内容要有针对性、有难度，练习应具有多样性。监狱民警要观察罪犯练习的每一个细节，发现问题及时纠正。

（4）回顾总结，条理归纳。课堂上留出一定的时间启发引导罪犯回顾梳理所学知识，力求用最简洁准确的语言概括总结出当堂知识要点。

（5）布置作业，巩固提高。布置课后作业要讲究艺术，作业量要适中。

3. 结束课程。做好课后回顾和资料记录，反思自己一节课的成败得失，调整教学思路，提高教学水平，填写《课堂教学日志》。

五、注意事项

在授课时，要紧扣主题，紧密结合罪犯实际，最大限度地发挥教学艺术与语言表达能力。要抓住教材的重点和难点，讲深讲透。同时，在课堂教学过程中，要自始至终地吸引罪犯的注意力，激发他们的学习兴趣，不断提高教学效果。

作为初上讲台的监狱民警特别需要注意下面几个问题：一是"满堂灌"。一堂课下来，自己讲得很累，但罪犯还是不知道这堂课究竟讲了些什么。讲的内容过多，罪犯根本来不及归纳思考，昏昏沉沉的，导致"贪多嚼不烂，消化不良"。许多罪犯在学生时代都没有好好听过课，他们人在课堂，心却不一定在，因此，要注意在教学过程中随时关注罪犯的情况，有效互动。二是照本宣科。把书背得滚瓜烂熟，一堂课几乎把书本中的内容一字不漏地在课堂上背了一遍，这样的课失去了上课的意义，在教学中要擅于把教材上的书面语言转化为适于教学的口头语言。三是不会掌握一堂课的时间。有时候30分钟不到就没内容讲了，搞得自己很尴尬。有时候到下课时间了，问题还没讲完，大大影响了教学效果。

实训设计

实训项目：授课模拟训练。

实训目的：考查学生对授课知识的掌握情况，培养学生的授课能力。

实训时间：2课时。

实训方式：模拟训练。学生分组操作，集体评议。

实训器材：教室、教案及多媒体设备。

实训要求：

1. 每个同学要认真准备内容，积极参加授课训练，全员参与，认真操作，提高技能，不准无故不参加训练。

2. 授课前，每个同学要写出一份自己的课时计划。

3. 授课时，要求内容正确，准备充分，教学环节完整，讲解清晰，语言流畅，声音洪亮，教态规范，仪表端庄。

4. 授课后，每个同学要写出自己的授课体会。

5. 每个同学的授课时间为10分钟。

6. 每个同学在他人授课时要认真听讲，不准喧哗，要写出授课人在授课过程中的优点与不足。

实训步骤：

1. 授课训练准备。讲解授课模拟训练的目的、内容、安排、要求、注意事项等。

2. 分组课外模拟训练。按照一定的要求对学生进行分组，指定负责人，组织学生课外先以小组为单位进行模拟训练，讲明小组训练要求，时间1周。

3. 课堂训练与讲评。每个小组随机抽取 1 名同学，在课堂上进行 10 分钟授课，教师对授课的学生进行讲评，时间是 2 个课时。

4. 分组课外提高训练。学生以小组为单位进行课外提高训练，根据课堂训练与讲评的标准，学生改进和提高自己的授课，每人每次训练时间为 10 分钟，训练 1 周。

5. 对每个学生进行授课考核。全班学生随机排列顺序登台授课 10 分钟，教师对授课学生进行考核。

实训提示：

1. 授课人要讲解清晰，语言流畅，声音洪亮，教态规范，仪表端庄。

2. 注意课堂教学互动和管理。

3. 教学内容的板书要详略得当，不要太多或太少。

4. 注意教学环节的完整性和对时间的控制。

实训考核：

1. 采取教师考核与学生考核相结合的办法。教师考核分数占 70%，学生考核分数占 30%。

2. 将教师考核分与学生考核分进行综合评定，成为授课人的授课训练总成绩。该成绩将作为学生的平时成绩计入考核。

授课模拟实训考核评分表

考核内容	分值	考核标准	扣分原因	得分
授课准备	20 分	有规范的教案，准备充分，内容翔实		
授课内容	30 分	内容符合要求，内容正确，重点突出		
授课过程	20 分	教学过程完整、规范，符合授课法的要求		
教学语言	10 分	语言流畅，声音洪亮，用词规范，没有中断		
教姿教态	10 分	神态自然，仪表端庄，衣冠整洁，文明礼貌		
授课时间	10 分	授课时间 10 分钟		
总计	100 分			

实训评价：根据考核内容和标准，实训评价分为 90 分以上为优，80~89 分为良，70~79 分为中，60~69 分为及格，不足 60 分的为差。同时，指导教师对学生应当掌握的知识与技能作出具体的点评与评价。

实训任务八　撰写专题教育讲话稿

◎ **任务引入**

　　某监狱二监区教导员发现：最近监区一些罪犯情绪低落，改造消极，出现一些心理问题。教导员根据这些罪犯在改造过程中心理表现的实际情况，想要确定一个关于心理方面的专题教育的主题，写一个专题教育讲话稿，对他们进行心理健康专题教育。如果你是教导员，如何撰写这份专题教育讲话稿？

◎ **任务分析**

　　掌握撰写专题教育讲话稿基础知识，初步学会撰写专题教育讲话稿。

基础知识

一、确定专题教育主题

（一）专题教育主题的含义

　　专题教育主题是监狱（监区）在对罪犯进行专题教育过程中，通过宣讲的全部内容和方式所表达出的中心意思。主题是专题教育的核心，它贯穿着专题教育的全过程，体现监狱民警对罪犯在学习、改造、劳动、生活等服刑过程的思想、行为的认识、评价和要求。

　　不同的专题教育有不同的主题，专题教育主题反映监狱对罪犯教育的要求和目的，体现罪犯在教育过程中亟待解决的问题。因此，专题教育主题具有很强的现实性和针对性。

（二）确定专题教育主题的要求

　　确定专题教育主题要从实际出发，监狱民警通过深入观察罪犯的改造表现，掌握罪犯的改造动态、信息和相关知识、素材，而后对罪犯的改造动态和信息进行归纳分析，结合自己掌握的法律知识、业务知识等，经过深入思考后拟定。专题教育主题应做到正确、鲜明、集中、深刻。

　　1. 主题正确。一般表现为正确的观点和主张，这是对专题教育主题最起码的要求，或者说，是对主题的思想性、科学性的要求。因为主题正确与否，直接关系专题教育的好坏成败。只有主题正确，才会对罪犯改造产生积极的意义。反之，则会产生消极的影响。

2. 主题鲜明。其倾向性一定要鲜明确切，绝不可含糊笼统，模棱两可，前后矛盾。如对罪犯改造过程中表现的是非、美丑等观念，应保持始终如一的鲜明态度和明确观点，不能似是而非，暧昧含糊。

3. 主题简明和单一。专题教育中心突出，不宜同时存在两个或者两个以上的主题，避免顾此失彼。同时，主题不集中也会造成罪犯在听讲过程中注意力分散，成效不明显。

4. 主题深刻。主题不能停留于对罪犯改造表现的罗列和叙述，而应该通过对罪犯思想和行为的深入、细致的观察，对罪犯存在问题的反复思考，抓住关键点，确立深刻和新颖的主题。

二、拟定专题教育提纲

拟定专题教育提纲有助于主讲人理清思路，突出重点，避免文不符题、主次不清及层次紊乱的问题。拟定专题教育提纲是在确定主题后，把专题教育的内容用简明的文字拟出一个大体纲要。

提纲要简明准确，切实具体。它的基本格式一般包括：专题教育的主题、主题教育主体内容，即开头语、主要内容、结束语。

专题教育提纲的撰写可繁可简，最简单的提纲只有一百个字，只用一张纸片就能写下；有的专题教育提纲则多达几百个字。可以根据主讲者的实际情况、习惯爱好因人而异。当然也不应把提纲变成公式，即使是同类专题，也不宜用同一格式的提纲。

三、专题教育讲话稿的格式

根据拟定的讲话稿提纲，把准备在专题教育时宣讲的内容事先写下来，不仅可以缓解主讲人在做报告时紧张、局促不安的心理，也能较好地把握和支配时间，把所讲的内容从容不迫地讲出来，避免丢三落四或虎头蛇尾；而且可以确保专题教育的内容正确、过程完整，使专题教育富有逻辑性，把教育罪犯的思想表达得更加精确和完美。

专题教育讲话稿的格式，可以根据不同的内容、对象和要求，灵活安排其结构。但是，一般都分为三部分：标题、正文和结尾。

（一）标题

即讲话稿的题目，这是讲话稿的有机组成部分，不少讲话稿的标题就是专题教育的主题。恰当的标题对专题教育起到画龙点睛的作用。专题教育讲话稿的标题有直接标明主题，指出内容范围，使用设问、反问、感叹等语句以显示主题倾向，提出问题，引起罪犯深思。

（二）正文

讲话稿的正文包括开头和主体两大部分。开头要简明扼要，点到即可。常见的方法有叙述式、设问式、比喻式和评议式等。主体是讲话稿的核心，专题教育效果好坏的决定性部分。

讲话稿结构有两种：一是并列式，把要讲的问题分成几个问题以并列的方式展开，集中阐明讲话的中心论点，其先后顺序不那么固定。二是递进式，围绕着讲话稿的中心问题，各部分层层递进，每一部分都不可缺少，前后顺序也不能颠倒。当然，在一篇讲话稿中，两种方法可以互相交叉，即以一种方法为主，在某一部分层次中用另一种方法。

（三）结尾

讲话稿的最后部分，可以通过对宣讲的内容进行总结概括，对罪犯提出新的要求和号召，使罪犯对专题教育形成一个清晰、完整、深刻的印象；也可用抒情、感染的语句形式作为宣讲的结束语，引起罪犯的情感共鸣，把专题教育推向高潮；还可以用名言警句的形式，给罪犯以启迪而达到教育目的。

四、撰写专题讲话稿的要求

（一）准备充分

撰写专题教育讲话稿，必须在写前做好充分准备。要熟练掌握罪犯改造的各种法律、法规以及监狱罪犯改造的奖惩规定等；要深入罪犯的管理、学习、生活、劳动等改造现场，收集、了解、掌握罪犯的各种信息，及时与其他民警沟通交流罪犯改造中出现的情况、问题；要根据专题教育类型的不同，确定正确、鲜明、集中、深刻的专题教育主题，并先撰写专题教育的提纲。

（二）注重情理结合

撰写讲话稿时，要注意摆事实、讲道理。说理不是一般地传播与交流信息，而是要以正确的道理、真挚的情意来转变罪犯的思想认识。说理时哪些先讲，哪些后讲，哪些重点讲，反复讲，前因后果，来龙去脉，要交代得清清楚楚；要大量举出发生在罪犯周围的真人真事来证明要说的道理，使罪犯的错误认知解体。只有打破罪犯原有的认知结果，才能重新组建。要注意说理不是支配，不是命令训斥，而是平等交流。

（三）坚持以情感人

讲话稿的话语要坦率，推心置腹，以真换真，以诚对诚。要讲出真情实感，不掩饰、不回避，对真、善、美热情讴歌，对假、丑、恶无情鞭笞。浓浓的情感

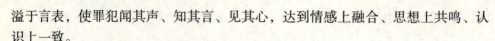

溢于言表，使罪犯闻其声、知其言、见其心，达到情感上融合、思想上共鸣、认识上一致。

（四）语言精练、准确、生动、形象

专题教育中要用简洁的语言表达丰富的内容，附加词尽量少用。用最贴切的语言表达讲评的内容，不能含糊不清，似是而非。只有具备深厚的文字功力，才能有震撼人心的、精练的、准确的语言表达能力。

专题教育语言要生动形象，使罪犯易于和乐于感知领会。一个新鲜而贴切的比喻可以使抽象的概念形象化，深奥的道理浅显化，复杂的事物明朗化，如讲罪犯活动秩序混乱："简直是先穿鞋子后穿袜子——乱套。"抽象的人生哲理就变得简明而生动。当然，要使语言生动形象还要经常使用歇后语、俏皮语等。俗语、谚语、俚语、歇后语等语言形式，既富有口语的特点，又能一针见血、生动形象地说明问题。

（五）戒除口头禅

口头禅会使个别语句反复出现，破坏语言结构，使语言断断续续，前后不连贯。每一次口头禅的出现，就等于一次切割，把整个过程切得支离破碎，给人以断续、离散之感。口头禅是一种相似的模式，令听众觉得平淡、枯燥。有人把口头禅比喻为"语言的肿瘤"。因此，专题教育中一定要戒除口头禅！

常见的口头禅主要有"好像"、"也许"、"说不定"、"这个"、"那个"、"那么"、"是不是"、"对不对"、"嗯"、"啊"、"好吗"、"行吗"、"就是说"、"后来呢"等。这些口头禅会削弱表达的效果，影响罪犯的情绪。

五、基本程序

1. 确立主题。根据罪犯教育工作需要，从罪犯实际情况出发，通过深入观察罪犯改造的客观事实，结合掌握的相关法律知识、业务知识等，经过深入思考后集体讨论拟定。专题教育主题的确定应做到正确、鲜明、集中、深刻。

2. 收集资料。主讲人根据专题教育主题，深入到罪犯中去了解掌握他们在该主题方面的现实情况、各种表现及存在的问题，进行详细研究，去伪存真，由表及里，掌握第一手材料。

3. 拟定讲话提纲。主讲人依据专题教育主题和收集掌握的第一手资料，拟定讲话提纲。提纲要思路清晰，重点突出，主次分明，把专题教育的内容用简明的文字拟出一个大体纲要。

4. 撰写全文。根据专题教育提纲，把所讲的内容按部就班的逐一写出来，确保专题教育的内容正确、过程完整，富有逻辑性，把教育罪犯的思想表达得更加精确和完美。

 实训设计

实训项目：撰写专题教育讲话稿。

实训目的：通过训练，使学生掌握撰写专题教育讲话稿基础知识和撰写专题教育的提纲要领，学会撰写专题教育讲话稿。

实训时间：2 课时。

实训方式：以小组为单位，模拟实训。

材料：有 10 个专题教育主题，请同学们任选一个主题，撰写专题教育讲话稿。

1. 根据司法部《教育改造罪犯纲要》，加强对罪犯思想教育的要求，结合监狱教育改造工作实际和罪犯的教育需求，对罪犯进行遵守监规纪律主题教育。

2. "弘扬传统主流文化、规范罪犯改造行为"主题教育。

3. 根据《公民道德就实施纲要》，对罪犯进行公民道德专题教育。

4. 在罪犯中开展"迎国庆、话改造、促新生"专题教育。

5. 对罪犯进行心理健康主题教育。

6. "珍爱生命，远离毒品"专题教育。

7. 对财产型罪犯进行专题教育。

8. 对暴力型罪犯进行专题教育。

9. 对职务类犯罪进行专题教育。

10. 对未成年罪犯进行专题教育。

实训要求：

1. 根据上述材料，每个学生选择一个教育专题，自拟主题。

2. 每个学生写出专题教育提纲，在小组内进行交流、讨论和修改。

3. 根据提纲，撰写该专题讲话稿。

实训提示：

1. 每个学生要收集大量和所选主题相关的信息材料。

2. 要深入监狱了解罪犯在该方面的实际情况，再拟定出专题教育提纲。

3. 要掌握撰写专题讲话稿的基本要领。

实训考核：是否掌握撰写讲话稿的有关知识和规定；在模拟训练中，方法步骤是否正确，技术要领是否得当。

撰写专题教育讲话稿实训考核评分表

项目	分数	标准	得分
内容	20分	内容正确，主题时代气息鲜明，符合罪犯需要	
语言	40分	简明扼要、凝练明了，用词准确，语言规范	
文章结构	20分	层次分明、条理清楚，格式正确，符合讲话稿要求	
策略性	20分	讲话稿注意方式、方法、技巧运用是否娴熟、合理	
合计	100分		

　　实训评价：根据专题教育讲话稿的标准，指导教师对学生在撰写讲话稿方面应当掌握的知识与技能，作出具体的点评与评价。实训评价分为90分以上为优，80～89分为良，70～79分为中，60～69分为及格，不足60分的为差。

 任务拓展

　　某监狱一监区2013年教育改造工作基本情况：思想教育方面，根据监狱的部署，一监区不仅认真开展了认罪服法、道德教育、法律常识等专题教育，而且还开展了"心理健康"、"防自杀"、"防行凶"、"防斗殴"、"防脱逃"等专项教育。为提升教育效果，监区不断创新教育形式，如结合民警讲课，组织罪犯自学、布置作业、在休息日以监舍为单位进行讨论、演讲等活动。一年的思想教育，使许多罪犯增强了法律知识，提高了思想认识。

　　一年来，监区配合监狱开展了一系列的社会帮教活动，邀请罪犯的亲属来监狱进行帮教。监区罪犯参加了监狱举办的各种活动，取得了较好的成绩。如"祖国颂"歌咏比赛，荣获第一名；"我在大墙内"演讲比赛，监区罪犯徐×获第一名；板报比赛，有两人分别获第二名和第四名。截至10月，监区共有58名罪犯得到不同幅度的减刑，有8名罪犯获得假释，还有许多罪犯在生活、劳动、学习等方面积极主动地帮助他人，努力克服和改进自身存在的不足，在思想、劳动和学习等方面都有了很大进步。如罪犯陈××，作为医务犯，尽心尽责，耐心细致地关心病号，每次分监区有高血压病犯血压升高的时候，经常陪伴到深夜，等病犯情况有所好转才去休息。自己还利用业余时间积极学习医务常识，通过学习不断增强医务技能。罪犯王×、常××生产进步明显，主动帮助新犯，改造达标从以往的四五级进步到一二级。罪犯余××、郭××、吴××，担任车班小组长，能努力克服自身存在的不足，较好的协助民警安排好线上流水，注意与组员沟通，积极配合小组组长提高本小组的生产产量。罪犯李×，刑期较长，缺乏改造信心，经常将"死"字挂在嘴边，今年来，有较大进步，改造积极性明显提高，积极参加各种学习，完成生产任务。但是，在过去一年中监区仍然有一些罪犯总是问题不断，反管教、反改造等违规违纪事件仍经常发生。监区一次性扣3分的违规事件共7起8人，主要有打架和寻衅滋事、自伤自残、顶撞民警、消极怠工、抗拒改造等现象。

问题：根据上述提供的材料，就该监区一年的改造工作写一个专题教育讲话稿。

思路：熟悉撰写专题教育讲话稿的一般过程，可从改造情况确定主题、拟定提纲、注意撰写讲话稿的技巧。

实训任务九　模拟组织专题教育活动

任务引入

某监狱为了配合即将到来的"6·26"国际禁毒日，决定开展"珍爱生命，远离毒品"的专题教育活动。根据工作安排，此事由教育科具体负责。教育科应怎样组织这项主题教育活动？

任务分析

掌握组织主题教育活动的基础知识，学会组织专题教育活动。

基础知识

专题教育活动主要是由监狱、监区根据一定的教育主题和要求，邀请或要求监区、分监区领导、监狱民警或社会知名人士，以讲座的形式，开展的有计划、有组织的对罪犯实施的身心教育影响活动。

一、制定专题教育活动实施方案

专题教育活动实施方案由标题和正文组成。

（一）标题

标题由两个要素组成，即制定专题教育活动实施方案的单位名称和专题教育的主题，如×××监狱关于开展"纪念改革开放30周年"主题教育活动的实施方案。

1. 单位名称。单位名称要写单位的全称，如×××监狱。

2. 专题教育主题。要明确主题内容，专题教育活动是关于哪方面，主题要鲜明、单一，在一个活动中不能有多个主题出现。

（二）正文

正文一般应包括三个方面：

1. 开展专题教育活动的指导思想、依据和目的。

2. 专题教育活动的任务与要求，这是专题教育活动实施方案的核心部分。任务与要求要明确，即要做些什么工作，要完成哪些任务，要达到何种目的。一般可以分条目来写，用小标题或在每一个段落开头时以一句醒目的语句来概括。

3. 完成任务的具体要求和做法。要写明怎样做、具体工作方法、完成任务的要求、完成任务可采取的步骤和次序等，最后要写上日期。

如果采用表格形式的话，则可以将专题教育活动实施方案与单位（部门）职能和岗位目标责任制相结合，把专题教育活动实施方案进行细致的划分，每项任务都要有明确对应的部门和责任人，每项任务都有操作和完成的时间节点，以便掌握工作进度。

二、确定主讲人

（一）具有专业知识和素养

作为主讲人要熟练掌握罪犯改造情况、法律法规以及罪犯奖惩规定等；要深入罪犯改造的学习、生活、劳动、教育等现场，了解掌握收集罪犯的各种信息，及时与其他民警沟通交流罪犯改造中出现的情况、问题；能够根据专题教育类型的不同，确定主题，并事先拟定专题教育提纲以及撰写专题教育讲话稿。

（二）能够讲普通话

主讲人会讲普通话，发音标准，是开展专题教育的最基本要求。主讲人口头语言流利畅达，语音准确清晰，使人听得轻松明白。音不准，则语义不明，会使罪犯听不懂或发生误会；方言土语、吐字不清、措辞含混，会使人糊涂。

（三）姿态端庄大方

主讲人在做专题教育报告时，身体姿态主要有站着和坐着两种。站姿要站直站稳，不能耸肩屈背，东倚西靠；坐姿要端正、自然、大方。同时，站在或坐在讲话的位置上，要让每个罪犯都能看得见你的表情，听得见你的声音，使他们感到你是和他们讲话。

（四）表情亲切、坦诚

主讲人的面部表情应该亲切、坦诚，而不应该摆出一副盛气凌人的样子，也不应该显出自负矜持的面孔，那样就会从心理上把罪犯拒之千里之外。此外，表情还应该是落落大方、自然得体、由衷而发的，而不应该是矫揉造作、生硬僵滞的。

（五）心理镇定、放松

主讲人心理要镇定，尤其是第一次做主讲人，难免紧张，这种紧张情绪大多数人都会有，而且是一种正常的反应。但这种压力如果太大，得不到缓解，势必影响专题教育的效果。可以借助松弛法放松，如可以不断地告诉自己"放松，放松……"，或者活动活动身体，以释放因紧张而剧增的多余能量；或者深深吸气，再均匀而缓慢地吐出。

三、召开专题教育大会

监狱民警提前到活动现场，准时将罪犯集合到活动现场，维护现场秩序，保证活动顺利进行。主讲人做专题教育报告时，注意控制专题教育时间，活动一般不宜超过两个小时，时间过长容易导致罪犯疲劳，影响教育效果；在活动过程中，可以穿插主讲人提问、罪犯回答，或罪犯提问，主讲人回答的方式，增强互动性和参与性，这样往往比单方向的灌输教育效果更好；

专题教育结束后，监区民警要组织罪犯进行分组讨论、座谈，要求罪犯写心得体会等活动。物色几名具有表达能力的罪犯进行表态发言。以获得罪犯的认同，唤醒罪犯的良知，激发罪犯情感，树立是非观念，使罪犯能更深入理解教育内容，思想上有进一步的收获。

四、基本程序

1. 确立专题教育的主题。监狱（监区）要根据当前教育工作需要，确定专题教育主题。

2. 制定专题教育活动实施方案。专题教育涉及的因素多、规格高，组织者要有全局观念，要和监狱（监区）各个部门做好协调工作，还要报请监狱分管领导审批。要根据不同专题，确定组织机构，明确人员职责、实施步骤、纪律要求、时间地点、安全措施等基本要素。

3. 选择适当的主讲人。一般来说，为了增加专题教育的权威性和可信性，应该由专家、部门领导或权威机关的工作人员来担任主讲人，而且主讲人不仅要具备权威身份，还需要有渊博的知识、良好的口才，要善于讲演，这样才可能增强集体教育的效果。

4. 准备必要的物质条件。在开展专题教育活动之前，要准备好必要的物质条件：一是场所的物品，如桌椅板凳、扩音器材以及多媒体设备等；二是主讲人所需物品，如黑板、笔和学习资料等。

5. 召开专题教育大会。监狱民警准时将罪犯列队带到会场，维护会场秩序。主讲人作专题教育报告。

6. 组织后续活动。专题教育结束后，根据专题教育内容和罪犯特点，监区组织召开讨论会。

五、注意事项

1. 要注意专题教育活动之前的计划和准备工作。专题教育活动的重要特征就是有目的、有计划、有组织，在进行专题教育之前缺乏足够的准备，就会降低教育效果，严重的还会引起负面效应。专题教育活动的计划和准备工作有：一要确立专题教育的主题。由于专题教育的影响面较广，所以对其主题是什么、要解决什么问题，都应认真研究。二要制定周密的计划。专题教育涉及的因素多、因此要求组织者要有全局观念，要和狱内各个部门做好协调工作。三要选择适当的主讲人。一般来说，为了增加专题教育的权威性和可信性，应该由专家、部门领导或权威机关的工作人员来担任主讲人，而且主讲人不仅要具备权威身份，还需要有渊博的知识、良好的口才，要善于讲演，这样才可能增强专题教育的效果。

2. 要注意对专题教育活动过程的控制。专题教育活动过程的控制包括：一要控制主讲人的主讲内容、活动程序与进度，这主要是保证教育过程流畅，内容积极、富有教育性，时间、进度要适宜；二要组织和控制参与的罪犯。罪犯是一个有着诸多罪错思想、行为和习惯的特殊群体，因此必须做好对罪犯的管理控制。要求罪犯按规定的位置落座，同时，组织最大限度的警力到会场，不仅监区、分监区干警要到场，还要有机动警力在现场布控。另外，参加专题教育活动的监狱民警应着装整齐、态度严肃。

3. 应注重专题教育活动结束后的讨论、落实。为了加深印象、消化理解专题教育的内容，增强教育的效果，应当在教育结束后安排时间组织罪犯参加讨论，监狱民警可以就教育中的重点、难点部分进行讲解，同时鼓励罪犯发表见解，允许罪犯自由议论，最后由监狱民警就基本观点进行总结、把关。为保证落实到位，可以要求罪犯根据专题教育的内容，结合自己的情况，拿出落实措施，写出保证。

实训设计

实训项目：模拟组织专题教育活动。

实训目的：通过训练，检验学生对专题教育活动基础知识的掌握情况，并使学生熟悉专题教育活动组织的一般过程，训练学生对现场活动的组织能力。

实训时间：2 课时。

实训方式：模拟实训。

材料：某监狱某监区罪犯王××，1968 年 10 月出生，汉族，大专文化，因绑架罪被判处无期徒刑，刑期自 2005 年 9 月 18 日起。2014 年 3 月 6 日上午，王××在劳动时用工具刮破自己手腕造成出血，罪犯杨×发现后及时呼叫民警，制止王××的行为。值班民警迅速向上级报告并送王××到监狱医院治疗，经医生诊断，创口不深且没有划破动脉，经消炎包扎处理后没有生命危险。罪犯自杀是危害监管秩序的重大事件，也是反映刑罚执行效率、监管秩序和罪犯改造质量的重要指标之一。监区民警迅速就王××自杀事件进行全面调查了解，发现王××自杀的原因主要是：王××妻子搞家政服务赚钱。一方面供孩子上学；另一方面还每月给王××200 元，家庭经济较为困难，在会见时其妻提出离婚，致其丧失改造信心，导致轻生行为的发生。

实训要求：

1. 根据上述材料，确定专题教育活动实施的主题。

2. 全班分为 3 个小组，小组进行分工，1 个小组写出专题教育讲话稿，并确定主讲人，1 个小组制定专题教育活动实施方案，1 个小组进行活动的组织实施。

3. 该活动的准备在课外完成。

实训提示：

1. 这是一个专题教育的整体训练，要成立领导机构，负责活动的整体策划、指挥、协调和控制。

2. 为了提高实训效率，小组长之间要进行讨论，要分工合作，组长对小组成员下达任务指令。

3. 要全员参与，调动全体成员的积极性，每一个成员都要有任务。

4. 各组长要及时进行各项工作的督促检查，确保每一项任务落到实处。

实训考核：是否掌握确定主题的有关规定；在模拟训练中，方法步骤是否正确，技术要领是否得当。

模拟组织专题教育活动实训考核评分表

类别	内容	分数	标准	得分
讲话内容	目的性	10分	讲话内容集中、明确	
	简洁性	5分	讲话简明扼要、凝练明了	
	逻辑性	5分	讲话层次分明、条理清楚	
	策略性	5分	讲话注意方式方法，技巧运用娴熟合理	
主讲人	准确性	5分	字音准确，符合普通话语言规范	
	清晰度	5分	声音响亮、扎实，共鸣控制程度合理	
	表现力	10分	语气语调合理，声音洪亮，手势、眼神、表情合理，精神饱满，着装规范、整洁	
实施方案	内容	10分	主题明确，内容完整、清晰	
	格式	10分	格式正确，规范、完整	
	步骤	10分	步骤清楚、恰当、合理	
组织实施	人员分工	10分	人员分工明确，责任到人	
	组织保障	10分	工作衔接紧凑，设施设备到位	
	检查监督	5分	落实每个步骤工作，检查仔细，监督有力	
合计		100分		

实训评价：根据专题教育活动模拟训练标准，实训评价分为90分以上为优，80～89分为良，70～79分为中，60～69分为及格，不足60分的为差。同时，指导教师对学生应当掌握的知识与技能，活动过程作出具体的点评与评价。

 任务拓展

1. 将实训项目中小组任务进行互换，课余时间再次进行模拟训练。

2. 张犯，男，汉族，出生于1974年，小学文化，因与他人发生纠纷并打架，造成他人伤害，被人民法院以故意伤害罪判处有期徒刑8年。2009年×月×日中午，张犯在车间劳动时趁往卡车装货之际藏在货物中间逃出监狱，监狱民警在张犯逃出5分钟后发现，随后追上卡车，将其抓住。

请以"逃跑无出路"为题进行一次专题教育活动演讲比赛。

学习单元五　个别教育

内容提要

　　本单元学习内容：个别教育和个别谈话的基础知识；模拟个别谈话及撰写个别谈话记录；感化教育的基础知识，制定感化教育活动方案，模拟组织感化教育活动；自我教育的基础知识，制定自我教育活动方案。

学习目标

　　准确理解个别教育、个别谈话、感化教育、自我教育的概念、特征以及类型和要求。掌握个别谈话的方法与技巧，学会如何进行个别谈话；学会运用感化教育、自我教育矫治罪犯的不良人格与扭曲心理。

学习任务十四　　个别教育

任务引入

　　罪犯教育工作是一项复杂的系统工程，它直接影响到监管场所的安全稳定，关系到罪犯教育质量的优劣，关系到罪犯教育目标的实现，关系到社会的和谐稳定。个别教育是罪犯教育的重要方法之一，充分体现"因人施教"的罪犯教育工作原则，是对罪犯最直接、最有效的进攻性教育方法。

任务分析

　　正确认识个别教育的概念、特征，掌握个别教育的方法与要求。

基础知识

一、个别教育概念

　　个别教育是监狱民警对罪犯实施教育的重要方法之一，是对罪犯最直接、最有效的进攻性教育方法。个别教育的概念有狭义和广义之分。狭义的个别教育是针对罪犯个体存在的特殊问题，采用直接接触、间接引导及帮助其解决特殊困难等形式，对其进行具体教育的方法。广义上讲，个别教育还包括管理和处遇的个别化、心理矫治及监狱民警的言传身教、人格魅力等对罪犯个体潜移默化的感染、熏陶、影响等。个别教育是我国《监狱法》规定的一种罪犯教育工作方法与手段。

二、个别教育特征

（一）针对性

个别教育注重对罪犯的个案分析，注意从罪犯的犯罪原因、家庭背景、成长经历、改造态度及从改造过程中所遇到的具体问题出发，做到"具体问题具体分析"、"一把钥匙开一把锁"、"对症下药"，更符合每个罪犯的特点。事实证明，罪犯的个性千差万别，其主观恶性有深有浅，改造心态不尽一致，实际困难和问题非常复杂，要使每一个罪犯都得到比较彻底、有效的改造仅靠"一刀切"、"一锅煮"式的教育是不可能完成的，必须充分发挥个别教育针对性强这一优势，对每个罪犯进行认真、充分、符合实际的个案分析，针对罪犯的突出问题、特殊问题、进行罪犯教育，确保有的放矢，切中要害。

（二）灵活性

个别教育同集体教育相比，具有高度的灵活性。无论在时间、地点上，还是在对象、内容上，都可以灵活掌握。在时间上，既可以是白天，也可以是夜晚；在地点上，可以在办公室、谈话室、监舍，随地都可进行。在对象上，可以是顽危犯，也可以是改造积极分子或表现一般的罪犯。在内容上，可以是亲切的鼓励，可以是和风细雨的说理，也可以是严肃的批评。这些都可以根据情况灵活掌握，以求达到最佳教育效果。

（三）反复性

个别教育，是一项艰苦细致的工作，费时、费力多，功夫深，不可能一蹴而就，其实这正符合罪犯思想转化反复性的特点。罪犯的思想转变的过程，不仅受内在的消极因素与积极因素两方面力量对比的支配，而且与外部环境关系密切。罪犯教育的反复性决定了罪犯个别教育的反复性。对这些反复，只能通过一而再、再而三的个别教育工作，这就是常说的"反复抓，抓反复"，才能得到解决，确保罪犯教育的效果。

三、个别教育方法

个别教育的方法很多。主要有个别谈话法、感化法、咨询法和自我教育法等。后边学习情景中要作详细阐述，在此不再赘述。

四、个别教育要求

个别教育是一项经常性的工作，在实际工作中运用比较广泛，对监狱民警的要求较高，充分了解罪犯的实际情况是个别教育的工作基础。具体的要求如下：

（一）了解个体情况，做好个别教育前的准备工作

了解罪犯基本情况，首先要掌握罪犯"四知道"，即：

一知：罪犯的基本情况。包括姓名、年龄、籍贯、简历、体貌特征、个性特征、文化程度等。姓名：包括乳名、字名、别名、化名、绰号；年龄：出生年月（少年、青年、中年、老年）；文化程度：识字不识字、受教育情况、文化素养、水平认识能力；个性特征：性格、气质、能力；籍贯：原籍、现住址；体貌特征：五官或四肢有无明显缺陷或标志；简历：包括学习经历、工作年限及单位、职业或任职、是否参加过党团组织服过兵役、入监狱前是否有前科。

二知：罪犯的犯罪情况。包括犯罪事实、案情性质、刑种、刑期等。犯罪事实：包括作案时间、地点、手段、动机、情节、有无同伙（单个或团伙犯罪）及危害程度；案情性质：一罪或数罪性质；刑种：属有期、无期或死缓；刑期：包括主刑和附加刑以及主刑刑期起始时间、附加刑的剥夺时间。

三知：罪犯的家庭情况和社会关系。家庭情况：祖父母、父母、兄弟姐妹、妻（夫）和子女，以及他们的姓名、职业、工作或学习单位，同他们的关系如何；社会关系：外祖父母、姑、舅、姨的家庭成员状况；已婚者的配偶家庭情况；未婚对象及朋友关系。

四知：罪犯的改造表现。包括：一贯表现，特别是当前的改造表现和心理状态；受过何种奖励和处分，其中包括行政和刑事两方面；近期的改造表现与思想情况。

（二）捕捉个别教育的有利时机，抓住时机促成罪犯的思想转变

古人说："事之难易，不在大小，务在知时。"罪犯个别教育的时机是指罪犯在生产、生活和学习过程中，在某些特定的场合或问题上，通过某种事或物的刺激或震撼，其心理和行为特点被监狱民警所了解和掌控，在人生观、价值观以及对事、对人的态度上出现松动和位移的可能，是最适合进行罪犯教育的时间。民警要善于抓住有利于罪犯思想转变的关键时期，要根据罪犯的行为特点和个性差异，把握个别教育的时机，找准切入点，实现罪犯的个别罪犯教育。

（三）个别教育要遵守罪犯教育的原则与规律，遵循个案矫治的方法

个别教育是罪犯教育的一种特殊形式，具有其特殊性。根据矛盾的普遍性与特殊性的辩证关系原理，个别教育必须遵循罪犯教育的原则与规律，即因人施教

原则、分类施教原则、以理服人原则以及相关的罪犯教育规律，同时也要遵循个案教育的规律。个别教育应坚持法制教育与道德教育相结合，以理服人与以情感人相结合，戒之以规与导之以行相结合，感化教育与自我教育相结合，内容的针对性与形式的灵活性相结合，解决思想问题与解决实际问题相结合。只有遵循把这个矛盾的特殊性与普遍性相结合的原理，才能把罪犯的个别教育搞好。

 任务拓展

1. 组织学生观看"山西省监狱管理局2012年度个别教育能手"比赛。
2. 根据"四知道"，设计"罪犯花名表"和"罪犯个体情况一览表"。

 学习任务十五 个别谈话 ·····

◎ **任务引入**

个别谈话是个别教育实施的主要途径，是监狱民警对罪犯实施教育的基本功。

◎ **任务分析**

掌握个别谈话的基础知识，为模拟个别谈话奠定基础。

基础知识

一、个别谈话的概念

个别谈话是监狱民警与罪犯面对面的谈话，是解决罪犯个别问题与特殊问题而单独进行教育的一种最常用的方法。它是监狱民警同罪犯短兵相接、面对面的思想交锋，是一项细致而又灵活的说理"斗智"的活动。

个别谈话是贯彻因人施教原则，解决罪犯个体思想问题的有效教育方法。它是通过监狱民警与罪犯的谈话交流，了解罪犯思想动态，沟通罪犯的思想，传达监狱民警对罪犯改造要求，解决罪犯思想结症，调动罪犯改造积极性的有效工作方法。

二、个别谈话类型

按照谈话预约与被约的关系将个别谈话分为两种类型：约谈式谈话法和接谈式谈话法。

（一）约谈式个别谈话法

1. 约谈式个别谈话法概念。约谈式谈个别话法是指监狱民警主动找罪犯进行谈话方法。这是个别谈话的主要类型，在个别教育中很多问题的发现和解决都是来自于约谈式个别谈话法。

2. 约谈式个别谈话法的特点：①工作上的主动性。监狱民警主动与罪犯谈话，指向性明确，准备充分，主动进攻。②目的上的确定性。监狱民警在谈话前找哪个人谈，谈什么，要解决什么问题，都心中有初步的计划，做到心中有数，有的放矢。③问题上的针对性。目的明确，对象确定，准备充分，针对具体问题主动寻求解决问题的方法。④操作上的可控性。在谈话中按监狱民警提前设计好的谈话方案，分步骤去进行，逐步能发现深层次的问题，或者说螺旋式上升去发现、解决问题。在谈话中监狱民警始终处于主导地位，具有主动性的，这就使谈话进退自如，有实际的操控性。

3. 约谈式个别谈话法主要有五种：①了解罪犯的基本情况，思想动态和改造表现；②调查问题，弄清事情发生的原因和过程；③鼓励进步，提出希望和要求；④布置任务，针对班组长、舍长、互监组长等，交代劳动、学习、讨论等其他方面内容；⑤针对问题，进行耐心的说服教育。

4. "十必谈"。司法部 2003 年 6 月通过《监狱教育改造工作规定》第 17 条规定，罪犯有下列情形之一的，监狱民警应当及时对其进行个别谈话教育：①新入监或者服刑监狱、监区变更时；②处遇变更或者劳动岗位调换时；③受到奖励或者惩处时；④罪犯之间产生矛盾或者发生冲突时；⑤离监探亲前后或者家庭出现变故时；⑥无人会见或者家人长时间不与其联络时；⑦行为反常、情绪异常时；⑧主动要求谈话时；⑨暂予监外执行、假释或者刑满释放出监前；⑩其他需要进行个别谈话教育的。以上被监狱民警俗称为"十必谈"。

（二）接谈式个别谈话法

1. 接谈式个别谈话法的概念。接谈式个别谈话法是指罪犯主动找监狱民警要求谈话的方法。这也是个别谈话中常见的一种类型，与约谈式个别谈话法相比，这种方式的使用要相对少一些。

2. 接谈式个别谈话法的特点：①工作上的被动性；②目的上的不明确性；③性质上的差异性；④对象上的不确定性；⑤内容上的复杂性。

3. 接谈式个别谈话法的内容。通常有四种可能的情况：①反映情况；②汇报思想；③请求帮助（解决矛盾或实际困难）；④提出建设性意见。

4. 处理接谈式个别谈话法的方法。①提问或询问：以和蔼可亲的态度主动发问，注意语气和语言艺术；②察言观色：观察罪犯的神情和动作表现；③联想判断：结合平时对罪犯改造表现的了解，进行分析判断；④分辨语气：注意罪犯谈话时的声调；⑤注意情绪：注意罪犯谈话时的表情。

5. 对接谈式个别谈话法的处置。在对罪犯进行分析判断的基础上，一般作出下列处置：①继续谈：清楚罪犯所讲述的问题，了解罪犯谈话的目的和意图，有明确的解决问题的方法和策略，这样就可以将正在进行的谈话继续下去；②约定时间谈：能够弄清罪犯所讲述的问题、目的和意图及解决问题的方法和策略需要的时间，这样就能以协商的语气告诉罪犯再次谈话的时间；③不约定时间谈：不能确定调查研究罪犯所谈问题的时间，需要给自己留下调查了解和思考分析问题的充裕时间，以便做好再谈话的充分准备。

三、谈话时机与谈话技巧

有些机会"稍纵即逝"，在做某些工作时要抓住时机，特别是在做人的思想工作方面，找到合适的时机是非常必要的。个别谈话时机的选择很关键，掌握好谈话技巧也是做好这项工作的必要手段与技能。

（一）个别谈话的时机

进行个别谈话时，要善于抓住有利时机，即：对罪犯教育最有力、最有效、最容易发生作用的时机。与罪犯谈话的最佳时机有以下几种情况：

1. 集体教育或分类教育后。在集体教育或分类教育后，罪犯对教育的内容受到启发，思想有了波动和起伏。此时，对思想有变动的罪犯要趁热打铁进行谈话教育，能够起到正迁移的矫治效果。

2. 奖惩大会后。在奖惩大会后，得到减刑和奖励的、希望减刑而落空的或者受到处罚的罪犯，他们的思想和情绪都会有较大波动，得到减刑和奖励的罪犯激动兴奋，希望减刑而落空的罪犯则悲观失望、灰心丧气，而受到处罚的罪犯更容易走向极端，这是最易出现问题的时期。所以要及时对他们进行个别谈话，启发引导，掌握他们的思想情况，解决思想上存在的问题。

3. 亲属会见后。罪犯在入监服刑后，考虑到对亲属的伤害，对他们有极大的负疚感，期盼亲属的接见以求得理解与原谅。在与亲属接见后要针对实际情况进行规劝和教育。

4. 受到外界因素刺激后。当罪犯因受到外界积极因素刺激而"感动时"，要鼓励进步，做好感化教育工作；相反，当罪犯因受到消极因素刺激而失望时，要对其疏通引导加以启发，消除障碍。

5. 对某事物发生兴趣时。罪犯对某种事物发生兴趣时，在监狱条件和法律允许的范围内，要因势利导，启发教育，提高他们的改造信心。

6. 受到委屈或遇到困难时。当罪犯受到委屈或遭遇家庭变故时，情绪波动较大，要及时进行思想疏导和安慰、劝导或帮助，解决他们的实际问题。

7. 发现进步或转变时。在发现罪犯进步或有好的转变时，要进行表扬鼓励教育，指明改造方向，提出新的要求和希望，以便促进罪犯的教育改造。

8. 节假日或有喜庆之事时。对于在节假日或家庭、子女有喜庆时，罪犯思想和行为容易激动。此时，需要稳定其情绪或对其表示祝贺。

9. 罪犯出现反常情绪或又犯罪时。罪犯的思想、情绪和行为出现反常时，一定有其他诱因，所以要立即查明原因，讲清利害关系，进行疏通引导教育。

另外，在谈话时间的选择上，没有特殊情况主要选择罪犯在监内休息时，一般不提倡在罪犯劳动时间找罪犯谈话，以免谈话时间占用罪犯的正常劳动时间，造成罪犯不能完成劳动任务，并且要防止其他事故的发生。

（二）个别谈话的技巧

有些刚参加工作的监狱民警第一次找罪犯谈话时，不知如何开口，甚至一些从事管教工作数年的民警仍然感觉个别谈话不能得心应手。到底难在哪里呢？难在没有掌握个别谈话的技巧。个别谈话的技巧有以下几个方面：

1. 理顺谈话顺序，分清谈话主次，做到循循善诱。首先从罪犯的家庭谈起，这会唤起他的亲情，有助于拉近彼此的距离，消除彼此的隔膜和戒心，营造出一个良好的谈话气氛。从家庭引出罪犯过去从事的职业以及对未来的期盼，揣测他的性格和爱好，再引出他的犯罪动机、犯罪目的，使他明白自己的犯罪给社会、家庭以及个人所造成的危害性，结合监狱改造罪犯的政策、方针，动之以情，晓之以理，最后达到教育的目的。在引导过程中，自始至终要把握个别谈话的主题，一切围绕主题。

2. 谈话要简明扼要，做到一语中的。心理学家指出：人每次说话在45分钟之内最易理解，最长不应超过1小时，如果超过这个限度，听者就会开始觉得啰唆，情绪烦躁，导致其思想不集中。由于罪犯文化素质普遍较低，理解能力差，因此，尽量用最少的语言来表达最明确的意思，做到话少内容多，罪犯易于理解和接受。如果废话连篇，罪犯就会产生抵触情绪，达不到教育的目的。

3. 掌握批评的技巧。罪犯在服刑过程中，出现违规违纪行为，首先要比较罪犯的优缺点，采取先批评后表扬的方法。批评的最终目的是为了教育人，批评罪犯时要动之以情，晓之以理，让他自己明白错在哪里，主动认错。不能一棍子把人打死，让他没有改错的机会。只要掌握批评的技巧，罪犯是能够接受的。批评过后适当表扬他的优点，会收到意想不到的效果。因为，表扬可以激励先进者更上一层楼，同样，可以鞭策后进者奋起直追。

4. 要善于使用倾听技巧。监狱民警找罪犯进行个别谈话时要善于运用倾听技巧，全神贯注地用"心"倾听罪犯说话，仔细分析罪犯说话的内容，辨别真伪，这样就能一针见血地指出其问题所在。切忌从头到尾都是民警进行说教，罪犯没有说话的机会。

5. 要适当运用肢体语言。眼睛是心灵的窗户，人们常说画龙要点睛，看人要看眼睛。谈话时眼睛要正视对方，目光要有力，这样表示你非常重视这次个别谈话，锐利的目光给罪犯一种震慑力。同时，可以适当使用手势和面部表情。手势和面部表情要随谈话的内容的改变而变化，当罪犯回答问题或陈述某件事时，如果符合你所要求时，应频频点头，面带微笑，表示认同，让他明白你重视、在乎他的陈述。这样，就能够使问题朝着自己希望的方向发展。

6. 个别谈话后的跟进教育工作。每次个别谈话后一定要做好跟进教育工作，跟进教育方法很多，一般采用两种：一是第二天直接找该犯，了解谈话的态度，对进步的地方要及时给予表扬和肯定，对存在的问题进一步做思想工作。二是向罪犯所在互监组的其他罪犯了解情况，并让他们有针对性地去帮助和开导。通过跟进教育工作，可以防止罪犯的满腔热情被冷下来，同时也可使罪犯真切地感到民警对他的关心和爱护。

四、个别谈话的要求

（一）做好个别谈话方案设计

古人说："欲成事，先谋事。"要想做好个别谈话，首先要明确个别谈话的目的，理清个别谈话总体思路，这就要先设计谈话方案，围绕个别谈话目的制定个别谈话的方案，围绕方案按步骤、分层次进行个别谈话，做到有的放矢。在个别谈话中以不变应万变，这个"变"字的最高境界就是不论对方千变万化，而作为监狱民警要把握谈话的原则与方向，对个人的态度、语气、谈话方法以及个别谈话目的进行调控，才能不致使谈话结果偏差太大或脱离轨道。在实际工作中根据不同罪犯或同一罪犯的不同情况在制定方案时需要制定几种方案，预防在个别谈话中随时可能出现的各种不测情况。

（二）遵守个别谈话纪律

在个别谈话中，要遵守谈话纪律，牢记"三不谈"、不忘"三注意"、不违

"三不准"、克服"三个误区"、坚持"五性"。

"三不谈"：目的不明确不谈；"四知道"不清不谈；情绪不佳不谈。

"三注意"：注意谈话中或谈话后罪犯有无反常现象；注意罪犯坦白交代或检举揭发的重要线索；注意保守秘密。

"三不准"：不准简单训斥；不准打骂体罚；不准迁就许愿。

"三个误区"：不加分析全盘否定；不着边际空洞强教；居高临下对立谈话。

"五性"：严肃性，要有充分的准备，不信口开河；针对性，要有明确的目的，不无的放矢；教育性，要体现方针政策，内容健康；艺术性，要注意审时度势，择机而行；实效性，要讲究方式、方法，提高教育效果。

个别谈话不是一蹴而就的事，要遵守个别谈话纪律，坚持普遍谈、反复谈、持之以恒经常谈。

（三）做好仔细观察，用心倾听，深入分析

在面对面进行个别谈话时，身体的距离已经拉近，但罪犯的心不一定与你接近，要想心也贴近，就必须用心去聆听对方的心声，应坚持做到"三心"，即诚心、细心和耐心。民警要有真诚的态度、合理的角度、双方都能接受的共识，才能进行教育，如果没有沟通的桥梁，个别谈话就无法实现其教育的目的。同时，为了达到教育目的，在教育的不同阶段，要深入运用心理学的方法与手段对其个性心理进行深入分析，制定相应的矫治对策。

五、注意事项

1. 个别谈话要有明确的目的。个别谈话是为解决罪犯的特殊问题而进行的谈话，并要达到教育改造的目的。总的来说是为了教育罪犯认罪服法，接受改造。

2. 个别谈话要有确定的内容。个别谈话不是漫无边际的乱侃，其内容必须是与罪犯改造相关的事件和问题。

3. 个别谈话必须坚守一定的原则。个别谈话应当贯彻以理服人、因人施教、循序渐进等原则。这些原则各有特点，彼此关联，谈话时要注意综合考虑，系统运用，才能达到事半功倍的效果。

4. 个别谈话不能伤害罪犯的自尊心。罪犯的自尊心一旦受到伤害，他可能怀恨在心，对监狱民警产生仇恨心理，给今后的教育改造带来困难。

任务拓展

1. 分析约谈式个别谈话法与接谈式个别谈话法的关系。
2. 以约谈式谈话法为例，制定个别谈话方案包括哪些内容？

学习任务十六　感化教育

◎ **任务引入**

在我国提出了"以人为本"的治国理念后，监狱作为国家的刑罚执行机关，有责任和义务把感化教育的理念与方法，移植嫁接到对罪犯的教育与管理中，这种理念和方法在罪犯的个别教育中显得尤为重要。

◎ **任务分析**

了解感化教育在监狱的发展运用，掌握感化教育特点和类型，树立"以犯人为本"的指导思想。

基础知识

一、感化教育概念

感化教育不是一种新型的罪犯教育方式，也不是国外监狱的发明创造。在我国古代监狱的礼义教化中就能发现感化教育的一鳞半爪。清末，我国的监狱改良先驱沈家本先生将西方资产阶级监狱思想引入中国，在很大程度上突破了封建狱政思想的范畴。沈家本先生主持编写的《大清监狱律草案》中提出监狱改良，思想基础是"仁"，监狱改良的宗旨是感化主义，这是我国罪犯感化教育的萌芽。随后民国监狱出现的模范监狱、感化院、感化监狱从某种意义上讲都有感化教育的雏形。

民主革命时期，中国共产党在根据地设置劳动感化院，并将感化主义作为一项基本原则。1946年，陕甘宁边区第三届参议会第一次会议将"对服刑人员实行感化主义"写进了《陕甘宁边区宪法原则》之中。新中国成立后，感化教育也是改造罪犯的一种手段或方法。

2013 年已经被废除的《劳动教养实施条例》第 2 条规定，"对劳动教养人员，实行'教育、感化、挽救'的方针"。劳教制度虽然已经废除了，但是劳教条例中的一些教育的原则与方法是可以引用和借鉴的。特别是在党的十八大报告中提出"法治是治国理政的基本方式。……切实做到严格规范公正文明执法"。这就要求监狱罪犯教育机关要体现出"以人为本"的执法理念。转变过去的工作作风与方式，切实从罪犯本身的实际出发帮助他们认识犯罪性质、对社会、集体、家庭的危害，通过一系列的感化方式，使他们消除恶习，转变对人、对事的看法。

因此，罪犯感化教育就是监狱民警（或其他教育主体）通过自己的行为和情感影响和帮助罪犯个体，使其能够悔过自新、罪犯教育不良人格与心理倾向的个别教育方法。

二、感化教育特点

（一）以情感交流为手段

情感交流是感化教育的基础，也是感化教育的手段。罪犯人格改善、心理矫治与行为矫正离不开感化教育。从监狱工作的实际上看，感化教育在罪犯教育的很多方面都能体现出来，它对犯罪改造有着不可替代的重要作用。在感化教育中，如果没有情感交流，那么感化教育就是无源之水，无本之木。

（二）教育主体多元化，教育形式多样性

在感化教育中教育的主体是多样的。不仅是监狱民警，也可以是社会名流、名人、专家、学者、罪犯家属、社会的帮教团体以及重新做人的刑满释放人员等。教育方式多种多样，可以是监狱民警的个别谈话、行动支持、拓展训练及人格魅力的影响，也可以是一次有益活动、亲情会谈、帮教活动、联谊活动、节目演出、茶话会等。这些多种多样的开展形式是由感化教育主体的多元化所决定的。

（三）罪犯主观认识不同，教育效果有相对局限性

由于罪犯的个人思维、文化程度、对事物的认识情况以及犯罪的主观原因等不同，造成罪犯教育的结果是不同的。任何一种教育方式都有自身的不足，感化教育当然也是这样的，无论监狱民警怎样努力，也会受罪犯本身素质的制约。感化教育的效果也有它的局限性，我们既不能夸大它的作用，也不能缩小它的效果。

三、感化教育类型和要求

感化教育的分类方法很多，这里按照感化教育的主体来分，有以下几类：

（一）监狱民警的感化教育

监狱民警是感化教育的主体。监狱民警开展感化教育工作的哲理基础是"人道主义"，理论依据是毛泽东同志的"人是可以改造的"。监狱民警在开展感化教育中要注意以下几点：

1. 要尊重罪犯的个性。要从罪犯的实际出发，针对罪犯的心理、性格、家庭情况、社会经历、犯罪原因等不同情况制定方案，设置不同的情景来进行感化教育。用真情实感呼唤他们的灵魂，打开他们的心灵之门，使不同的感化方法达到预期的效果。

2. 用实际行动感化罪犯。监狱民警在日常教育罪犯中是以言教为主的，但是言教离不开身教。俗话说"身教大于言教"，监狱民警在工作中应该按照工作规范的要求去做，应该依法办事、规范行事、言行文明、举止端庄、说话和蔼、做事公平。他们的一言一行都对罪犯的转变起到了潜移默化的作用。

（二）罪犯家庭的感化教育

家庭的感化教育对罪犯真正悔罪、恢复道德良知有着极大的推动作用。从心理层面来讲，家庭感化教育对罪犯具有心理矫治作用，家庭和罪犯之间存在相互期盼的感情，回归社会其实质就是回归自己的家。罪犯家庭的感化教育要注意以下几点：

1. 暴力家庭对孩子的负面影响，掌握开展感化教育的时间。

2. 单亲家庭、离异家庭、重组家庭中的实际情况与特殊原因，是否具有开展感化教育的条件。

3. 认真开展"三亲工程"，即亲情会见、亲情电话、亲情视频。让其感受亲情激励的存在，唤起罪犯的人生希望和对自由的追求，激发自觉改造的积极性和主动性。

（三）社会团体的感化教育

社会团体对罪犯的感化教育包括：一是监狱积极主动与人大、政协、综治办、妇联、共青团、人力资源和社会保障、文化教育、艺术表演团等部门联系，充分发挥有关部门的职能作用，传递政策信息，让罪犯体会到党和政府及社会各界对他们的关心和帮助，帮助其改过自新；二是高等院校、律师事务所、心理咨询机构、社会组织和社会团体对罪犯进行各种专业知识教育和心理干预。

社会团体的感化教育要注意：杜绝国外非正式团体的各种捐助和宣传活动在监狱内开展；坚决打击罪犯之间借协会名义，开展封建迷信、邪教活动；要审核活动的开展人与方案，在感化教育过程中监狱民警需全程陪同，对不利于改造的行为与言论要及时制止；团体进入监狱时严格检查，不能将通信工具带入，摄像机和照相机不能随便拍摄，要注意保密和保护罪犯的肖像权。

（四）典型人士的感化教育

典型人士是指个人的行为、道德高尚，在一定的专业、行业、事业内有很高声望和造诣的成功人士，包括英模人物、楷模、成功人士以及有成效业绩的刑满释放人员。

典型人士的感化教育要注意：选材选人要有针对性，提纲或方案必须提前进行审核；选的人和事一定要感人，平淡中要孕育着伟大，小事因为坚持也能体现坚韧不拔的毅力和高尚品质；在宣传教育中不能搞个人迷信和邪教宣传，监狱民警需全程陪同，发现有碍罪犯改造的言论要及时制止。

任务拓展

组织学生观看中央电视台"2012、2013 年度感动中国十大人物"。

学习任务十七 自我教育

任务引入

教育的最高境界无疑是培养被教育者自我教育、自我管理、自我提高与发展的能力。在罪犯教育工作中，罪犯的思想与行为的转变是罪犯教育一个重要考核指标。由于受传统的教育方式的影响，罪犯的自我教育很少被人们注意到。按照内因与外因的关系，我们应该认识到，内因（罪犯本身）在自我教育中起主导作用，绝不能忽视了罪犯的自我教育。

任务分析

了解罪犯自我教育的特点、类型，学会进行必要的自我调控与激励。

基础知识

一、自我教育的概念

自我教育是指罪犯在监狱民警的引导启发下自我认识，自我反省，自我调控，改变身心发展的过程。其实质就是自己教育自己。它可以分为：自我认识、自我要求、自我教育、自我评价四个环节。

二、自我教育的特点

自我教育是在一定的社会中进行的，以人的社会化为前提和保证。马克思指出："人的本质是一切社会关系的总和。"任何个人或群体总是生活在一定的社会关系中的，都受到社会这样那样的影响，对社会承担相应的责任。自我教育的前提是自我意识，它的形成和发展是在人的社会化的过程中实现的。但是，对于罪犯来说，教育的环境是一个特定的社会部分——监狱，这就造成了它独特的特点：

（一）主体与环境的特定性

在一般的教育中，教育者和受教育者有着严格的区分，受教育者始终处于一种客体地位，对教育内容只能是被动的反应。而自我教育则不然，主体既是教育者，又是受教育者，主体和客体直接为一体。在这个过程中，主体能动性和创造性得到极大的发挥。对罪犯来说，在自我教育过程中，由于主体是罪犯，主体的特定性决定了客体的局限性。在此过程中，让罪犯发挥能动性，只能在条件允许的范围内进行。但是这种能动性确确实实在罪犯教育中存在，而且起了很大的作用，我们不能因为它的局限性和特定性就否定它的存在，那是不科学的。在罪犯自我教育中我们不能片面地理解为就是自我批评、自我反省、自我压抑的过程，真正的罪犯自我教育应着眼于培养主体自我的正确认识，控制而影响其身心发展，发展积极的个性品质，追求自我发展，实现自我特定的教育活动。

（二）自控的反复性

罪犯作为教育主体，自我教育由自己自觉地认识、调节和控制。罪犯通过外因的影响自我观察和内省来检点自己的行为，从而不断地对自己的行为进行修正，以使其更好地实现理想和目标。由于罪犯自身的自控力差，行为习惯不好，易受外界的负面因素刺激与影响，呈现出时好时差的情况，这就是自控的反复性。但这种反复性出现时，要求监狱民警及时了解情况给以鼓励，告诉他们在向理想目标挺进的过程中，并不总是一帆风顺的，总会遇到困难、挫折，甚至可能会遇到与理想相悖却很有吸引力的诱惑。这就需要具有良好的自控力以制止不合理行为，让其坚持下去并实现自我教育的良性循环。

（三）评价的局限性

自我教育有促进身心发展的明确目标，其结果即主体预期目的的现实化、客观化，这是主体能自觉感受到的。而罪犯的自我教育，由于受罪犯教育规范化、制度化、条框化的约束，自我教育表现出它的虚伪性和功利性。比如：有些罪犯为了减刑讨好监狱民警，急功近利、遵规守纪造成积极改造的假象，但并没有从思想上真正地认识和反省自己。而与之相呼应的是一些监狱民警认为罪犯遵规守纪就是罪犯改造的方向，某种意义上把罪犯变成"监狱人格化"。没有从心理上、人格上、社会的适应能力上去考虑，这样就失去了自我教育的本来意义。这是因为罪犯的自我认识和评价是建立在别人对自己的反映和自己对别人反映的认识基础之上的，这是由于罪犯自我教育的认识体系和评价体系出现了错位而造成的。

三、自我教育的类型

按照麦格雷戈"X－Y"理论，麦格雷戈归纳了基于对人性的不同看法而形成的两种理论。我们可以把罪犯自我教育类型划分为：主动型自我教育和被动型自我教育。

（一）主动型自我教育

主动型自我教育就是基于自身的某种需要（可以是良知、情感等）而主动进行自我教育。这种类型的罪犯，入监以后在监狱主流文化影响下，能认真遵守监规纪律，主动反省自身罪错，采取措施，自觉进行思想转化与行为控制，从内心深处挖掘自己的犯罪原因，比照自我评价，深化自我体验，监督自我调控，矫正不良心理，养成自信、自尊、自立、自强的品质。行为上适应监狱的管理模式，以监狱管理为基点，重新自我认识，自我践行，自我监督。通过自我教育逐步由监狱的人格变为正常人格，为将来走向社会做好身心准备。

（二）被动型自我教育

被动型自我教育就是为了完成不可推卸的任务而进行的自我教育。这类罪犯在入监后虽然能遵守监规纪律，但是熬刑混日，对监狱的各种教育，没有主动接受，而是被动改造。对自我教育的认识没有明显的行为和表现方式。这类罪犯的自我教育是通过罪犯群体内部的自我管理来改变，我们把这种自我教育看成是群体内部的自我教育。其模式是通过监狱管理罪犯和群体内部的榜样作用来自我教育，影响罪犯个体的自我教育和自我转变。这种自我教育是被动地去适应环境，效果不明显。对于这类罪犯，监狱和民警给他们一定的条件和环境，对他们进行激励，他们也会发挥很大的作用。从马斯诺的需要理论角度来看，最好的办法是满足他们的成就感、自尊感和自我实现感等高层次的需求，从而最终实现回归社会，适应社会的目的。

任务拓展

1. 课外阅读"麦格雷戈'X－Y'理论"与"马斯诺的需求层次理论"。

2. 某监狱第四监区对罪犯实施自我教育。全监区干部反映很好，已经进行到自我罪犯教育阶段。假如你是本监区教导员，请你组织本监区罪犯进行一次以"说出心声，新旧对比，感悟自我，罪犯教育自我"为主题的自我教育座谈会。

3. 组织学生学习某监狱罪犯自我教育活动方案。

要求：写出具体的实施步骤与操作要求，不超过 1500 字。

学习任务十八　撰写个别谈话记录

◎ 任务引入

当监狱民警对罪犯进行个别谈话时或个别谈话后，还要完成一项工作，那就是撰写个别谈话记录。撰写个别谈话记录是每一个监狱民警的基本工作与基本技能。如何撰写个别谈话记录？

◎ 任务分析

了解个别谈话记录的概念、类型，掌握个别谈话记录的内容和格式，学会撰写个别谈话记录。

 基础知识

一、个别谈话记录概念

个别谈话记录是整理和记载监狱民警对罪犯进行个别谈话内容的文书。它是与个别谈话活动相伴始终的纪实笔记，是监狱民警记载和考核罪犯教育效果的工作笔记。

二、个别谈话记录类型

个别谈话记录的类型有：问答式记录和追记式记录两种。

问答式记录就是现场问答，边问、边答、边记，在工作中大多用的是这种记录方式。

追记式记录就是在与罪犯谈话时，谈话内容不需要马上记录或者当下记录会给谈话造成不利影响时，事后对谈话内容进行追忆记录。

三、个别谈话记录内容

根据罪犯不同改造阶段、现实表现、犯罪性质及谈话目的和内容，可以将罪犯谈话记录内容分为以下几种：

（一）根据不同的改造阶段分类

1. 对新入监罪犯的谈话记录。对新入监罪犯的谈话，主要是了解罪犯的基本情况。

2. 改造中期对罪犯的谈话记录。改造中期的谈话记录包括：与普通罪犯的谈话记录和与重点犯的谈话记录。对普通罪犯的个别谈话记录，是记录其思想情况、行为表现、性格特征和改造表现的工作笔记。对重点罪犯的谈话记录则是罪犯教育其恶习、扭曲心理的晴雨簿和档案。

3. 对出监罪犯的谈话记录。在改造的最后阶段，主要是解决罪犯如何顺利回归社会的问题。此时的谈话主要了解写明罪犯开始新生活前的思想观点和个人要求以及对监狱教育改造工作的看法和建议等，这种记录将是检查、总结罪犯教育工作质量，考察、了解不同个案的重要资料。

（二）根据不同的谈话目的和对象分类

1. 普通谈话记录。普通式谈话记录是与一般普通罪犯谈话的工作笔记，包括入监、出监个别教育、过失犯和短刑期罪犯等普通类型罪犯的谈话记录。

2. 重点人员谈话记录。重点人员是指重点犯又称"顽危犯"，是指思想上顽固坚持反动立场，以外倾的攻击性行为公然对抗管教并对狱内正常的管理秩序造成严重侵害的罪犯。这类罪犯是个别谈话的重点对象，针对他们的劣根性，从深挖犯罪根源、提高对罪犯的认识度，强化罪犯角色意识入手，每次都应当将谈话次数、方式、效果记录清楚，作为今后开展工作的依据和基础。

3. 接谈式谈话记录。接谈式的谈话记录主要是罪犯主动找民警谈话的情况。由于这类罪犯的谈话内容不确定，时间不确定，谈话内容可能是检举揭发或者交代余罪，也可能是反映问题，还可能是涉密、涉黑等，所以必须重视，做好个别谈话记录。

四、个别谈话记录的格式

个别谈话的格式有很多样式。一般来说，它主要有首部、谈话内容、分析处理意见三部分组成。

（一）首部

1. 标题。一般写出："个别谈话记录"或"与×××第×次个别谈话记录"。

2. 谈话时间。写谈话开始的时间。

3. 谈话地点。写明具体的地点名称。

4. 谈话人。一般为记录者本人。

5. 参加人。有参加人的，可写明其姓名和职务（如果没有，则本项可省略）。

6. 谈话对象。罪犯的基本情况。

7. 谈话目的。写明与该犯谈话的直接原因及所要达到的目的。

8. 谈话主题。明确本次谈话核心内容，一般一次谈话只围绕一个主题。

（二）谈话内容

谈话内容是谈话记录的主体部分。问答式记录要将整个谈话过程中所有的语言都记录下来，有言必录。追记式记录要对谈话内容进行整理概括，记录纲要。要实事求是，既不夸大也不缩小。

（三）分析处理意见

如实反映罪犯改造状态，适时提出分析处理意见，找出解决问题的办法。总结出本次谈话的症结是否解决，预备下次谈话更具有针对性，进一步推进个别教育的效果。这是个别谈话记录的一项重要内容。

五、注意事项

1. 谈话记录要客观、真实。不能只是为了应付监狱和上级的检查而去做记录，记录要真实、可靠，对今后工作有指导作用和参考价值。

2. 注意记录的格式正确，字迹工整。记录要字迹工整，不能敷衍了事、字迹潦草，为了完成次数和字数，记录内容千篇一律、泛泛而谈。

3. 谈话记录要明确主题或中心以及谈话的目的。

4. 要遵守保密规定。要妥善保存个别谈话记录，对谈话中反映的重大问题和重要线索要遵守保密的要求，并按规定及时向上级领导反映，不得使其泄露。

5. 个别谈话记录要记录完整和全面。个别谈话记录要有谈必录，有的民警已经谈了话可是没有做记录，特别是对重点罪犯谈话记录没有及时记录；谈话记录要素要全，反映教育内容翔实，体现罪犯的思想反馈。

拓展任务

利用在监狱见习的机会，与罪犯面对面地交谈，用追忆的方式写一篇罪犯谈话记录。

实训任务十　制定个别谈话预案

◎ **任务引入**

古人说："工欲善其事，必先利其器。"对于个别谈话来说，做好事前的准备工作，就意味着个别谈话成功了一半。因此，监狱民警在找罪犯进行个别谈话前，必须做好谈话前的准备工作。那么，要进行哪些个别谈话前的准备工作呢？

◎ **任务分析**

掌握个别谈话前的准备工作内容；学会设计出谈话方案。

基础知识

一、个别谈话前的准备工作

（一）掌握个体情况

通过查阅档案、调查了解、心理测试等手段掌握罪犯的个体情况、家庭情况、犯罪情况以及在看守所和投入监狱改造以来的表现情况，了解罪犯的改造表现、心理需求、个性特征、人际关系、思想状态、情绪变化等。从而做到心中有数，在个别谈话时能够有的放矢、达到事半功倍的效果。

（二）确定谈话主题

一次谈话不可能解决所有问题，因此，事先要明确本次谈话的主题，要了解什么情况，解决哪些问题，如何开始，先谈哪些问题，怎样切入主题等。一般情况下，一次谈话不要有多个主题，以免冲淡谈话的效果，分散教育的精力。

（三）制定谈话方案

谈话方案包括以下几方面内容：

1. 被谈话人、时间、地点的选择。

2. 被谈话人的基本情况。

3. 谈话目的。

4. 谈话主题的选择。

5. 可能出现的问题和应变措施。

6. 谈话的语言和方式的选定。

7. 问题的分析与判断。

8. 教育对策。

如果没有形成对策预案，没有对谈话中可能出现的情况进行事先分析，对谈话中出现的问题就会束手无策，那就不会达到预期的教育效果。

（四）选择合适的谈话场所

普通谈话一般在监区、分监区谈话室进行。如果涉及一些重大问题的反映和特殊事件谈话，必须选择适当的谈话场所，这样有利于打消罪犯的心理负担，使其能倾心真实地反映实际情况。

二、个别谈话前的安全准备工作

在谈话对象的选择上，罪犯在对待监狱民警谈话的态度上有主动和被动两种状态，一般来说，当前罪犯普遍存在不主动找民警谈话的倾向。主动找民警谈话的，以反映问题、要求解决困难为多。真正存在危险因素的罪犯，如脱逃、行凶、报复、自杀等倾向的罪犯，一般不会主动找监狱民警谈话。因此，监狱民警在选择谈话对象上不能消极等待或忙于应付一些一般性的谈话要求，要有急有缓，对有危险倾向的罪犯要主动出击，及时开展教育，化解危机，对一些纠缠型、惹事型的谈话应予处理，不作过深、过长的谈话。但是，不论是主动谈话还是被动谈话，监狱民警在与罪犯谈话时，尽量选择在有隔离带和监控的谈话室，一定要注意自身的安全，绝不能放松警惕。

三、注意事项

1. 调整好自身心态。特别是对接谈式谈话，监狱民警是被动地去接受谈话，一定要把心态调整好，不能迁怒于人，也不能应付差事，推诿扯皮。

2. 选好环境。谈话环境一般在谈话室，如有涉密和重大问题，要做好谈话场地的选择及布置，场地相对独立和封闭。

3. 注意谈话方法和技巧学习。要学会谈话的技巧不是一招一式的问题，需要经过多次的训练和实践才能掌握。

4. 注意安全。安全是任何工作的基础与生命线，如果没有考虑到安全因素，个别谈话就失去了原本的意义。

实训设计

实训项目：制定罪犯个别谈话方案。

实训目的：掌握制定个别谈话方案的内容、程序、步骤与方法，能够初步学会制定个别谈话方案。

实训时间：2课时。

实训方式：模拟实训。

材料：罪犯钟某，1976年1月出生，因抢劫罪被判处死刑缓期二年执行，该犯因刑期较长，疾病缠身，自认为看不到希望，仇恨社会，经常违规，存在轻生的念头。

"报告警官：罪犯钟某撞墙自杀……"包夹犯黎某来报告，监区民警迅速赶到现场，将钟某控制住并带医务所包扎伤口，在包扎伤口时，该犯极力反抗，不愿接受治疗，民警被逼无奈下给他注入安定剂。等该犯醒来时，监区民警找其谈话进行个别教育。

假如你是该监区民警，怎样制定与罪犯钟某的个别谈话方案。

实训要求：

1. 对钟某的情况要进行全面分析了解，制定出切实可行的谈话方案。

2. 确定一个谈话主题。

3. 对可能出现的问题和应变措施要详细周全。

实训提示：

1. 制定钟某的个别谈话方案，注意抓住钟某的"闪光点"。根据购物计划得知该犯无人接见，账上没有钱，家中只有老母亲一人，生活困难，并且在其床底下发现一张他母亲的照片，看来该犯是一名孝子。

2. 首先，确定谈话的目的，让钟某抛弃自杀的心理，鼓起改造的勇气。其次，确定谈话的内容：①让钟某认识所犯罪行的危害。②认识自杀的危害。③开展感恩教育。钟某年龄很小，对父母的养育之恩的回报以及母亲对他的期盼。最后，以孝敬老人作为谈话教育的后续实施工作。

3. 谈话的语言和方式的选定方面，要从他的自卑、消极、自杀等不健康心理入手，运用教育、感化、挽救的方法，增强他对生活的信心和鼓励改造的勇气。

实训考核：是否掌握制定罪犯个别谈话的要求；在与钟某的谈话中方法是否得当。

制定罪犯个别谈话方案实训考核评分表

项目	分值	评分标准	考核得分	扣分原因	备注
格式	20 分	规范、齐全			
内容	20 分	完整、准确和正确			
目的	10 分	明确、适当			
问题预测	20 分	突出、准确，符合实际			
教育对策	10 分	方法得当、措施可行			
谈话方式	20 分	符合被谈话人情况			
合计	100 分				

实训评价：针对本次制定个别谈话方案，指导教师对学生应当掌握的知识与方法，作出具体的点评。90 分以上为优，80～89 分为良，70～79 分为中，60～69 分为及格，不足 60 分的为差。

任务拓展

谈话对象的犯罪类型不限，自己设计一份个别谈话方案。要求：
1. 字数在 800 字以内。
2. 时间、地点、步骤明确。
3. 写明谈话情况与处理的结果。

实训任务十一   模拟个别谈话

任务引入

"纸上得来终觉浅，绝知此事要躬行。"学生在教室学习个别谈话只是一种感官的认识，要想掌握谈话的技巧必须经过实际的训练，只有经过模拟训练才能掌握谈话的技能，才能对个别谈话形成一种理性的认识。

任务分析

模拟个别谈话，掌握个别谈话方法和技巧，培养与罪犯进行个别谈话的能力。

基础知识

一、基本程序

1. 选择案例。教师在开展实训前，准备 12 至 15 个左右的不同类型案例（不同犯罪的类型、原因、家庭、罪犯的性格等），并对案例进行编号。

2. 让学生自由结合，3 人为一小组，并选小组长 1 人，将班级分为 15 个左右的小组，由各小组组长对案例进行抽号。

3. 撰写个别谈话方案。根据案例的具体情况和个别谈话方案的内容与要求，制定个别谈话方案。

4. 进行个别谈话训练，撰写个别谈话记录。以 3 人为一组，一人是谈话人，另一人是被谈话人，第三人做记录。按谈话人个别谈话预案进行谈话。时间为 30 分钟。之后，分别进行角色互换，再次按谈话人个别谈话预案进行谈话。

5. 讨论与改进。进行一轮之后，谈话人和被谈话人进行讨论，相互指出对方在谈话训练中的优点和缺点，以及对本次谈话的意见和建议。根据大家的意见和建议，再进行第二轮模拟谈话。

6. 教师对个别谈话情况和记录进行讲评和指导。教师以一组为例进行讲评和指导，指出他们在谈话训练中的优点和缺点，以及对本次谈话的意见和建议。最后教师对训练整体情况讲评。

7. 根据教师讲评的意见和建议，再进行第三轮模拟谈话。

二、注意事项

1. 必须审核每个同学的谈话方案。

2. 谈话方案是否符合案例，是否具有可行性与操作性。

3. 在谈话中注意态度与用语、表达方式是否正确。

4. 注意谈话中间的衔接，这种情况下的谈话不能采取"冷处理"的态度，避免冷场。

实训设计

实训项目：模拟个别谈话。

实训目的：通过训练，掌握个别谈话程序、步骤与方法，学会进行个别谈话和撰写个别谈话记录，培养学生个别谈话的能力。

实训方式：模拟实训。

材料：指导教师在实训前，给学生准备好 12 至 15 个不同罪错类型的案例。

实训时间：4 课时。

实训要求：

1. 以班为单位，3 人为一小组，以小组为单位进行训练。以 3 人为一组，首先进行角色分工。一人是谈话人，另一人是被谈话人，第三人做记录。按谈话人个别谈话预案进行谈话。时间为 30 分钟。之后，分别进行角色互换，再次按谈话人个别谈话方案进行谈话。

2. 模拟谈话前，每个学生制定个别谈话方案。

3. 制定的个别谈话方案要符合个别谈话的要求，不能脱离的所给案例的内容。

4. 注意自己在每次谈话中的谈话的角色与语气的转变。

5. 每个学生要写一份个别谈话记录。

实训提示：

1. 在每次谈话中，注意自己的身份变化。

2. 在身份变化后，注意相应的说话语气和态度转变，不能是一种口气一种态度，一谈到底。

3. 谈话要围绕一个中心或一条线索，不能眉毛胡子一把抓，把一个问题谈细、谈透，或者沿着线索顺藤摸瓜找出解决问题的症结。

4. 记录者要真实、客观，以便使在谈话中失误的同学吸取教训，尽快学会身份变化后相应的语气和态度的转变。

实训考核：考核分为两个部分：一是"个别谈话"能力测试现场考核；二是"个别谈话"能力测试内容考核。

"个别谈话"能力测试现场考核评分标准

考核标准	分数	扣分原因	得分
分工明确，进入角色快，举止端庄	20 分		
自主性强，不相互提示，不包办代替	40 分		
严肃认真，不谈题外话，不高声喧哗	20 分		
严守纪律，不带书籍和笔记及其他有文字纸张	10 分		
不迟到，不拖时，时间观念强	10 分		
合计	100 分		

实训"个别谈话"能力测试内容考核评分标准

考核内容	标准分值	扣分标准	扣分原因	得分
谈话记录标题	10分			
谈话时间	5分	缺少一项，扣相应分值。		
谈话地点	5分	书写格式不规范，扣5分。		
主谈话人	5分	语言不通顺，扣3~5分。		
被谈话人	5分	标点符号使用不规范，扣3分。		
谈话目的	10分	谈话内容空洞，目的不明确，不		
谈话内容	40分	切实际，脱离主题扣10~15分。		
分析处理意见	20分	缺少针对性教育，扣5~10分。		
合计	100分			

　　实训评价：指导教师对学生应当掌握的知识与技能、学生是否违反个别谈话的要求、步骤是否正确，谈话表情和技巧是否得当，作出具体的点评与评价。90分以上为优，80~89分为良，70~79分为中，60~69为及格，不足60分的为差。

任务拓展

　　根据模拟谈话情况，将每组的 A、B、C 三人的角色互换，利用课余时间，进行一次个别谈话，最后小组内部讨论与互评。

实训任务十二　　制定感化教育活动方案

▷ **任务引入**
　　监狱、监区经常开展感化教育活动，为了使活动正常有序地进行，在此前要制定感化教育活动方案。一般应该如何制定活动方案？

▷ **任务分析**
　　掌握制定活动方案的一般格式和步骤，学会制定感化教育活动方案。

基础知识

一、感化教育活动方案制定

制定感化教育活动方案是监狱按照有关法规，根据上级主管部门要求，结合本单位的实际情况制定活动方案的过程。感化教育是一项非常复杂的工作，要在有限的时间内完成感化教育任务，需要进行精心的安排和周密的计划。如果感化教育活动无计划或计划性不强，在活动中就会有很大的盲目性和随意性，这个活动就会流于形式而起不到预期的效果。因此，监狱、监区各部门应当认真负责地制定科学规范的活动计划，并严格执行。

二、感化教育活动方案的格式

感化教育活动方案由标题和正文组成。

（一）标题

标题有三个要素，即制定计划的单位名称、计划的时间和计划的性质，如×××监狱2014年度感恩教育活动方案。

1. 单位名称。单位名称要写单位的全称，如山西省太原第一监狱。

2. 时间。要明确计划的时间范围，要写明年份和月份，如2015年6月至12月等。

3. 性质。要注明活动的属性或类别，如帮教结对子活动方案、心理援助活动方案等。

（二）正文

正文一般应包括三个方面：

1. 制定活动方案的指导思想、制定的依据和活动目标。

2. 活动的任务与要求，这是方案的核心部分。任务与要求要明确，即在某一阶段中要做些什么工作，要完成哪些任务，要达到何种目的。一般可以分条目来写，用小标题或在每一个段落开头时以一句醒目的语句来概括。

3. 完成活动任务的具体措施，要表明怎样做、具体工作方法、完成任务的时间要求、完成任务可采取的步骤和次序等。方案的最后要写明日期。

如果采用表格形式的话，则可以将教育计划与单位（部门）职能和岗位目标责任制相结合，把教育计划进行细致的划分，每项任务都要明确对应的部门和责任人，每项任务都有操作和完成的时间要求，以便掌握工作进度。

三、基本程序

制定感化教育活动方案一般有以下几个步骤：

1. 确定制定感化教育活动主题。教育科召集有关人员召开专门会议，研究讨论感化教育活动主题。认真分析罪犯的实际情况、改造动态、罪错情况以及心理需要、道德意识等；分析监狱的实际情况，如：民警能力、教育场所、教育设施、社会团体、家庭成员等教育资源，确定感化教育活动主题，要做到有的放矢，切忌与实际需要脱节。

2. 制定感化教育活动草案。教育科负责制定感化教育活动草案，提交分管领导审核，下发各监区征求意见。感化教育活动草案必须征求各监区和分监区的意见，充分考虑基层实际和各种特殊情况。

3. 修改完善感化教育活动草案。汇总整理各部门意见，召集相关人员召开专题会议，逐条逐项讨论收集的意见和建议，修改完善感化教育活动草案。专题会议一般由单位分管教育的监狱领导提议，由教育科具体组织召开。

4. 形成感化教育活动方案，下发各监区，组织实施。修改完善后，教育科以文件形式下发感化教育活动方案。感化教育活动方案作为监狱的重大事项，一般应以正式文件下发各部门，并抄送监狱有关领导和相关部门。

四、注意事项

1. 制定感化教育活动方案的部门是监狱的教育部门，如教育处、教育科，监区则由教育干事具体负责。

2. 制定感化教育活动方案时既要突出重点，又要兼顾全面；既要完成教育任务，又要确保监狱安全；既要重内容，又要重效果。

3. 要有大局意识，要有全局观念，不能仅仅只考虑教育部门自身的工作任务和部门利益，要从监狱的整体工作目标出发，充分考虑各方面因素，这样制定出来的活动方案才能被各部门接受，才能得到各部门的理解和支持，才能得到很好地贯彻和落实。

 实训设计

实训项目：制定感化教育活动方案。

实训目的：通过训练，使学生掌握活动方案具体的制作过程和方法。

实训时间：2课时。

实训方式：以小组为单位，模拟实训。

材料：2013年上半年，××市关工委、司法局、××市××区法院在来××省未成年犯管教所帮教前分别走访了该所的部分未成年犯的家庭，并为未成年犯带来了家人的礼品和视频信息，未成年犯在电脑上见到了因腿脚不便等原因长期无法来所探视的亲属，听到了多年未见的亲属的问候，看到了家里的变化，当场泣不成声，在场民警也无不动容。

××县关工委也在帮教后分别走访本县籍未成年犯的家庭，并寄来了照片和家书。其余各地帮教团体与该所联系帮教事宜后，都分别走访了各未成年犯的家庭，在来所帮教时为他们带来了亲属的问候和消息。通过努力，提高了来所帮教活动的质量，拓展了社会团体、亲情帮教的渠道与力量，收到了良好的效果。

实训要求：

1. 要根据提供的材料，目的明确，主题鲜明。

2. 感化教育活动方案步骤合理，格式规范，要求严格。

3. 字数不少于1500字。

实训提示：

1. 制定科学、实用的感化教育活动方案，要把握感化教育的特点、方式、内容、时间、要求及步骤。

2. 制定的前期准备工作。制定感化教育活动方案必须熟悉监狱的罪犯教育工作，在方案制定前了解相关知识、查阅相关资料。也可请监狱有关人员讲解或实地参观某监狱，了解监狱教育工作情况、罪犯的特点、监狱的资源和设施等。

3. 制定方案的要领。一是制定活动方案要紧紧围绕活动主题；二是合理安排时间。由于感化教育的形式较多，时间安排难免会互相交叉。因此，要把握活动的连贯性，又不能突破教育时间限制。

4. 撰写方案，注意内容是否全面、准确、可操作性强，并可尝试以制表的方式明确有关计划的内容和要求。

实训考核：检查活动方案内容是否齐全，格式是否规范，计划是否周密，措施是否具体，是否存在相互矛盾、时间安排冲突的情况，办法是否切实可行等。具体考核评分标准见下表：

感化教育计划实训考核评分表

项目	分值	评分标准	考核得分	扣分原因	备注
格式	20分	符合计划文书的格式要求			
内容	40分	工作目标符合上级精神和监狱实际，工作措施具体、翔实，可操作性强			
字数	20分	不少于1500字			
文字	10分	文字通顺，表达准确，无错别字			
排版	10分	排版规范，字体、字号、行距、页边距、页码等符合公文格式要求			
合计	100分				

　　实训评价：针对制定的方案，指导教师进行打分，90分以上为优，80～89分为良，70～79分为中，60～69分为及格，不足60分的为差。同时，指导教师应对学生应当掌握的知识与技能作出具体的点评与评价。

任务拓展

　　结合本学习任务的基础知识，分析某监狱感化教育活动方案的优点和不足。

学习单元六　分类教育

内容提要

　　本单元学习内容：不同罪错类型罪犯教育的基础知识，制定对不同罪错类型罪犯的教育方案，模拟对不同罪错类型罪犯的教育；对女犯、未成年犯、老病残犯等特殊类型罪犯教育的基础知识，制定教育方案，并掌握对几种特殊类型罪犯教育实际案例的模拟实训。

学习目标

　　了解不同罪错类型罪犯的犯罪原因与特点，针对不同年龄段、不同性别、不同类型的罪犯制定不同的教育方案，掌握不同类型罪犯的教育方法；提高学生在今后工作中实际运用分类教育的能力。

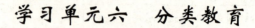

实训任务十三　　制定对不同罪错类型罪犯的教育方案

任务引入

　　在实际工作中监狱民警面对不同罪错类型的罪犯要开展不同方式的教育，要针对不同情况制定不同内容的罪犯教育方案，这是罪犯教育的基本要求。

任务分析

　　掌握不同罪错类型罪犯教育方案的基础知识，学会根据不同对象制定合适的罪犯教育方案。

基础知识

一、不同罪错类型罪犯教育方案内涵

　　不同罪错类型罪犯教育方案是指监狱民警根据罪犯不同的犯罪类型，针对他们的心理、行为特征，制定的针对性教育工作计划。罪犯教育方案就是为了把不同罪错类型罪犯教育工作的指导思想、工作内容、目标要求、实施的方法步骤以

及政策措施等各个环节都要做出具体明确的安排。例如，工作分几个阶段、什么时间开展、什么人来负责、领导监督、如何保障等，都要做出具体的安排。

二、不同罪错类型罪犯教育方案内容

（一）确定罪犯教育的具体对象

在制定罪犯教育方案前，一定要明确具体的对象。在制定不同罪错类型罪犯的教育方案时，首先要明确具体的对象是暴力型、经济型、淫欲型、职务型等罪错类型中的哪一种，只有明确了具体的工作对象后，才能根据具体对象的特点、改造情况制定具体的罪犯教育方案，做到有的放矢。

（二）确定指导思想或工作方针

当明确了工作对象后，在制定方案前一定要明确工作的指导思想或工作方针，这是一切工作的大纲。如果没有指导方针就相当于在工作中没有"纲"，随后的工作就没有落脚点或抓手，就起不到纲举目张的效果。所以，必须明确不同罪错类型罪犯教育的指导思想。

（三）确定工作目标

罪犯教育工作的目标是罪犯教育方案的指针。一个没有工作目标的方案就像一篇没有目的和中心思想的文章，也可说是一具没有头颅的躯体。在确定了工作目标后，根据实际需要也可以把目标分为总体目标和具体目标，这样有利于工作的分步开展和具体实施，使工作方案具有可行性和操作性。

（四）明确工作步骤

制定不同罪错类型罪犯的教育方案时，根据具体情况与要求，一般要分步实施。因为罪犯教育工作是一项长期、细致、复杂的工作，不可能一蹴而就。罪犯教育工作更是一项复杂系统的工作，必须分基本步骤和关键步骤，在关键步骤里还要有重点工作项目，这样才能把总体的工作目标，分解到具体的工作步骤中去逐一落实，使每一步工作都能稳步而踏实，为实现总体工作奠定坚实基础。

除此之外，在方案中也可以有工作监督检查、政策措施、组织保证、测评反馈等项目，由于这些不是本单元重点，故不做详细阐述。

三、不同罪错类型罪犯的教育方案的格式

（一）标题

方案的标题可分为全称式和简明式两种，以全称式居多。凡由单位、事由、文种三要素构成的为全称式；由事由、文种二要素构成的为简明式。

（二）正文部分

1. 导言或引语。引言要求简明扼要地交代预案或方案制订的目的、意义和依据，一般是以"为了……根据……特制定本方案"的惯常形式来表述，这是方案、预案生成的基础，一定要有。否则，就失去了制订的意义和依据，就是盲目随意的，因而一定要抓住要害和实质将其简明扼要地表述清楚。

2. 工作的指导思想或方针。这是罪犯教育工作的指针，没有指导思想和方针，罪犯教育工作就没有了工作中心。该方案也就失去了存在的意义。

3. 分析不同罪错类型罪犯的犯罪原因和特征。明确罪犯教育的对象后，要分析具体对象的犯罪原因与他们的成长环境、个性特征、心理特征、身体和行为特征等。只有把原因和特征分析清楚后，才能找到病因，对症下药，起到事半功倍的效果。

4. 按阶段或进程做具体的部署，安排相关工作。分步骤进行是工作的抓手，只有这样才能按部就班地去落实每项工作，一般表述为：第一步，第二步……这样不仅使制定者有了工作的线条，也使实施者有了明确的落脚点。这也使整个罪犯教育工作有了工作的台阶。

（三）组织保障措施与实施结果

这部分是实施罪犯教育方案的结果与组织保障要求。组织机构、成员、要求和措施保障一般要放到这部分，对方案实施结果的测评和反馈情况也要放在这部分。

四、基本程序

1. 收集信息。这是制定不同罪错类型罪犯教育方案的第一步，首先要了解不同罪错类型罪犯的实际情况。了解他们的共性与个性，犯罪的原因和家庭情况，以及他们的心理特征和行为习性。只有掌握了罪犯的这类共性问题后，才能去捕捉个性的不同，这样就有了工作的沉淀，才能为下一步工作奠定基础。

2. 进行分析研究。在掌握了罪犯的信息后，分析研究他们的具体情况，制定不同的罪犯教育措施。针对他们的共性问题采取集体教育的方式，对个性与个别问题要制定适合该犯实际的个别教育方式，不能用一种方式解决所有问题。

3. 制定教育方案。按照制定罪犯教育方案的内容要求，去分析罪犯的实际情况，制定适合他们实际需要的教育方案。同时要按照方案的格式要求去做，把方案分为：标题、正文、结果三部分，使工作实施者一目了然。

4. 开展罪犯教育工作。制定罪犯教育方案后，监区民警要组织实施，在理解、吃透方案的基础上，按步骤的要求去做，在实际操作中发现有更合理、简便、科学的方法时，可以按照实际情况去操作。但是，不能违背方案的指导方针与基本原则，因为其目的是为了实现方案的最终的罪犯教育目的。

五、注意事项

1. 制定方案要符合实际。不能凭空想象，一定要经过调查研究，有实际的适用性和可操作性。

2. 切忌用华丽辞藻与模糊不清的词语。方案就是能让监狱民警和实施者都看懂，明白其中的意思与要求，不需要用过多的华丽辞藻去修饰。

3. 符合方案的要求。在制定方案时一定要按方案的要求去做，不能脱离了方案的基本要求。

4. 目的与实施步骤明确。制定方案的目的一定要明确，不能没有工作中心。在明确工作中心的同时，一定要制定切实可行的实施步骤。

5. 切忌拖沓冗长。制定方案时，要明确态度，不能为了过多地强调方案的作用和意义，而把主体冲淡，拖沓冗长造成头重脚轻。

实训设计

实训项目：根据暴力犯的特点和犯罪原因，制定出适合该类罪犯的教育方案。

实训目的：通过训练，使学生掌握制定不同类型罪犯的教育方案。

实训方式：模拟实训。

实训时间：2 课时。

实训要求：

1. 以单兵为单位，进行模拟训练。

2. 方案要突出罪犯教育的目的。

3. 严格按照方案的规范要求进行训练，写明具体的步骤。

4. 不能少于1000 字。

实训提示：

1. 对暴力型罪犯进行分析研究，了解该类型罪犯的特征。

2. 结合集体教育的方法和措施，探索该类罪犯最适合的教育措施。

实训考核：是否掌握制定罪犯教育方案的基础知识和规范格式；确立的该类罪犯教育的方法、措施、步骤、解决问题的手段是否妥当得体。

实训评价：针对罪犯开展罪犯教育活动效果如何，指导教师对学生应当掌握的知识与处置方法作出具体的评价。

任务拓展

课外组织学生学习某监狱制定的不同罪错类的罪犯教育方案。

实训任务十四　　模拟对不同罪错类型罪犯的教育

任务引入

某监狱四监区是关押抢劫类罪犯的监区，监狱民警召开整顿罪犯监规纪律动员大会。晚上，该监区罪犯黄××（抢劫罪，原判有期徒刑10年）深夜不睡觉，以家中可能出事为由，向监区警察要求打亲情电话回家。监区值班民警立即向监区领导进行了汇报，并指示要做好对黄犯的监督控制，避免发生安全事故。对这一类型罪犯应当如何教育？

任务分析

针对黄某这一类型的罪犯，分析出现异常的原因，研究罪犯教育办法。

基础知识

一、分析研究不同罪错类型罪犯的特点

（一）基础分析

全面掌握每个人基本情况：个人因素（年龄、案由、人格品质、生活经历）、家庭因素（家庭经济状况、成员关系）、社会因素（职业、社会关系等），形成人格调查报告。

（二）心理分析

运用心理测试量表及问卷调查方式，了解罪犯人格、情绪、认知、行为等方面内容，为个性化矫治提供客观依据。

（三）动态分析

每月定期召开思想动态分析会议，对不同罪错类型罪犯的改造现状进行分析，及时掌握抢劫型罪犯的思想动态、行为表现及出现的新情况新问题，调整教育内容及方案。

二、制定不同罪错类型罪犯教育工作目标

根据不同罪错类型罪犯的特征和不同改造阶段的表现，制定罪犯教育工作短期、中期及最终目标。逐步改善罪犯性格及行为特征，最终达到改造目的。

（一）监狱民警制定罪犯教育计划及目标

监狱民警根据不同罪错类型罪犯的犯罪性质和教育改造工作要求，制定出符合他们实际需要的教育计划，提出具体明确并且能够实现的教育目标。监狱民警在制定罪犯教育计划之前，要进行充分的调查研究，了解罪犯的实际情况、心理行为特点以及心理需求，从而保证制定的教育计划切实可行，提出的目标符合罪犯实际需求。

（二）认真落实罪犯教育计划，随时监督教育计划和目标实现情况

监狱民警在实施罪犯教育计划的工作中，要循序渐进，持之以恒，深入到罪犯之中，不断观察和研究罪犯在教育改造过程中出现的新情况、新问题，以一对一或一帮一的形式监督计划和目标的完成情况，帮助罪犯逐步养成良好的行为规范。

（三）定期评估，调整级差管理

对罪犯在改造中的转变要及时给予表扬肯定，定期对罪犯的教育改造情况进行评估，根据评估结果实时调整罪犯级差管理，完善管理制度，提高罪犯改造积极性。

三、制定罪犯教育具体工作措施

（一）加强服刑意识教育

让罪犯背诵服刑人员改造行为规范，定期作思想汇报，牢固树立服刑意识。目的在于使罪犯认清身份、认清罪行、学习监狱规定，认真接受教育。

（二）丰富教育活动内容与形式

1. 加强法制教育，强化罪犯身份意识。

2. 邀请英模报告团演讲，有助于转变并形成新的是非观念及英雄观。

3. 运用社会帮教力量。邀请社会知名人士、退休干部及老师充实帮教队伍，可以有效减少教育的对立性与对抗性。

4. 加强监区文化活动建设。在文体活动中加强抢劫犯的团队协作能力及与人沟通能力；开展各种书画及乐器兴趣班，加强和养成罪犯情绪控制能力；通过监区文化墙的传统文化氛围熏染陶冶，使罪犯形成正确的认知心理及是非观念。

5. 加强职业技能培训。建立多种类、多级别的职业技能培训层次，满足罪犯不同层次的学习要求，提高罪犯社会生存能力。

6. 加强心理矫治与干预。通过咨询、宣泄，让罪犯学会情绪控制与管理。

总之，对不同罪错类型罪犯的教育改造要根据个体情况调整教育方案，体现"教育、感化、挽救"的方针。

 实训设计

实训项目：模拟对抢劫型罪犯开展一次罪犯教育活动。

实训目的：通过训练，使学生掌握对不同类型罪犯开展罪犯教育工作的技能。

实训方式：模拟实训。

实训时间：2 课时。

实训要求：

1. 以小组为单位，进行模拟训练。

2. 设计开展一次罪犯教育活动。在认罪认错、法制教育、道德教育、形势政策教育、心理教育等五方面任选一个内容。

实训提示：

1. 对抢劫型罪犯进行分析研究，了解该类型罪犯的特征。

2. 模拟制定抢劫型罪犯的罪犯教育工作方案。

实训考核：是否掌握开展罪犯教育活动的方法、步骤，采用解决与教育的手段与方法是否妥当得体。

实训评价：针对罪犯开展罪犯教育活动的效果，指导教师对学生应当掌握的知识与处置方法作出具体的评价。

 任务拓展

组织学生观看《山西省太原第一监狱预防罪犯脱逃》警示片。

实训任务十五　制定女犯教育方案

任务引入

案例：陈某，女，39 岁，逮捕前为××服务公司出纳员。2006 年至 2009 年间，利用职务上的便利，先后 18 次挪用该公司存入银行的钱款，数额高达 145 万元，获非法利益 84 214.75 元。法院以贪污罪判处陈某有期徒刑 1 年，以挪用公款罪判处有期徒刑 3 年，总和刑期 4 年，决定执行有期徒刑 3 年。到监狱改造后，该犯觉得法院的判决重经常申诉，一直未果，心理负担很重。对这样类型的女犯应该怎样进行教育呢？

任务分析

掌握对女性罪犯教育的特殊的教育方式与方法。

基础知识

一、分析女犯的特点

（一）自责意识强，情感脆弱

女犯对自己的违法犯罪行为有强烈自责意识，因此事后对自己的行为都会痛悔不已，对自己给家人、子女带来的伤害能有深刻认识。同时女犯情感较为脆弱，会因自己行为感到痛苦，容易焦虑不安。

（二）谨小慎微，敏感多疑

女犯心思较为细腻，情感丰富，在罪犯教育中，往往能服从管理，攻击性较弱。但由于情感过于细腻容易导致心胸狭窄，往往也容易对他人行为作出失当评价，使罪犯间因为琐事猜忌而产生纠纷。

（三）虚荣攀比，贪图享乐

女犯由于错误人生观、价值观的存在，加之虚荣心较强，往往在生活待遇上互相攀比，借此向家庭索取额外开支，满足自己的不当需求。

（四）思念亲人，渴望变化

女犯对家庭依赖感与眷念感较强，服刑期间对家人尤其是子女的思念更为强烈，此间家庭的变故都会对她们造成沉重打击，影响教育效果。由于对亲情的渴望，她们希望目前状况发生改变，希望以后生活变化，希望管理宽松，希望社会能重新接纳自己。

二、分析女犯犯罪原因

（一）社会原因

1. 社会资源分配不公。女性在当前激烈的社会竞争中明显处于劣势，就业比例明显低于男性，同等条件就业歧视较多。经济压力导致女性对社会产生绝望，很容易走向盗窃、卖淫、诈骗等违法犯罪的深渊。

2. 社会控制与救助不足。当前随着农村人口向城市流动，许多农村女性成为流动大军中的成员或留守人员。原有社会控制力量不足，不能及时对其困难给予救助与关怀，没有正确的引导容易导致相关人员行为的失控。

3. 多元糟粕文化冲击。传统糟粕文化和西方劣质文化的冲击、泛滥，导致女性价值观念走向极端，由过去"重义轻利"变为"重利轻义"、"万恶淫为首"变为"笑贫不笑娼"，为了追求畸形的物质享受而不择手段，违法犯罪。

（二）家庭因素

1. 家庭暴力。家庭暴力是当前女性违法犯罪的首要因素。部分女性在家庭中长期遭受丈夫的虐待、殴打，往往忍无可忍以伤害、杀人为报复手段；同时在暴力家庭成长的女性性格往往孤僻、自卑，人际关系冷淡，有暴力倾向。

2. 家庭教育不当。绝大多数女犯父母受教育程度不高，文化水平偏低，教育方法失当，要么专制，动辄打骂；要么过分溺爱，缺失管教，在外界不良因素介入时没有较好的防范能力，容易走上违法犯罪的道路。

（三）自身因素

1. 生理因素。研究表明，女性月经、产后、绝经期间其心理都会有许多微妙变化，容易情绪激动、抑郁或判断失误，较其他时期更容易有冲突甚至过激行为产生，因此，生理因素对女性违法犯罪行为产生的影响较大。

2. 心理因素。有些女犯由于没有道德情操做向导，把低级的、生理的欲求满足当作人生幸福，把吃喝玩乐作为人生第一追求，为满足第一需要不择手段偷窃、抢劫、诈骗甚至出卖身体，走上违法犯罪道路。

3. 法制观念欠缺。有些女犯在安全受到攻击时，不具备良好的法制观念，不能寻求较好的解脱方法和途径，往往"以暴制暴"，走上犯罪道路；为了爱的需求，可能接触不良对象难以自拔，在爱的需求未能得到满足时，更多以物质欲望的满足来缓解焦虑情绪，导致走上违法犯罪道路。

三、制定女犯教育方案的要求

女犯是一个特殊群体，由于其特殊的生理、心理原因，极易成为再犯罪的高发人群。在女犯教育工作中，如果方式简单粗暴，会严重影响改造进程及效果。在制定女犯教育方案时，应该注意以下要求：

1. 现实性。制定女犯教育方案必须与时俱进，适应社会变化要求；同时考虑女犯特殊情况、心理需求、监狱现状。

2. 针对性。女犯教育方案制定中应考虑女性的生理、心理特点，制定适合与恰当的措施与方法。

3．可行性。女犯教育方案要具有可行性。必须在调查了解女犯基本情况基础上分阶段、分步骤拟订方案内容，这样可以使女犯教育工作按计划、分阶段进行，以达到女犯教育的理想目标。

四、基本程序

1．了解女犯基本情况。通过问卷调查、查阅档案、个别谈话等形式对女犯基本情况进行梳理。了解女犯犯罪原因、刑期情况、服刑特点，为下一步寻找对策提供依据。

2．分析女犯基本情况。各方情况汇总后，由心理咨询师介入做心理评估，从个性中找出共性的规律，依据她们的实际情况去找合适的方法。

3．制定对女犯教育方案。首先，加强女犯法制教育。通过法制教育使女犯知法懂法，能深刻认识自己罪行所带来的危害，认罪服法，避免再次走上犯罪道路。其次，针对女性感情细腻的特点，加强亲情帮教，不同处境下给以会见、就餐、离监探亲待遇，刺激女犯不断追求改造进步。再次，加强监区文化建设。在监区文化建设中让女犯得到美的感染，树立正确的是非观念。最后，根据女犯特点进行适合女性的职业技能培训。通过技能培训，可以使女犯摆脱对家庭的经济依赖，自食其力，更好地适应社会，真正自强自立。

4．实施女犯教育方案。针对罪犯教育方案中的提纲性项目，列出详细的工作计划和开展的活动，并将项目、时间、开展活动项目一一对应起来，分步骤逐项实施。

五、注意事项

1．制定女犯教育方案，一定要考虑女犯生理及心理特点，同时还要考虑女犯所在监狱不同情况。

2．制定女犯教育方案，一定要符合女犯教育的基本要求与总体目标。

3．制定女犯教育方案，一定要客观、现实、可行，不能为了追求新颖而独创提出不切实际的目标与要求。

4．方案内容与实施步骤一定要明确具体。

实训设计

实训项目：制定"珍惜生命、远离毒品"女犯教育方案。

实训目的：通过训练，使学生掌握制定活动方案的基础知识，学会制定女犯教育方案，能够对女犯开展教育工作。

实训时间：2 课时。

实训方式：以小组为单位，模拟训练。

某女子监狱开展"珍惜生命、远离毒品"专项教育活动。

实训要求：

1. 将全班学生划分为若干小组，以小组为单位进行模拟训练，每个小组制定一份女犯教育方案。

2. 通过各种方式，对有过贩毒、制毒、吸毒史的女犯进行调查了解，针对实际情况制定方案。

3. 女犯教育方案内容要具体可行，格式规范，字数限定在 800 至 1000 字以内。

实训提示：

1. 针对有吸毒史的女犯进行深入细致的谈心摸底。

2. 方案内容包括：成立组织领导机构，包括领导组组长、副组长及其组成人员。明确教育活动采取的方式，例如：①采用集体教育方式学习《中华人民共和国禁毒法》宣传预防毒品的基本常识；②组织观看禁毒教育专题片；③签字活动；④读一本禁毒类书籍；⑤禁毒演讲比赛等。教育活动的开展步骤：明确每一步的时间、活动内容、负责人员等。最后，禁毒教育开展情况总结、评比、表扬等。

3. 开展的方式与方法要符合监狱的实际，方案要有可行性和实际操作性，如果条件允许可以发动社会力量参与。

实训考核：方案制定是否符合相关法律规定；步骤是否正确，方法是否得当。

实训评价：根据学生制定的罪犯教育方案，指导教师对应当掌握的知识与方法，作出具体的点评。

 任务拓展

阅读杨木高所写、南京大学出版社 2012 年 10 月出版的《中国女犯矫正制度研究》。

实训任务十六　模拟对女犯的教育

◎ **任务引入**

案例：女子监狱的老弱病残监区，胡清（化名）埋头在人群里缝制手工艺品，她只有 46 岁，但是头发已经花白了，如果不仔细辨认，她就像一个老人。胡清最爱说的一个词就是："大树"。她整天重复着这个词，叫人心酸。

她的丈夫名叫大树，胡清直到现在仍然死心塌地地爱着她的丈夫，尽管这已经不再是她值得依靠的那棵大树，心爱的大树背叛了她。

胡清只有初中文化，没有工作，为丈夫生了一儿一女，当她知道丈夫有外遇时，遭受了很大的精神刺激。看到挽救已经没有希望，家人决定劝他们离婚，可是胡清哭天喊地、坚决不肯，她对婚姻、对她的大树还抱有幻想，直到现在人们仍然不敢在她面前提及"离婚"二字，一提她就濒于崩溃。

胡清最终没能挽回丈夫的爱，2003 年 5 月，她带着一罐汽油冲向了丈夫和第三者在外合住的房屋，她向屋里泼了汽油，点燃了房子，燃烧引起了爆炸，在屋里睡觉的那个女人被烧成了重伤，胡清也因此被判 10 年有期徒刑。

胡清从来没有表现出对丈夫的恨意，却一直无法得到丈夫的原谅，丈夫终于和她离了婚。民警说，胡清始终不愿接受被丈夫抛弃的这个事实。冬天，在监舍里结雾的玻璃窗上，胡清画了一男一女，民警问她画的是谁，她呆呆地有如梦呓般地说："大树，大树。"这情景让新上岗的女民警都落了泪。

◎ 任务分析

女犯胡某犯罪是由于丈夫的出轨导致家庭破裂，这是她犯罪的直接原因。针对此原因，写出具体教育方案。

基础知识

一、基本程序

1. 找出该犯犯罪的直接原因。
2. 对原因进行分析，病理分析其是否有精神疾病，采取什么方法解决。
3. 写出解决这个问题的办法和基本步骤。
4. 制定解决问题的辅助措施。

二、注意事项

1. 犯罪的原因有主次之分，内外之分。
2. 注意进一步分析胡某的性格，找出其自身原因。
3. 解决问题必须分步来做，不能一概而论。

实训设计

实训项目：女犯婚姻家庭问题的教育。

实训目的：通过训练，使学生掌握该类罪犯婚姻家庭问题教育的基本方法和措施。

实训时间：2课时。

实训方式：模拟实训。

实训要求：

1. 将全班分为若干小组，以小组为单位进行模拟实训，小组长具体负责。

2. 每个学生制定一个对胡某的教育方案。认真思考独自完成（避免雷同），要求写出原因分析、解决方法、具体措施、实施步骤。

3. 每个学生在小组里讲解自己的教育方案，大家讨论评选出本小组的最佳方案。

4. 最后，每个小组把本小组的最佳方案在全班进行交流，相互讨论，进一步完善方案。

实训提示：在实训中要注意以下几点：

1. 对该犯的性格、犯罪原因、家庭情况进行分析。

2. 对该犯神经性抑郁的病因和发病机理分析要对症下药。

3. 找到解决问题的难点在哪里，从哪里能找到突破口。

4. 方案要有可行性和实际操作性，要分步进行。

5. 需要社会力量参与的要提前做好沟通，考虑到安全工作。

实训考核：检查写出的项目与内容是否完整，格式是否规范，方案制定是否符合相关的法律规定，教育步骤是否正确，方法是否得当。

实训评价：针对学生实训方案情况，指导教师进行审核分类。同时，指导教师对学生应当掌握的基础知识和技能方法，做出具体的点评与评价。

任务拓展

阅读丁一鹤所写、中国城市出版社2007年5月出版的《女囚档案》。

实训任务十七　　制定未成年犯教育方案

任务引入

2008年7月至2009年6月间，8个平均年龄才16岁的青少年纠集在一起，驾驶租来的汽车实施抢劫四起，抢劫金额达十万余元，并且有两人还在抢劫中将一被害人轮奸。2010年1月9日，某省高级人民法院对李××等8人抢劫、强奸案作出终审裁定，5名主犯受到了法律的严惩，被分别判处10年至20年不等的有期徒刑，而3个未成年人的犯罪则让人感到震撼。

未成年犯是罪犯中一个特殊的弱势群体，由于他们身心尚不健全，在教育中一定要尊重他们的人格，采取不同于其他类型罪犯的教育方式与方法。如何制定适合未成年犯的教育方案？

◎ **任务分析**

掌握制定未成年犯教育方案的基础知识，学会有针对性地制定未成年犯教育方案。

一、掌握未成年犯的基本特征

（一）未成年犯身心特征

1. 生理方面。身高体重激增，第二性征日趋明显，新陈代谢十分旺盛，身体由不成熟迅速走向成熟，需要有适应生理发展的客观环境，需要学习青春期生理卫生知识。

2. 心理方面。独立意识强烈，但认识能力差；自尊意识较强，但辨别和自控能力较差；意志薄弱，需要与满足之间严重冲突；情感多变，易感情用事。

（二）未成年犯行为特征

1. 盲动性。未成年犯识别和抵制社会上腐朽思想诱惑的能力较差，缺乏判断能力和自控能力，是非颠倒，美丑不分，易受他人及外界因素的影响。在犯罪过程中，多为激情作案，其作案动机、目的单纯，带有一定的盲动性。

2. 模仿性。未成年犯的模仿对象是自己看来值得崇拜的一些"偶像"，且主要是模仿具有刺激性的攻击行为，而一些日常生活内容及在其看来是"循规蹈矩"的行为，一般引不起他们的兴趣。

3. 纠合性。未成年犯独立思考、单独活动能力较低，容易在犯罪群体中寻找伙伴，谋求行为上的一致，在犯罪活动中多为团伙性的违法犯罪，进而形成违法犯罪团伙。

4. 可塑性。未成年犯违法犯罪思想意识尚未定型，可塑性较强，因此，对未成年犯的思想转化工作、不良行为习惯的矫正工作能较快取得成效。

二、分析未成年犯的犯罪原因

（一）家庭教育缺失

1. 家庭教育不当。父母忽视、溺爱、放任及粗暴管教，缺乏对孩子的管教和正确引导，促使孩子养成不良习惯。

2. 家庭不和睦。父母离异，对儿女缺少爱抚和管教，削弱了家庭对子女教育的职能，不同程度地使他们的人格和行为发生扭曲。

3. 家庭教育缺乏。家长忙于工作，无暇照顾子女，不能及时发现和纠正子女的不良行为，甚至对子女的越轨行为即便有所觉察也放任不管、听之任之，使他们滑向犯罪的深渊。

（二）学校管理漏洞

1. 学校教育具有片面性。学校片面追求升学率，忽视学生思想品德、心理素质的培养，对"双差生"缺少耐心帮助，使他们产生自暴自弃、悲观失望和抵触情绪，甚至产生"破罐子破摔"的心理，走上违法犯罪的道路。

2. 学校管理不善，法制教育弱化。学校对学生逃学、打架斗殴、拉帮结伙等行为管教不当，导致学生交叉感染。学校对学生缺少法制教育，学生缺乏法律意识，自觉或不自觉地陷入歧途，堕入犯罪深渊。

（三）社会不良因素影响

1. 受拜金主义、享乐主义风气的影响。社会腐败现象的存在和蔓延对青少年起着毒化作用，歪曲了部分青少年的人生观、价值观，追求个人利益和奢侈生活成了他们的人生目标。

2. 受社会文化不良因素影响。文化市场管理监督不严，以宣扬色情、暴力为主的书籍、电子图书、影视剧、网络充斥市场。一些青少年为了上网、玩游戏而不惜铤而走险，抢劫、盗窃、打架斗殴案件时有发生。

（四）自身因素

1. 缺乏正确的世界观、人生观和价值观。未成年犯缺乏辨别是非、支配和控制自己行为的能力，可塑性很强。思想和行为往往带有片面性、盲目性和冲动性。他们的世界观、人生观和价值观扭曲、走上了违法犯罪的道路，变成危害社会的犯罪团体。

2. 胆大妄为、不计后果。他们精力旺盛、好动，但理性意志薄弱，逞强好胜心切，容易偏激，冲动起来不计后果。分辨是非能力差，有的未成年犯潜意识中存在不良因素，稍有诱因或教唆，便走向犯罪。

3. 法律意识浅薄。多数未成年犯法律意识淡薄，对法律法规一知半解或者根本不懂，其情感具有不稳定性和强烈的冲动性，在作案过程中难以自我控制，经常失去理智，很难考虑到所作所为的社会危害性和作案之后要受到的法律制裁。

三、制定未成年犯教育方案的要求

《未成年人保护法》第 54 条第 1 款规定："对违法犯罪的未成年人，实行教育、感化、挽救的方针，坚持教育为主、惩罚为辅的原则。"《监狱法》第 75 条第 1 款规定："对未成年犯执行刑罚应当以教育改造为主。……"在制定未成年犯教育方案时必须遵守法律，同时要针对未成年犯的不同特点制定教育方案，具体要求如下：

（一）注重未成年犯健全人格的培养与形成

未成年犯的犯罪原因与经历，大都是由于社会化程度不足或缺陷，甚至是错误的社会化所造成的。而一旦将社会化缺陷和人格不健全的未成年人判处监禁，使他们中断了正常的社会化进程，会导致他们即使将来重新回归社会后，也极易再次走上违法犯罪的道路。因此，必须在未成年犯服刑期间把中断的人格教育与培养衔接起来。未成年犯虽然在文化和技能上逊色于同龄人，但在人格上不能有缺陷而逊色于他们。在制定未成年犯教育方案时不仅要注重文化和技能教育，更重要的是德育与人格的培养，这就为未成年犯的教育改造提出了一种新的教育理念。

（二）适应未成年犯身心发展的规律和特点

未成年犯身体尚未发育成熟，思想上没有形成正确的世界观、人生观、价值观，心理上没有形成正确、固定、良好的心理素质。因而在对未成年犯教育过程中，要根据他们的特点对其进行爱国主义、集体主义、社会主义教育，同时加强法制道德教育与心理素质教育，使他们树立正确的世界观和人生观，养成良好的心理素质、社会公德和个人品德。制定方案必须符合未成年犯身心发展的规律与特点，这样才能具有实践性与可行性。

（三）采取教育与感化、挽救、惩罚相结合方法

在制定方案时必须充分考虑到具体的教育方法。教育是一种贯穿各类罪犯改造的通用方法，但是具体到未成年犯教育时，必须要体现出感化、挽救的特色，并运用感化教育的方法去挽救、改变、矫治未成年犯的人生之路。在教育、感化、挽救的同时，必须辅助以惩罚的手段，不能脱离法律的规定与监狱的现实。

四、基本程序

1. 了解情况，收集信息。要深入到未成年犯管教所的各个管区中去，了解未成年犯的犯罪原因、刑期、身体、心理特征、行为特性、家庭情况、改造表现等。

2. 分析研究，寻找对策。在汇总了信息之后，进行分析研究，针对他们的共性与个性的问题分开去解决。如是共性问题，集体解决；如是个性问题，采取个别教育的方法，不同问题分别看待。

3. 针对未成年犯的自身特点制定教育方案。首先，以道德教育为起点，加强健全人格的培养。其次，以亲情教育为基础，加强感化教育。未成年犯在残缺的社会化教育中形成不健全的人格，他们寂寞孤独的心灵更需要家庭的温暖、亲人、民警、社会的关怀。要充分利用亲情电话、接见、帮教等机会，把亲人对他们的关怀化为改造的动力，增强他们的生活勇气。最后，在学文化知识的同时，兼顾技能学习。

4. 实施教育方案。针对未成年犯教育方案中的提纲性项目，列出详细的工作计划和开展的活动，明确时间，并将项目、时间、开展活动项目一一对应起来，分步骤逐项落实。

五、注意事项

1. 一定要符合未成年犯生理和心理上的特点。

2. 一定要符合方案的总体要求，不能脱离方案的基本框架。

3. 内容一定要客观、切实、新颖，体现出"教育、感化、挽救"的方针。

4. 方案目的与实施步骤一定要明确，将计划分步骤逐一去实施。

 实训设计

实训项目：制定"打击私藏手机行为，正确认识网络作用"专项教育活动方案。

实训目的：通过训练，使学生掌握制定未成年犯教育方案的基础知识，学会制定未成年犯的教育方案，对开展未成年犯教育工作有实训的经历。

实训时间：2课时。

实训方式：模拟实训。

某未成年犯管教所开展的"打击私藏手机行为，正确认识网络作用"专项教育活动。

实训要求：

1. 正确认识手机与互联网的作用。私藏手机是违规违纪行为。

2. 制定《打击私藏手机行为，正确认识网络作用专项教育活动方案》。方案内容包括：其一，成立组织领导机构，即领导小组组长、副组长及其组成成员等。其二，确定教育的目的：预防未成年人因沉迷网络而荒废学业、效仿暴力色情游戏中的行为、轻信滥交网友等情况的发生，减少由此引发的违法犯罪行为。其三，开展教育的内容与教育活动方式：①认识手机和网络正反两方面的作用，以度为限，过度成瘾受害极大。对一些私藏手机，有网瘾的未成年人开展心理咨询、心理危机干预和心理治疗。②必须充分重视网络对未成年人健康心理发育的重要性，重塑未成年人思想道德教育的社会责任意识，构建适合网络社会发展特点的未成年人思想教育模式，加强对未成年人网络文化环境的开发。③建议有关部门加强对网吧等上网场所的管理，加强对互联网运营商的管理，建立网吧经营者与网络运营商的责任追究机制，弥补网络管理的漏洞。

3. 分步骤开展工作。第一步，监狱民警做到以身作则，坚决制止将手机带到所内。第二步，制定《清查监舍实施方案》，按方案来清查监舍，杜绝手机在所内存在。第三步，针对有网瘾的未成年犯开展心理干预和心理矫治。

实训提示：对未成年犯的教育，应当掌握以下技术要点：

1. 注意说话的口气和开展工作的方式，尊重未成年犯的人格。

2. 对未成年犯的不良生活行为，通过执行严格的生活制度，让未成年犯变成遵守社会公德，遵守法律法规的守法公民。

3. 未成年犯存在自卑、消极心理的，通过专业人员进行心理辅导，坚持面对面谈心制度，对他们实行教育、感化、挽救，增强他们重返社会的信心和对人生的热爱。

实训考核：是否掌握制定罪犯教育方案的基本要求；在对未成年犯的教育中方法是否得当，是否运用了感化教育和心理矫治。

实训评价：针对本次制定未成年犯专项教育活动的实施效果，指导教师对学生应当掌握的知识与方法，作出具体的点评与评价。

任务拓展

1. 组织观看电影《少年犯》，写出观后感。

2. 组织学习《中华人民共和国未成年人保护法》。

3. 组织学生学习某监狱关于未成年犯教育改造方案。

实训任务十八　　模拟对未成年犯的教育

任务引入

案例：2010 年冬，17 岁的徐某和杨某经预谋，将的姐李某骗至一偏僻处，用事先准备好的铁链勒住李某的颈部，将李某勒死，随后在加油站购买了 1 升汽油。两人驾车行至某公路 15 公里处北侧的一沙坑处将尸体抛入沙坑，分别对尸体实施奸污，并泼洒汽油焚烧尸体后驾车逃离。未料，案发后第二天就被警方抓获。经中级人民法院审理判处徐某和杨某无期徒刑。随后，两人被送到未成年犯管教所服刑。怎样做好二犯的教育改造？

任务分析

从徐犯和杨犯的作案经历可以看出，二人属于暴力型犯罪。针对暴力型犯罪的性格特点，既要考虑到身体因素，又要考虑到心理因素，也要考虑到教育的方法去制定教育方案。

基础知识

一、基本程序

1. 掌握信息。收集徐、杨二犯的犯罪原因、身体、心理、行为特性、家庭情况、社会关系和个人爱好等。

2. 对二犯进行分析研究。在汇总了信息之后，进行分析研究，挖掘二犯的犯罪原因、犯罪动机、性格特征等。

3. 针对徐、杨二犯特点制定教育方案。首先，让他们认识所犯罪行对社会、受害人以及他们家庭的危害。以法制、道德教育为起点，加强人格教育。其次，以亲情教育为基础，加强感化教育。从心理上让他们认识到自己所犯罪行的危害，同时他们也是受害者，也应该给予同情。失去自由在监狱内服刑，他们寂寞孤独的心灵需要家庭的温暖和亲人、民警、社会的关怀，充分利用亲情电话、接见、帮教等机会，把亲人对他们的关怀化为改造的动力，增强他们的生活勇气。再次，对他们开展心理健康教育。针对二犯的犯罪经过，可以看出二犯心理有疾病，必须对他们开展心理干预和健康教育，驱除心理疾病，形成健康心灵。最后，加强人生观教育，使他们怀有感恩的心。让他们感到所犯罪行已经是不可更改的事实，但是应该思考怎样去补救自己的人生，怎样去健全自己的人格，怎样去回报社会，怎样去回报养育自己的父母，回报朝夕相处的民警。监狱民警用自己的嘉言懿行去教育感化他们的。

4. 实施教育方案。针对教育方案中的提纲性项目，列出详细的工作计划和开展时间，并将项目、时间、开展方式逐一对应，分步逐项落实。对具体的教育效果及时反馈，争取早日实现教育矫治的目标。

二、注意事项

1. 要符合徐、杨二犯的生理和心理上的特点。
2. 要符合方案的总体要求，不能脱离方案的基本框架。
3. 内容要客观、翔实、可行，体现出"教育、感化、挽救"的方针。

实训设计

实训项目：对暴力型未成年犯进行教育。

实训目的：通过训练，使学生掌握对该类罪犯的教育方法与技能。

实训方式：模拟实训。

某未成年犯管教所开展打击暴力犯罪专项教育活动。

实训要求：

1. 认识暴力犯罪对社会的极大危害。

2. 制定《对罪犯徐某、杨某教育活动方案》，包括：其一，确定实施教育的民警，即由谁来对他们开展教育。其二，确定教育的目的，将他们教育成为心理健康，人格健全的守法公民。其三，开展教育的内容与活动方式。①认识所犯罪行的危害。必要时让他们与受害人李某的孩子见面座谈。②开展心理危机干预和心理治疗。重塑他们的思想道德、社会责任意识和心理意识。③开展感化教育。以亲情接见为基础，开展多种方式的感化教育，使他们把那颗冷酷无情的心，变为感恩的赤子之心。

3. 分步开展工作。对所列出的工作项目，按要求认真细致地分步落实，不能走过场。

实训提示：对徐、杨二犯的教育，应当掌握以下技术要点：

1. 注意教育方式和说话语气，态度诚恳，尊重他们的人格。

2. 对他们的不良生活行为，通过执行严格的生活制度和监规所纪去约束，使他们能逐步改变现状。

3. 对他们的自卑、消极、愤恨等不健康心理，进行心理矫治。坚持与民警面对面谈心制度，对他们实行教育、感化、挽救，增强他们重返社会的信心和对人生的热爱。

实训考核：是否掌握制定罪犯个别教育方案的要求；在对徐、杨二犯的教育中方法是否得当，是否运用了感化教育和心理矫治。

实训评价：针对本次制定单个专项教育方案的实施效果，指导教师对学生应当掌握的知识与方法，作出具体的点评。

 任务拓展

案例：余某，男，汉族，17岁，初中文化，四川省人；伍某，男，汉族，16岁，初中文化，四川省人。

余某丢失一部手机后，怀疑曾与其同住的覃某偷了其手机，于是在2010年12月31日晚上，纠集了伍某，对来其宿舍拿行李的被害人覃某进行殴打，余某将覃某的头打破，还用烟头烫伤覃某，以此逼迫被害人承认曾偷其手机。伍某帮助余某对被害人覃某进行看管，直到第二天晚上，被害人覃某由于中风没有及时治疗死亡。之后，余某和伍某被判刑送到未成年犯管教所服刑。

根据案例，让学生制定出适合罪犯余某某和伍某某的个别教育方案。

要求：

1. 注重运用感化教育的方法去教育。

2. 按照方案的要求去做，可以列出具体的提纲。

3. 必须写明具体的步骤。

 实训任务十九　制定老病残犯教育方案

◎ 任务引入

2007年8月30日，上海市女子监狱的近二百名女性老病残罪犯顺利移押至上海市南汇监狱，这是南汇监狱开始收押罪犯后的一次大规模移押行动。至此，上海监狱系统实现了老病残犯的集中关押。南汇监狱是全国第一家专门收押老病残罪犯并与大型监狱医院合并建设的监狱，监狱在设计过程中充分考虑了老病残罪犯的生理特征，处处体现了以人为本的理念。

○ 任务分析

掌握老病残犯教育方案的基础知识，根据老病残犯的实际情况，学会制定老病残犯的教育方案。

一、分析老病残犯特点

（一）身体状况、学习能力差

绝大多数老病残罪犯体弱多病，多数患有长期慢性病，少数罪犯长期卧床生活不能自理。较差的身体状况，使得这部分罪犯在参加学习和日常劳动中难度加大，学习劳动能力受限，成为组织培训和生产劳动的最大"瓶颈"，难以适应正常的改造。

（二）心理脆弱，意志消沉，存在人格缺陷

老病残犯的思想、行为，常处于强烈的自我封闭和严重的自我否认之中，心理畸形歪曲，不愿自我外露。同时对身边事又过分敏感，疑神疑鬼、神经质、孤独感、苦闷及自卑心理并存，对待事物容易偏激，不能客观认识，存在人格障碍者占相当比例。

（三）亲情疏远，甚至缺失

相当一部分罪犯家住农村或无亲人，家庭困难或子女忙于生计长期无人接见、来信、汇款，亲情帮教更是少之又少。身处监狱，远离社会，在某种程度上被家庭视为累赘。由于家庭亲情匮乏，该类罪犯冷漠、悲观，对亲情失望。

（四）思想僵化，改造难度大

老病残犯难以改变其思想认知，不愿接受新鲜事物；同时老谋深算，防御心理严重，遇事爱钻牛角尖。患病及肢体残疾，常有自卑之心，其内心深处渴望健康又无法改变现状，不能参加正常学习劳动，缺乏改造动力，对外界事物态度冷漠，意志消沉。

二、老病残犯犯罪原因分析

（一）是非意识、法制观念淡薄

老年人文化生活导向模糊，与社会的文化冲突加剧，难以适应社会发展的需要。特别是当今一些非主流文化潮会对老年人的心理形成各种强烈刺激，并由此产生多种行为动机。比如基于感情纠葛而报复杀人；基于钱财占有而诈骗和盗窃；基于生理满足而强奸等。同时，随着年龄的增大，因自身惰性等原因，老年群体学法用法的主动性和自觉性较低，导致法制观念淡薄。

（二）文化素质低，遇事冲动，不计后果

由于他们的文化素质低，导致其缺乏理智修养，遇事爱冲动且不计后果，容易触犯刑律。比如老年人杀人、强奸的案例很多，多是由于其文化素质较低所致。

（三）自控力差，以自我为中心，心理畸形

老年人身体状况、精神状态等会发生明显变化，具体表现在以下几个方面：①自控力变差。老年人往往以自我为中心，固执、易被激怒，常常因控制不住情绪而实施犯罪。②趋向自私。由于老年人不可能像年轻时那样创造财富，从而获得自己所需要的东西，于是转而固守既有所得，计较得失。别人侵犯自己的利益，表现出过激反应，实施超出法律界限的行为，形成犯罪。③存在敏感、孤僻、多疑、自卑、抑郁、烦躁等多种心理障碍。

（四）社会地位和家庭结构改变

城镇老年人退休后，放松对自身的要求。他们认为，即使做了"出格"的事，也不再会受到法律追究。在这种畸形心理的驱使下，原来因忙于工作和应酬而掩盖起来的种种不正当欲望在此时便得到放纵。农村老年人劳动和生存能力降低，遭受儿女虐待、遗弃、不赡养等行为侵害，促使老年人走上犯罪道路。同时，由于家庭结构变化，减少了老年人与子女的交往机会，使之空虚而无所寄托；老年人渴求获得尊重、安全和成功，但现实却往往难以令一些老年人充分满足。这会成为老年人的一种心理疾患。如果外界出现诱惑，或者家庭突发变故，这种心理疾患极易引发越轨行为，严重的则会触犯刑律。

三、制定老病残犯教育方案的要求

老病残犯是罪犯中的高危人群，也是监管安全事故的多发地。他们中不乏倚病卖病、倚残卖残者。管得严了，他们心理上可能承受不了，会出事；管得松了，他们就有些放纵。他们中的一些人甚至将监狱作为养老场所。要想强化他们的身份意识，督促他们积极改造，实现罪犯教育的目标，就必须制定适合老病残犯身体和心理实际的教育方案。制定教育方案时必须符合下列要求：

1. 实际情况。考虑到监狱的现实条件和老病残犯的实际情况，在制定方案时一定要考虑现实条件，对监狱的条件和老病残犯的个体和总体情况一定要做详细的调查研究，把监狱的现实条件和罪犯的实际情况有机结合起来，才能制定好罪犯教育方案。

2. 符合老病残犯的需要。制定方案必须符合老病残犯的需要，针对老病残犯的身体情况差，缺乏学习能力和劳动技能，对改造前途缺乏信心及自卑的身心特点，要从他们的实际需要出发，制定出适合老病残犯身心特点的教育方案。

3. 能够实现。制定老病残犯的教育方案必须能够实现，按照老病残犯的实际情况分步骤进行连续的阶段性教育，这样可以把长期的复杂的教育目标分解到具体的每一步之中。完成了阶段性工作也就使总体目标的落实有了具体的步骤，方案的实施就有了可操作性。

四、基本程序

1. 收集老病残犯的信息。一般的监狱大都有老病残犯监区或分监区，深入到他们中间去了解他们的实际情况。个别监狱没有老病残犯监区的，要深入到医务所和有老病残犯的监区中去，了解他们的犯罪原因、刑期、身体、病情、心理特征、行为特性、改造情况、心理需求以及他们中的共性和个性问题症结，拥有第一手信息。

2. 分析研究老病残犯的具体情况，找到解决措施。在汇总了信息之后，进行分析研究，针对他们的共性与个性问题分开去解决。首先，成立老病残犯医学鉴定组，打击那些伪病、小病大养者。成立统一的老病残犯直属监区或分监区由生活卫生科直接领导。其次，抽调有爱心、有耐心、有责任心以及有心理咨询师资格证的民警到老病残监区负责罪犯教育。最后，抽调一些有医务常识，心理健康向上，有劳动能力有爱心的罪犯到该监区与老病残犯建立健康互助小组，对他们在生活、学习、改造等方面予以陪护、帮助，及时发现病患，及时就诊医治。

3. 制定老病残犯教育方案。针对老病残犯的自身特点制定教育方案：首先，以基础教育为起点，强化社会适应性教育。罪犯教育的基础教育是思想、文化、技术、法律教育，通过基础教育使罪犯认罪服法，提高自身素质，开展技术培训，提高他们的心理健康水平和社会适应能力。其次，以亲情教育为基础，加强感化教育。老病残犯更需要亲人的关怀和家庭的温暖，充分利用亲情电话、接见、帮教等机会，将亲属对罪犯的关怀化为改造的动力，增强他们的生活自信心。最后，以自我教育为基础，发挥罪犯的自我教育功能。监狱和民警要积极为老病残犯搭建自我教育的平台，通过不同罪错类型罪犯的现身说法教育，起到身边人教育身边人的目的。在经历自我认识、自我要求、自我教育、自我评价阶段后，让他们发表在服刑改造中自我教育的感触，激发他们自我矫正的内驱力。

4. 实施罪犯教育方案。针对教育方案中的提纲性项目，列出详细的工作计

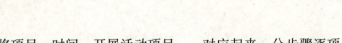

划和开展活动项目，并将项目、时间、开展活动项目一一对应起来，分步骤逐项实施。

五、注意事项

1. 制定老病残犯教育方案，一定要符合他们身体与心理上的实际情况。

2. 制定老病残犯教育方案，一定要符合方案的总体要求，不能脱离了方案的基本框架。

3. 制定的内容一定要客观、切实、新颖，让人一目了然，耳目一新，不能为了创新而脱离客观现实，致使无法落实。

4. 方案目的、内容与实施步骤一定要明确。制定方案一定要以老病残犯成为守法公民回归社会为目的。在明确目的的同时，一定要制定切实可行的分步计划，不能一概而论，致使没有可行性。

 实训设计

实训项目：开展预防老病残犯自杀的教育活动。

实训目的：通过训练，使学生认识自杀的危害，掌握在老病残犯中开展预防自杀教育的方法。

实训时间：2 课时。

实训方式：模拟实训。

材料：2003 年 2 月 14 日，不堪忍受逆子的百般凌辱，年近七旬的沈老汉将醉酒的亲生儿子一脚踢入菜窖并用木棒乱击其头部致其死亡。案发后，沈老汉的邻居们近 200 人自愿联名上书证实沈老汉的行为属于被逼无奈，沈老汉的老同事们和社区居民们也证实其品行端正，要求法院从轻处罚。8 月 21 日，××市××区人民法院以故意杀人罪判处沈老汉有期徒刑 10 年。沈老汉入狱后，觉得生活无望，半夜自杀，后被同监舍的他犯发现。

监狱针对这种情况在罪犯中开展了"珍爱生命，打击自杀自残行为"的预防自杀行为的教育活动。

实训要求：

1. 认识预防老病残犯自杀的重大意义。禁止一切可能成为罪犯自杀工具的药品与物品进入监舍，以清查监舍活动拉开对老病残犯教育活动的序幕。

2. 制定《预防罪犯自杀教育活动实施方案》。方案内容包括：其一，成立组织领导机构：领导小组组长、副组长及其组成成员等。其二，确定教育的目的：

为了减少和预防自杀、自残，矫正扭曲心理，增强他们的改造自信心。其三，开展教育的内容与教育活动方式：开展心理咨询，针对心理上有疾病的罪犯开展心理危机干预和心理治疗。

3. 分步骤开展工作。落实罪犯教育实施方案，针对有心理和身体疾病的罪犯开展身体治疗和心理矫治。

实训提示：对老病残犯的教育，应当掌握以下技术要点：

1. 按照清查监舍的要求，对人身检查和监舍生活区域检查同时展开。认真按照清查监舍的要求去做，不留死角和空档。

2. 不能以集体心理讲座代替个别的心理咨询。有些人认为心理讲座就是心理咨询，这样无法起到个别咨询的良好效果。对老病残犯要一一咨询，建立心理档案。

3. 心理治疗的方法与技巧。心理治疗的方法：要用于个体治疗和康复的心理疗法：如支持疗法、宣泄疗法、认知疗法、厌恶疗法、脱敏疗法等。选用何种疗法应由症状和治疗者对方法的掌握、了解、熟悉程度来决定。

4. 心理干预的方法与技巧。①通过心理测量和严密的行为观察，及时发现罪犯的心理危机，了解、掌握诱发危机产生的原因。建立心理危机干预档案。②对有严重心理问题，可能产生安全事故的罪犯及时进行心理疏导和治疗。③对因早期家庭问题、人格障碍、遗传等因素，导致可能发生自杀危险的罪犯，应邀请社会专业人员来协助处理。④心理矫治相关人员应积极协同管理人员开展心理危机干预工作。分监区负责排查、包控，由监狱、监区心理咨询室进行疏导和干预。⑤对发生自杀事故的罪犯在及时进行救护后，应进行严密监护，设法了解其自杀的原因，向其强调生命的重要性，重新燃起他生存的欲望。

实训考核：是否掌握制定老病残犯教育方案的基本要求；在对老病残犯的教育中步骤是否得当，方法是否正确，是否运用了心理矫治方法。

实训评价：针对制定老病残犯教育方案的实施效果，指导教师对学生应当掌握的知识与技能，作出具体的点评与评价。

任务拓展

1. 学习了解老年人心理保健小常识。

2. 阅读《中华人民共和国老年人权益保障法》。

3. 组织学生学习《江苏省监狱老病残罪犯管理办法》（苏司规［2010］1号文件）。

4. 组织学生学习某监狱关于老病残犯罪教育改造方案。

学习单元七　辅助教育和社会教育

内容提要

　　本单元学习内容：辅助教育基础知识，制定辅助教育活动方案；监狱文化和文体活动基础知识，策划文体活动方案，组织文体娱乐教育活动；社会教育基础知识，制定社会教育活动方案；社会帮教基础知识，制定社会帮教活动方案，组织社会帮教活动。

学习目标

　　了解和熟悉辅助教育、监狱文化、文体活动、社会教育及社会帮教的基础知识，掌握制定辅助教育活动计划、文体活动方案、社会教育计划及社会帮教活动方案基本程序和规范格式；学会组织文体活动及社会帮教活动，提高学生组织策划活动的能力。

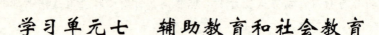

　　学习任务十九　　辅助教育

任务引入

　　国庆前夕，某监狱开展了以"迎接国庆、繁荣监狱文化、确保监狱安全"为主题的教育活动。活动以爱国主义教育为主线，紧紧围绕迎接新中国成立纪念日展开，娱乐性与教育性并重，内容丰富，形式多样，活动突出强调"安全、适宜、健康"原则，力求通过活动为迎接"国庆"营造出活泼、健康、有序、安全的监狱文化氛围。这种教育活动是一种什么形式的教育呢？是辅助教育。

任务分析

　　熟悉辅助教育的内容、要求，掌握辅助教育基本程序。

基础知识

一、辅助教育的概念

　　辅助教育是监狱有计划、有目的地组织罪犯开展的具有一定知识性、趣味性和思想性的教育活动。它可以有效占领罪犯业余教育阵地，寓教于乐，丰富罪犯的精神生活，是调节罪犯生活情趣、活跃改造气氛的必要手段，能够弥补课堂教学的不足，有效地巩固和深化课堂教育的内容。

二、辅助教育的特点

（一）内容丰富多彩

辅助教育不受正规教育计划和教学大纲的限制，是监狱根据罪犯教育工作的目的和需要以及具体情况，结合罪犯群体的实际，由监狱民警主动确定教育内容的活动。因而，凡是有利于罪犯改造的教育内容都是监狱要开展的，内容多样，包罗万象。

（二）形式灵活多样

辅助教育是根据监狱的现实条件和罪犯的实际情况开展的多种多样的教育活动，规模可大可小，可以是十几人、几十人或上百人；时间可长可短，可以一两小时、三四小时、一天或几天；方式可以多种多样，可以是报告、讲座、讲演、座谈会、参观、竞赛等。

（三）情感色彩浓郁

无论是监狱开展的各种文体娱乐活动，还是监狱利用社会力量进行的教育活动，都非常注重以情感为纽带，充分体现以情感人的特点，带有浓郁的感情色彩。在辅助教育活动中，罪犯个体都表现出欢喜、高兴、激动、兴奋等情绪，而罪犯群体则表现出群情振奋、兴高采烈、团结合作等情绪和情感。

三、辅助教育的形式

（一）电化教育

电化教育是指利用电视、广播、录像、电影、多媒体、网络及可视电话等工具，向罪犯传授科学文化知识，进行宣传教育的活动。电化教育内容一般比较生动、形象、有趣，能够引起罪犯的兴趣，激发他们学习的积极性。如专题录像片、罪犯关心的热点问题的形势教育节目、重大活动专题新闻等，引导罪犯了解新形势，掌握新知识，树立新观念，促使罪犯从中受到启发和教育。

（二）文体活动

文体活动是指在罪犯中开展喜闻乐见、趣味浓厚的文体娱乐活动。这种文体活动不受条件制约，简便易行，是一种重要的辅助教育形式。主要包括节日文艺活动、电影、文艺演出、歌咏比赛、智力竞赛、体育运动会、棋类竞赛、拔河比赛、各种游戏活动等。在文体活动中渗透思想教育，使罪犯在活动中受到潜移默化的影响。

（三）监狱文化

监狱文化教育是一种隐性的辅助教育，是监狱通过规章制度、民警的人格魅力、开办板报宣传、开展艺术和美育教育以及监狱良好的环境等，潜移默化地向罪犯传递教育理念、宣传科学知识、传达进步思想，激发罪犯改造积极性。监狱文化是罪犯教育工作的重要内容，是陶冶罪犯情操，活跃罪犯业余生活的有效形式。

四、基本程序

1. 监狱（监区）根据罪犯教育工作计划，集体讨论商定年度（半年、季度）辅助教育活动的主题、内容、范围、时间等。

2. 制定本监狱（监区）年度（半年、季度）罪犯辅助教育工作计划。

3. 监狱（监区）根据年度（半年、季度）罪犯辅助教育工作计划，制定每一项辅助教育活动的实施方案。

4. 具体落实辅助教育活动实施方案。

5. 对辅助教育活动进行总结表彰，将辅助教育活动的文字材料进行整理归档。

五、注意事项

1. 辅助教育要纳入罪犯教育工作中，要有目的、有计划、有组织地开展。在罪犯教育工作中有辅助教育的任务和内容。

2. 辅助教育要集思想性、知识性、趣味性、娱乐性为一体，在活动范围上要兼顾罪犯个体和群体，吸引大多数罪犯参加。

3. 在辅助教育中要注意发挥监狱民警的主导作用和罪犯的主体作用，发挥他们各自的优势和特长，调动他们的主动性和积极性。

4. 开展辅助教育活动要因地制宜、量力而行，有效利用现有条件，开展丰富多彩的教育活动。

 任务拓展

明确辅助教育活动的内容、形式等，尝试制定辅助教育计划。

学习任务二十　监狱文化

任务引入

　　某电视台报道："××监狱以文化为底蕴，牢固树立'大文化'理念，着力构建监狱文化新格局，积极树立监狱文化品牌，组建了监狱'舞龙队'，有效调整和促进了罪犯的身心健康，极大地激发了他们的改造积极性，不仅较好地将民间文化充分融入监狱文化之中，而且打造和提升了监狱特色文化品牌，成为监内文化舞台上最靓丽的一道风景线。同时，根据罪犯兴趣爱好和个人申请，开设书画、新闻写作等特色班。利用罪犯自己所作书画，在监舍、教学楼内开辟艺术长廊，并在监区中央大道两侧的电线杆上安装刻有格言警句的'文化标牌'，既美化了监区环境，又给罪犯以启迪和激励。许多罪犯认为，现在的监区环境优美，又充满了文化气息，觉得十分舒畅。"这一报道展示了监狱文化的风采。

任务分析

　　了解监狱文化教育的内涵和内容，掌握监狱文化教育特征与类型。

基础知识

一、监狱文化的内涵

　　监狱文化是辅助教育的一种有效形式，是监狱为了使罪犯接受积极的文化熏陶，丰富罪犯的改造生活，规范罪犯的行为，使罪犯改过自新，而运用各种手段在监狱中营造的有利于教育罪犯的精神环境和文化氛围。

　　监狱文化包括三个方面：一是监狱的精神环境和文化氛围。包括工作制度建设、工作成效和收获、监狱民警工作作风、警容风纪、道德风貌、工作风格、生活卫生管理以及组织开展的读书、评报活动、艺术和美育教育等。二是罪犯的精神环境和文化氛围。包括罪犯的改造风气、改造理念、行为规范和罪犯参加的音乐、美术、书法学习等。三是监狱的各种硬件设施建设、语言标牌设置及环境美化。

二、监狱文化的特征

（一）内隐性

监狱文化是一种内在的、隐性的、具有渗透性的改造手段。正所谓"蓬生麻中，不扶而直；白沙在涅，与之俱黑"，生活在特定环境中的罪犯，每天都在接受监狱文化的熏陶、浸润，狱政管理、教育改造、劳动改造的效果，都会受到监狱文化的影响与作用，罪犯矛盾思想的整合梳理，不良思想与行为的矫治，良好行为的导向、养成在很大程度上都是在监狱文化的综合作用下而形成的。

（二）综合性

监狱文化是在监狱执行刑罚的过程中形成和发展的，它是社会文化缩影的一部分，反映着社会各层次的文化，既包括监狱开展的正规的文化、技术教育，也包括监管活动中的规范化管理，队列训练等，同时还涉及罪犯劳动生产中的环境规划、成品展示等。除此之外，还应包括各类文化娱乐活动，所以其内容具有综合性。

（三）多样性

监狱文化作为文化的特殊组成部分，它的形式也具有多样性。一方面监狱通过高墙上的文字，监区内的条幅，宣传栏的宣传，监狱民警的教育、引导、矫正等，使罪犯意识到什么行为是正确的，从而选择正确、规范的行为。

（四）辅助性

监狱矫正罪犯的手段有很多，监狱文化虽然是一种隐性教育，占用的是罪犯的业余时间，但其对于提高罪犯的素质，增强罪犯的能力，丰富罪犯的服刑生活，促进罪犯的改造等方面有着举足轻重的作用。但由于监狱文化自身具有局限性，以及其他多方因素共同影响，其起到的作用还远不能和劳动改造、监管教育等主要手段相比，所以监狱文化作用具有辅助性。

三、监狱文化的类型

根据监狱文化教育内涵与特征可将其相对划分为自上而下的三个类型，即理念层、制度行为层和器物层。

1. 理念文化。它是监狱文化的上层，是监狱文化的核心和灵魂。包括执法理念、监狱风气、价值取向等。

2. 制度行为文化。是监狱文化的中间层次，是理念层的具体体现。是指以规章、制度、规范、纪律等为内容的，监狱集体成员共同认可并自觉遵守的行为。

3. 器物文化。主要指监狱的硬件设施与自然环境，是形成监狱文化理念层和制度行为层的基本物质条件，是理念层与制度行为层的物化与外显的载体。包括监舍、车间及其他公用设施、设备等。

四、监狱文化的功能

（一）抑制功能

通过监狱文化所传播的积极思想，罪犯感受到的是监狱文化对自己积极的影响，从而倾向于以积极健康的标准规范自己，最终逐渐抑制不合理的需要和错误的行为，进而降低重新犯罪的可能性。

（二）矫正功能

监狱各种墙报、板报、新生小报、广播、电视等文化载体的正面宣传教育和引导，可以对罪犯起到潜移默化的作用，能有效地帮助罪犯摆脱愚昧状态，树立正确的人生观、道德观、价值观和法纪观，从而彻底地矫正罪犯的不良思想和行为，使罪犯的需要常态化和行为符合社会的要求。

在监狱文化的影响下，罪犯融入监狱内积极向上的文化氛围中，形成强烈的群体意识，这比硬性管理方法更具凝聚力和感召力，能使罪犯更好地体会到集体力量的强大，更好地融入集体，出狱后能更好地融入社会。而且良好的监狱文化氛围，能为罪犯创造良好的矫正条件和环境，增强罪犯意志，净化罪犯心灵，提高罪犯的知识水平和道德水平，有利于罪犯不断改善自我，提高素质。

（三）心理调节功能

严格的规章制度，卫生整洁的监舍，内容丰富的标牌标语以及各种活动，营造出监狱庄严肃穆和积极向上的文化氛围。良好、浓郁的监狱文化氛围，使罪犯的心神得到熏陶，心灵得到升华，自觉抵制不利于改造的文化的侵扰。

五、注意事项

1. 监狱文化会影响罪犯思想改造。监狱文化通过健康向上的文化渗透和潜移默化的教育，使罪犯真正改变自己的世界观和价值取向。监狱文化的长效性与实效性，对提高罪犯思想教育效果十分明显。

2. 监狱文化可以缩小罪犯与社会空间和时间的隔离。罪犯自进入监狱以后，与外界社会接触极少，只能在较为狭窄的监区空间内活动，社会上一些新的理念和新鲜元素也很难穿透监狱的高墙，及时传递进来，这样就很容易造成罪犯与社会生活脱节的情形。监狱文化形式和内容都与社会紧密相连，与时俱进，这就缩小了罪犯与社会空间与时间的隔离。

3. 监狱民警在监狱文化中起着主导作用。监狱民警在监狱文化中承担着重要任务，其政治素质、文化素养，直接关系监狱文化建设的成效。监狱要有计划地加大艺体、教育等专门人才的招录比例，满足监狱文化建设的实际需要，这也是推动监狱文化向较高水平发展的一个重要因素。

 任务拓展

思考：在罪犯教育工作中，如何促使监狱文化的作用最大化？请查阅国外在监狱文化方面的做法，我们可以对哪些进行借鉴？

学习任务二十一　　文体活动

 任务引入

媒体报道："某某监狱充分利用现有条件，加大罪犯的文体活动力度，拓宽教育改造渠道，促进教育效果达到最优化。举办了纪念中国改革开放三十周年暨深圳特区成立二十八周年文艺演出活动等，并在节假日举办各种文体活动，如卡拉 OK 比赛、篮球赛、黑板报评比等，营造良好的改造氛围，激发罪犯的改造热情。"这就是文体活动的魅力。

任务分析

了解文体活动的概念、法律依据和功能，掌握文体活动的特点、形式和程序。

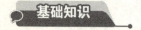 **基础知识**

一、文体活动的内涵

《监狱教育改造工作规定》第 32 条规定："监狱应当组织罪犯开展丰富多彩的文化、体育等活动，加强监狱文化建设，创造有益于罪犯身心健康和发展的改造环境。"第 34 条规定："监狱应当根据自身情况，成立多种形式的文艺表演队、体育运动队等，组织罪犯开展文艺、体育活动。"第 35 条规定："监狱应当根据条件，组织罪犯学习音乐、美术、书法等，开展艺术和美育教育。"

监狱文体活动是指在监狱内开展的内容健康向上、旨在引导罪犯悔罪塑德，提升素质，活跃狱内文化生活，促进监管改造秩序的文艺体育活动。包括以下含义：①文体活动是在监狱范围内的活动；②内容是健康向上的，例如热爱祖国、传统文化、锻炼体魄、锤炼意志等方面；③目的是提高罪犯的整体素质，加快改造步伐，活跃监狱文化生活，促进监管秩序的安全稳定。

监狱文体活动的属性：①具有文体活动的一般性，它通过一定的表现形式，如唱歌跳舞、相声小品、篮球比赛、田径赛会等方式开展；②具有监狱这个封闭场所的特殊性，它的活动内容、表达方式、受众目标、追求效果都必须在一定的范畴之内。例如，它的受众是罪犯，由此决定活动的内容和效果。

二、文体活动的内容

（一）文艺活动

监狱文艺活动内容必须有自己的特色。文艺创作演出活动的内容包括：认罪悔罪的自省内容、遵纪守法的感悟内容、清除陋习的归正内容、尽孝感恩的亲情内容、传统文化的塑德内容、向往新生的励志内容。内容的选择以监狱的中心工作为依据，紧密配合、有机融入监狱的主流文化，达到以娱乐塑灵魂、强氛围、促改造的目的。

（二）体育活动

体育活动内容的设置，要考虑确保监狱的安全稳定。还要考虑：参与人数不宜过多、比赛时间不宜过长、场地占用不宜过大、激烈程度不宜过高、仲裁标准不宜过严等因素。根据这些特殊情况，监狱体育活动内容包括：增强集体观念的团体项目（拔河）、强身健体的常规项目（广播体操）、激发热情的竞技项目（篮球）、展示技巧的欣赏项目（乒乓球）、培养情操的趣味项目（智力游戏）等。

三、文体活动的特点

（一）目的性

监狱文体活动有着强烈的目的性，从远期目标来说，罪犯的首要任务是认罪悔罪，接受惩罚，改变思想，重新做人。因此，监狱组织开展的文体活动要始终围绕这一目标。它的内容、方法、形式、效果都是为这个目标服务的。从近期目标来说，监狱开展一些主题文体活动是为了达到促进罪犯思想改造、提高监狱教育质量的目的。

（二）娱乐性

寓教于乐是监狱开展文体活动的基本特征，通过开展文体活动，激发和引导罪犯从中领悟教益、培植情趣、感受快乐、获得满足。罪犯生活在一个相对封闭的环境之中，远离亲人、纪律制约、渴望自由等使他们内心空虚，这在一定程度上会影响改造的进程。具有娱乐色彩的文体活动，就成为他们的追求和向往，因此，文艺类活动中诙谐逗乐节目为罪犯所喜闻乐见；体育活动中的趣味比赛、赛场内外的互动项目也深受罪犯欢迎。

（三）创新性

创新是监狱文体活动的生命，身边的人、事、话、情，都是创作的素材和源泉；讴歌新人新事、鞭挞陈规陋习，都会拉近人与人之间的距离，融洽人际关系与交往。监狱的文体活动是经常的、不断的，甚至每月、每周都在进行，如果千篇一律、老调重弹，就会使人失去兴趣，感到乏味。因此，创新成为监狱文体活动的特点，也是亮点。

（四）专题性

监狱文体活动相对于社会上的活动，突出了专题性、主题性和针对性。从文艺活动上来说，综艺节目只是单纯的才艺展示，而主题演出才能够达到教育效果。比如帮教演出，就突出了亲情，不仅有催人泪下的感人场面，也有发人深省的启迪意义；从体育活动上说，短时专题就成为常项。比如紧张激烈、结果速成的拔河比赛，激发观众激情、激励队员斗志的篮球对抗赛等。

四、文体活动的形式

（一）主题活动

以主题教育的方式开展活动。在主题教育活动中，以文艺、体育等直观形式来烘托、展示、强化主题是一种有效的方式。例如，在一年一度的帮教活动中，以文艺节目的形式表达罪犯的悔恨之泪、愧疚之情、孝道之心，向亲属汇报服刑改造的收获，就比书信、谈话这些方式效果好得多。

（二）专题活动

以专题教育的方式开展活动。监狱在一定时间里，针对一定的问题，要采取一些专题方式，对罪犯开展教育，其中专题文艺演出、体育竞技是必不可少的，通过专题活动，加强罪犯对某一问题的认识和重视，会收到意外的效果。例如，在学习国学文化活动中，组织罪犯创作、表演《弟子规》方面的节目，就能够既活跃气氛，又加深罪犯对传统文化的理解。

（三）娱乐活动

以寓教于乐的方式开展活动。监狱生活是比较枯燥乏味的，吃饭——睡觉——出工的程式化生活轨迹，不利于他们的身心健康。特别是工余时间，无所事事的罪犯会聚众赌博、传播不良信息，这些都是监管的隐患。经常开展一些大家喜闻乐见的文体活动，就可以引导主流文化，充分展示罪犯的各种才艺，调动他们的积极性。

（四）竞赛活动

以竞技比赛的方式开展活动。为了倡导团队精神，增强集体观念，活跃监狱文化生活，监狱每年都要举办一些竞赛活动，其中文体竞赛就是最常见的内容。例如，进行篮球、乒乓球大赛就吸引了众多目光，监狱为了让罪犯们在比赛中获得优异成绩，也要举办这种选拔赛。

 任务拓展

结合本学习任务内容，设计一个迎新春系列文体活动。

 学习任务二十二　社会教育

◎ **任务引入**

近年来，监狱积极联合社会力量，开展罪犯教育工作，如聘请心理学专家对罪犯进行心理矫治，请法律援助中心人员到监狱答疑解惑，组织开展法律服务进监狱活动，发挥监狱与社会教育改造人的互动效应，积极推进罪犯教育工作社会化，取得了初步成效，社会教育在我国罪犯教育工作中发挥越来越重要的作用。

◎ **任务分析**

了解社会教育的概念、法律依据和特点，掌握社会教育的形式。

 基础知识

一、社会教育的概念和法律依据

社会教育是指监狱机关依靠社会力量，对罪犯开展的有目的、有计划、有组织的教育活动。社会教育是罪犯教育工作一个不可或缺的重要手段，监狱通过社会资源的整合，实现罪犯教育改造的社会化。

《监狱法》第 61 条规定，教育改造罪犯要实行"狱内教育和社会教育相结合的办法"。《教育改造罪犯纲要》第 22 条规定："利用社会资源，加大对罪犯的教育改造力度。要进一步强化教育改造工作的社会性，注意发挥社会和家庭在罪犯改造中的作用，动员和利用社会力量，参与、支持罪犯改造工作。要与社会有关部门合作，签订帮教协议，开展联合办学、设立流动图书馆和狱内法律服务机构等，建立起多层次、全方位的社会帮教体系。要充分利用社会力量，建立一支相对稳定的帮教志愿者队伍，积极争取政府机关、社会团体、企事业组织和热心社会公益事业，关心监狱工作的各类社会人士参与，为教育改造罪犯提供服务。"这些规定明确了社会教育的法律地位。

二、社会教育的特点

（一）教育主体多元化

监狱的社会教育是指依靠社会力量开展罪犯教育工作，教育的主体不是单一的，而是多元化。《监狱法》第 68 条规定："国家机关、社会团体、部队、企事业单位和社会各界人士以及罪犯的家属，应当协助监狱做好对罪犯的教育改造工作。"这是社会教育主体的法律依据。多年来，地方政法机关、人大、部队、民主党派、工会、共青团、妇联、关工委、社会知名人士、罪犯家属以及有成就的刑满释放人员等主动到监狱开展帮教活动，成为社会教育的主体。

（二）教育内容丰富化

在监狱开展的社会教育中，各个社会团体和个体都会根据自己的工作性质和专长，为罪犯提供丰富多彩的教育内容。这些内容包括法制教育、道德教育、心理教育、形势政策、前途教育以及扶危济贫送温暖和一对一结对子等，这些丰富多样的内容对罪犯教育工作起到了积极的促进作用。

（三）教育形式多样化

社会教育形式多种多样，如规劝（家属规劝、社会知名人士规劝、单位团体规劝）、汇报（汇报演出、现身演讲、媒体汇报）、参观、榜样示范、签订帮教协议以及亲情教育等。丰富多彩、灵活多样的教育形式，更好地补充了狱内教育形式，激发了罪犯参与活动、接受教育的主动性和改造的积极性。

（四）教育活动开放化

社会教育改变了传统的教育形式，无论是邀请有关机关、社会知名人士、罪犯家属等到监狱对罪犯进行面对面的规劝帮教，还是组织罪犯到社会参观、学习或汇报演出等，都是监狱对罪犯教育开放化的具体表现，是监狱向社会开放，让社会了解、关注和帮助罪犯的重要体现。

三、社会教育的形式

（一）社会帮教

社会帮教是政府、社区各有关部门和人员积极协助、配合监狱做好罪犯思想教育、知识技能培训、心理矫治和刑满释放人员的帮扶、接纳工作的一种教育形式。监狱与罪犯原所在地的政府、原单位、亲属联系，签订帮教协议，邀请有关单位和人士来监狱开展帮教工作，建立经常化、制度化的社会帮教模式。

（二）规劝教育

监狱有计划、有目的地邀请罪犯的亲属、朋友、同事以及社会知名人士、有成绩的刑满释放人员等对罪犯进行劝告，鼓励他们重新做人。主要有亲情规劝教育，社会团体、人士规劝教育。如邀请党政机关领导、先进人物、被害人以及取得成绩的刑满释放人员作教育报告、开座谈会等；向罪犯播放有教育意义的社会人士的录音、录像报告；向罪犯宣读社会人士写来的信件，老师、同事、同学等规劝。

（三）参观

监狱根据罪犯教育的需要，有计划地组织罪犯走进社会，参观学习，接触实际生活，是运用具体生动的事实来说服、教育罪犯的一种有效方法。罪犯通过参观亲眼看到、亲耳听到、亲身感受到社会的变化和期待，具有很强的说服力，更能激发罪犯树立告别过去、悔过自新、重新做人的信心。

（四）汇报

在监狱民警的动员组织下，罪犯将自己的改造表现实事求是地向亲属或社会有关单位、部门汇报，以求得他们的理解和帮教。对于争取社会和罪犯亲属的支持，鼓励和促进罪犯的改造有一定的作用。罪犯通过汇报也感受到社会的发展变化，从而受到形势教育。汇报有口头汇报、书面汇报、媒体汇报、演出汇报等形式。

（五）榜样示范

邀请社会先进模范和英雄人物，通过报告或座谈，以典型人物的先进事迹影响、改变罪犯的思想和行为，是最具有感染力和说服力的教育方法。

四、注意事项

1. 注意社会教育的延伸。刑期长的罪犯出狱后融入社会有一个很长的过程，

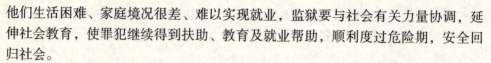

他们生活困难、家庭境况很差、难以实现就业，监狱要与社会有关力量协调，延伸社会教育，使罪犯继续得到扶助、教育及就业帮助，顺利度过危险期，安全回归社会。

2. 谨慎使用参观法。运用参观法要注意：要有明确的教育目的，要针对需要解决的罪犯思想认识问题，确定参观内容，有选择，有计划地进行；事前了解被参观对象，内容要有教育意义，地点不宜太远；事先落实安全防范措施，参观时要确保秩序稳定；对参加罪犯应有选择，要向罪犯说明参观的目的、地点和要求，简要介绍参观对象的情况，交代纪律，强调注意事项；保证参观活动的教育质量，民警既要参与又要作具体指导，邀请专门人员为罪犯作讲解；参观结束后要求写心得体会和小结，组织汇报会、交流会、讨论会，巩固和扩大教育效果。

 任务拓展

社会教育计划与辅助教育计划格式、基本程序和要求基本相同，请根据以下材料，运用辅助教育计划的基本知识，制定一份年度社会教育计划。

材料：某女子监狱计划以情感教育为载体，重塑罪犯的阳光心灵，充分发挥亲情对罪犯的教育感化作用，在春节、中秋节等思念亲情的节日里，大力开展联合帮教活动，利用社会及家庭的力量，影响感化罪犯。通过亲情聚餐、亲情电话、亲情会见、亲情寄语、亲情救助及双向录音录像等形式，演绎人间真情，使罪犯感受到亲情的温暖和可贵。同时，监狱还经常邀请社会知名人士、心理学专家、罪犯原居住地党团、社会组织等到监狱做报告、开展心理咨询工作，与罪犯结成"一对一"帮教对子。一方面，规劝罪犯，使罪犯明白家乡亲人并没有抛弃他们；另一方面，就罪犯关心的刑释就业政策等进行解答，帮助他们消除疑虑。

 学习任务二十三　社会帮教

◎ **任务引入**

某监狱举办以"亲情召唤良知、感恩昭示心声"为主题的亲情帮教会。组织31位罪犯亲属参观了罪犯的监舍、图书室、食堂等场所，并和监狱领导、罪犯进行了座谈。同时监狱罪犯文艺队为来宾表演了舞蹈《浪子心声》和表现回报社会、回报亲人的《感恩的心》等精彩的文艺节目，向亲人们表达了真诚悔过，弃旧图新之情。最后，在民警的组织下，部分罪犯及他们的亲属吃了一顿丰富的"团圆饭"，很多罪犯都流下了激动的泪水，表示不辜负民警和家人的良苦用心，争做改造积极分子，早日回归社会。罪犯家属们也纷纷表示，希望今后与监狱共同努力，帮助罪犯加速改造。帮教会后，到会的罪犯亲属与监狱一一签订了帮教协议。帮教活动进一步鼓舞了罪犯的改造信心，激发了罪犯的改造热情。

◎ **任务分析**

了解社会帮教的法律规定，掌握社会帮教的特点、基本程序，学会制定社会帮教活动方案。

基础知识

一、社会帮教的概念和法律法规规定

社会帮教是政府、社区各有关部门和人员积极协助、配合监狱做好罪犯的思想教育、知识技能培训和刑满释放人员的帮扶、接纳工作的一种教育形式。它是通过社会教育资源的整合，来实现教育改造的个别化、社会化和科学化。监狱争取社会各个方面和社会各界人士的支持，配合监狱开展有益于罪犯改造的思想帮教、知识帮教、技术帮教、就业帮教等各种社会帮教活动。监狱动员和利用社会力量，参与、支持罪犯改造工作，与社会有关部门合作，签订帮教协议，开展联合办学、设立流动图书馆和狱内法律服务机构等，建立起多层次、全方位的社会帮教体系。

《监狱教育改造工作规定》第39条规定："监狱应当积极争取社会各个方面和社会各界人士的支持，配合监狱开展有益于罪犯改造的各种社会帮教活动。"第40条规定："监狱应当与罪犯原所在地的政府、原单位（学校）、亲属联系，签订帮教协议，适时邀请有关单位和人士来监狱开展帮教工作；监狱也可以组织罪犯到社会上参观学习，接受教育。"第41条规定："监狱应当鼓励和支持社会志愿者参与对罪犯进行思想、文化、技术教育等方面的帮教活动，并为其帮教活动提供便利。"第42条规定："监狱应当为罪犯获得法律援助提供帮助，联系、协调当地法律援助机构为罪犯提供法律援助服务。"

二、社会帮教的特点

（一）帮教主体多元性

犯罪是一种复杂的社会现象，是多方因素综合作用的结果。罪犯的转化也需要在社会多方面积极因素的影响下通过自身努力完成，这就决定了社会帮教的主体不是单一的，而是多元的。相关社会力量，如各种社会职能部门，社会团体、知名人士、帮教志愿者、罪犯亲属、改过自新的刑满释放人员等都有帮教责任。

（二）帮教形式开放性

社会帮教是把狱内教育与社会帮教有机连接起来，从社会大环境中积极寻求对罪犯进行教育的有利因素，以增强罪犯适应社会的能力。这是罪犯教育工作适应新时期社会发展的必然要求，"闭门自教"显然跟不上形势发展的需要。

（三）帮教内容易受性

社会帮教内容多种多样，生动具体，可感性强。如邀请公、检、法机关工作人员为罪犯答疑解惑，可以使罪犯受到启发，安心改造；邀请社会团体、知名人士来监狱帮教，可以使罪犯感受到社会温暖，鼓起新生勇气；利用罪犯亲属来监狱进行规劝教育，容易拉近教育距离。总之，社会帮教相对于其他教育而言，生动直观，可信度高，易于被罪犯接受。

（四）帮教效果高效性

社会帮教能及时解决罪犯眼前的实际问题，如思想问题、知识技能问题、婚姻问题、子女问题、老人问题等，这样更易引发罪犯深刻的思想感受，必然也易于收到好的教育效果。同时，社会帮教与罪犯刑满释放后的接茬帮教密不可分，这方面的工作做好了，会为巩固罪犯改造成果、为罪犯刑满释放后真正重新融入社会打下坚实的基础。

三、基本程序

1. 成立社会帮教活动组织机构，确定领导小组和工作小组成员。分管领导提议，教育科召集相关人员参加社会帮教活动工作讨论会，成立社会帮教活动组织机构，确定领导小组和工作小组成员。大家进行集体讨论，商讨开展社会帮教活动的初步工作，并责成相关领导及职能部门负责具体策划活动。

2. 确立社会帮教活动的主题。监狱（监区）要根据当前罪犯教育工作需要，确定社会帮教活动主题，围绕主题，确定内涵，提出要求，认真研究。

3. 确定并联系帮教单位，达成帮教意向。根据已确定的社会帮教活动主题，与社会有关单位或团体及个人进行联系、沟通及协商，达成来监帮教意向，并和他们就具体帮教内容、形式、时间、人员、地点及所需条件等进行商讨研究，形成初步意见。

4. 制定社会帮教活动方案。在与帮教单位形成初步意见的基础上，和监狱（监区）各个部门做好协调工作，制定社会帮教活动草案，并将社会帮教活动草案送达帮教单位，与其进行沟通交流，最后制定社会帮教活动实施方案，报请狱内最高领导审批。

5. 落实社会帮教活动方案。具体组织实施帮教活动的各项内容，做好协调、沟通，检查督促每一项工作的顺利进行，为帮教活动的顺利举办奠定基础。

6. 做好物质准备。在开展社会帮教活动前，要准备好必要的物质条件。一是帮教场所必要的物品，如桌椅板凳、扩音器材以及多媒体设备等；二是参加人所需物品，如服装、化妆品、运动器材、道具等。

7. 召开社会帮教活动大会。监狱民警要准时将罪犯集合到活动现场，维护现场秩序，保证活动顺利进行。控制社会帮教活动时间，一般不宜超过4个小时，时间过长容易导致罪犯疲劳，影响教育效果；在活动过程中，罪犯要积极投入到活动中，增强互动性和参与性。

8. 签订帮教协议。帮教单位及人员愿意今后继续对罪犯进行帮教，则请他们在充分协商的基础上，修改完善并签订帮教协议，加盖公章。

9. 组织后续活动。社会帮教活动结束后，可以组织分组讨论、座谈、写心得体会等活动。根据专题内容和罪犯特点，物色几名写作能力和表达能力较强的罪犯，进行表态发言，以获得罪犯的认同，激发罪犯情感，树立是非观念，使罪犯能更深入地理解教育内容，思想上有更多的收获。

 任务拓展

1. 社会帮教活动方案与文体活动方案格式、要求基本相同，请根据以下材料，运用制定文体活动方案的基本知识，并按照社会帮教活动开展的程序，制定一个社会帮教活动方案。

材料：某监狱计划对接受出监教育的罪犯开展联合帮教活动，利用社会及家庭的力量影响感化罪犯，消除他们对回归社会的恐惧和茫然。监狱计划邀请社会知名人士、党团和他们的家人等到监狱作两场报告，一次座谈会，与罪犯结成"一对一"帮教对子。一方面，规劝罪犯，使罪犯明白家乡亲人并没有抛弃他们；另一方面，就罪犯关心的刑释就业政策等进行解答，帮助他们消除疑虑。

2. 组织学生学习讨论某监狱关于开展社会帮教活动的方案。

实训任务二十　制定辅助教育活动方案

任务引入

某监狱在年初布置全年工作任务时要求教育科根据省局教育改造工作要点和年度教育改造工作活动安排意见，制定出监狱本年度辅助教育活动方案。那么，什么是辅助教育活动方案？怎样制定辅助教育活动方案？

任务分析

掌握制定辅助教育活动方案的基础知识，学习制定辅助教育活动计划。

基础知识

一、辅助教育活动方案的概念

计划是为了达到某一目的，预先对某项工作做出的详细而具体的安排。辅助教育活动方案是为了完成辅助教育工作目标，根据监狱罪犯教育工作总体安排，对在某一阶段开展的辅助教育的内容、方法和步骤进行的详细而具体的筹划和安排部署，是开展辅助教育的前提和基础。

辅助教育活动方案是针对罪犯群体，要分析监狱罪犯教育工作需要、罪犯的实际情况，确定辅助教育活动方案的项目、范围和内容。辅助教育活动方案的制定全面考虑罪犯的文化水平、心理需求，营造积极健康的矫正氛围。

制定辅助教育活动方案是监狱按照有关法规，根据上级主管部门要求，结合监狱（监区）实际情况，完成辅助教育活动方案的过程，是一个将辅助教育的思想、观点、设想转化为指导性文件的过程。罪犯辅助教育是一项系统而庞杂的工作，要在有限的时间内完成一定的辅助教育任务，必须进行精心的安排和周密的计划。因此，监狱教育部门应当认真负责地制定科学规范的教育计划，并严格执行。

二、辅助教育活动方案内容与规范格式

辅助教育活动方案由标题和正文组成。

（一）标题

标题有三个要素，即制定计划的单位名称、计划的时间和计划的性质，如××监狱 2013 年度辅助教育活动方案。

1. 单位名称。单位名称要写单位的全称，如山西省太原第一监狱。

2. 时间。要明确计划的时间范围，要写明年份和月份。

3. 性质。要注明计划的属性或类别是辅助教育活动方案。

（二）正文

正文一般应包括三个方面：

1. 制定辅助教育活动方案的指导思想、依据和辅助教育工作目标。

2. 辅助教育任务与要求，这是计划的核心部分。任务与要求要明确，即在某一阶段中要做哪些辅助教育工作，要完成哪些任务，要达到何种目的，取得哪些效果等。一般可以分条目来写，用小标题或每一个段落开头时以一句醒目的语句来概括。

3. 完成任务的具体措施，要表明怎样做、具体工作方法、完成任务的时间要求、完成任务可采取的步骤和措施等。计划的最后要写上日期。

如果采用表格形式的话，则可以将辅助教育活动方案与单位（部门）职能和岗位目标责任制相结合，把辅助教育活动方案进行细致的划分，每项任务都要明确对应的部门和责任人，每项任务都有操作和完成的时间。

三、基本程序

1. 认真研究上级部门罪犯教育工作目标与任务和本监狱罪犯教育计划及相关指导意见，贯彻上级的指示精神，提出本监狱的辅助教育工作目标和任务。

2. 根据目标任务，确定辅助教育的内容、方法、步骤及时间安排。教育科及各监区认真分析罪犯情况和辅助教育资源情况，集体讨论，列出辅助教育活动方案大纲。

3. 由教育科指定一人完成辅助教育活动方案草案，提交分管领导审核，下发各监区征求意见。制定辅助教育活动方案的部门是监狱的教育科，基层监区则由教育干事具体负责。制作辅助教育活动方案必须征求各基层监区的意见，充分考虑基层实际和各种特殊情况。

4. 汇总整理各部门意见，召集辅助教育工作专题会议，逐条逐项讨论辅助

教育活动方案草案，根据讨论结果修改辅助教育活动方案，提交监狱教育工作会议审议。辅助教育工作专题会议一般由单位分管教育的领导提议，由教育科具体组织。

5. 修改完善辅助教育活动方案后，以文件形式下发各监区。辅助教育活动方案是监狱的指导性文件，一般以正式文件下发各部门，并抄送上级有关部门。

四、注意事项

1. 辅助教育活动方案要有针对性。辅助教育活动必须务实，要抛开不符合教育目标的不实用的活动，具有实际的教育意义。辅助教育活动必须具有很强的针对性，目标必须十分明确，根据罪犯改造的不同需要，安排不同的辅助教育活动。

2. 辅助教育活动方案要统筹兼顾。辅助教育活动方案要从罪犯教育整体工作目标出发，充分考虑各方面因素，突出重点，兼顾全面，既要完成教育任务，又要确保监狱安全，要有大局意识和全局观念，这样制定出来的计划才能被各部门接受和支持，才能得到有效贯彻和落实。

3. 制定辅助教育活动方案要切实可行。辅助教育活动方案实施后，教育活动就要围绕计划展开，日常工作就要为此目标进行调整和运转，这在一定程度上决定罪犯能否在活动中受到教育。因此辅助教育活动方案要切实可行，具有可操作性。

 实训设计

实训项目：制定监狱下半年辅助教育活动方案。

实训目的：通过训练，使学生掌握辅助教育活动方案的制定流程、方法，培养学生制定计划的能力。

实训时间：2课时。

实训方式：以小组为单位，模拟实训。

材料：某监狱下半年要开展以下活动，请同学们制定出这个计划。

1. 某监狱计划国庆期间举办服刑人员卡拉OK歌手比赛。

2. 召开一次亲属帮教会座谈会。

3. 策划6期黑板报和宣传栏。各监区自定主题，营造良好的改造文化氛围。

4. 召开秋季运动会。

5. 迎新春活动。春节期间活动有文娱晚会、棋类比赛、知识竞赛等，充实罪犯节日期间的文化生活，营造欢快的改造气氛。

实训要求：

1. 全班划分为若干小组，小组长负责，每小组完成一份辅助教育活动方案。

2. 计划要全面、具体，计划的指导思想、目的、意义、任务、内容及要求等要详细，不得落项。

3. 全体同学都要积极参加，进行分析讨论，在制定计划时，要人人有任务，个个有责任，团结合作，共同完成。

实训提示：

1. 制定计划必须掌握计划的编制流程及要点。

2. 根据时间顺序来规划辅助教育活动顺序。

3. 要区分计划和活动方案的不同，不要把计划写成活动方案。

实训考核：检查辅助教育活动方案内容是否齐全，格式是否规范，计划是否周密，措施是否具体，是否存在内容相互矛盾、时间安排冲突的情况，考核办法是否切实可行等。具体考核评分标准见下表：

辅助教育活动方案实训考核评分表

项目	分值	评分标准	得分	扣分原因
格式	20分	符合计划的格式要求		
内容	40分	工作目标符合上级精神和监狱实际，工作措施具体、翔实，可操作性强		
逻辑	20分	层次分明，逻辑清晰		
文字	10分	文字通顺，表达准确，无错字别字		
排版	10分	排版规范，字体、字号、行距、页边距、页码等符合公文格式要求		
合计	100分			

实训评价：针对学生制定的辅助教育活动方案，指导教师进行打分，90分以上为优，80~89分为良，70~79分为中，60~69分为及格，不足60分的为差。同时，指导教师应对学生应当掌握的知识与技能作出具体的点评与评价。

 任务拓展

1. 请根据今年上级部门的罪犯辅助教育工作目标和本监狱罪犯教育工作计

划，模拟制定本年度辅助教育活动方案。

2. 组织学生学习讨论某监狱关于开展辅导助教育活动的实施方案。

实训任务二十一　　策划文体活动方案

◎ **任务引入**

当前监狱愈来愈重视文体活动对罪犯的教育功能，开展丰富多彩的文体活动，活跃罪犯的文体生活。许多监狱创办了文化艺术节，进行文艺汇演、诗歌擂台、体育运动会、竞技大赛等，彰显了文体活动的亲和力、凝聚力和魅力。监狱要开展文体活动，首先要策划文体活动方案。

◎ **任务分析**

掌握策划文体活动方案的内容和规范格式，学会策划文体活动方案。

基础知识

一、文体活动方案的内涵

活动方案也叫活动策划方案，是为某一活动所制定的具体行动实施办法、细则、步骤等的书面计划。活动方案是对将要进行的活动的每个步骤的详细分析、研究，为保证活动顺利、圆满进行撰写而成的书面计划。它包括活动的时间、地点、参与者、活动方式、活动准备、实施方法、实施预设过程、预期效果等。

文体活动方案是监狱根据某一阶段教育工作目标和内容，为落实文体活动计划而制定的具体详细的实施细则、步骤、方法。

二、文体活动方案的内容

（一）活动方案名称

尽可能具体的写出方案名称，如"2012 年元旦文体活动方案"，并置于页面中央。

（二）活动背景

这部分内容应根据活动的特点在以下项目中选取内容重点阐述，具体项目有：基本情况简介、主要执行对象、近期状况、组织部门、活动开展原因、社会影响以及相关目的动机等。还应说明环境的内在优势、弱点等因素，对其做好全面的分析。

（三）活动目的、意义和目标

活动目的与意义应用简洁明了的语言将其要点表述清楚。在陈述目的要点时，该活动的核心构成或策划的独到之处及由此产生的矫正意义应该明确写出。活动目标要具体化，并需要满足重要性、可行性、时效性等。

（四）资源需要

所需人力资源、物力资源、使用的地方（如教室或活动中心）都要详细列出。可以列为已有资源和需要资源两部分。

（五）活动开展

这是活动方案的正文部分，表现方式要简洁明了，使人容易理解，但表述语言要力求详尽，写出每一点能设想到的东西，没有遗漏。在此部分中，不仅仅局限于用文字表述，也可适当加入统计图表等。各工作项目应按照时间的先后顺序排列，绘制实施时间表有助于方案核查。人员的组织配置、活动对象、相应权责及时间地点也应在这部分加以说明，执行的应变程序也应该在这部分加以考虑。

还要考虑：会场布置、接待室、嘉宾座次、赞助方式、合同协议、媒体支持、主持、领导讲话、司仪、会场服务、灯光、音响、摄像、技术支持、秩序维持、衣着、指挥中心、现场气氛调节、合影等，根据实情自行调节。

（六）经费预算

活动的各项费用在根据实际情况进行具体、周密的计算后，用清晰明了的形式列出。

（七）活动中应注意的问题及细节

内外环境的变化，不可避免地会给方案的执行带来一些不确定性因素，因此，当环境变化时，是否有应变措施，损失的概率是多少，造成的损失多大，应急措施等也应在策划中加以说明。

（八）活动负责人及主要参与者

注明组织者、参与者姓名、嘉宾、单位。

三、文体活动方案的规范格式

文体活动方案的规范格式由以下内容构成。

1. 主题：大标题。

2. 前言：概述。

3. 开展活动意义：为什么开展活动。

4. 活动内容：详细讲述该项活动的步骤及活动项目。

5. 活动时间：明确时间点，包括时间段。

6. 活动范围：活动所针对的对象、区域。

7. 人员配置：按职就分，所有的工作任务细分至每位工作人员身上。

8. 前期准备：做好对活动前期的调查、宣传推广、活动设备的安排等。

9. 工作内容：提出工作要求，细分工作任务以及提出所需要完成的要求。

10. 活动目的：做出所想达到的效果。

11. 效果评价：预想活动后所得到的反应及达到的效果。

12. 物料清单：对所有用到的宣传材料、物品等做好登记。

四、基本程序

策划文体活动方案的基本程序如下：

1. 商讨文体活动。分管领导提议并参加，教育科召集相关人员参加文体活动工作讨论会，成立文体活动组织机构。大家进行集体讨论，商讨开展本次文体活动初步工作，成立工作小组，责成相关领导及职能部门负责策划活动。

2. 达成文体活动意向。工作小组确定文体活动的指导思想、目的、主题、任务、内容、方法、步骤及时间安排等内容。根据监狱自身的教育资源和罪犯的实际情况，集体讨论，列出文体活动项目纲要。

3. 策划文体活动实施草案。由教育科指定一人完成文体活动实施草案，草案格式要规范，内容要全面。提交分管领导审核，下发各监区征求意见。制作文体活动实施方案必须征求各单位尤其是基层监区的意见，充分考虑基层的实际和各种特殊情况。

4. 修改完善实施草案，形成活动方案。汇总整理各部门意见，修改文体活动实施草案，提交分管领导审核，如需要还要由分管领导提请监狱办公（党委）会议审议。

5. 活动方案以文件形式下发各有关部门。文体活动实施方案作为监狱的重大活动，一般应以正式文件下发各部门，如需要还应抄送上级有关部门。

 实训设计

实训项目：某某学校"迎国庆，爱中华，促成长"文体活动方案。

实训目的：通过实训，使学生掌握策划文体活动方案的方法、要求，学会策划活动方案。

实训时间：2课时。

实训方式：以小组为单位，模拟训练。

实训要求：

1. 10人为一组，组内进行讨论，每组策划一个文体活动方案。

2. 学生要积极参加，在实训中掌握技能。

3. 学生要具备策划文体活动实施方案的基础知识，熟悉活动方案策划步骤。

4. 学生要掌握文体活动方案规范格式和书写要求。

实训提示：

1. 首先要根据文体活动的主题来确定文体活动的指导思想和目的。

2. 要考虑现有资源来确定文体活动的项目和内容，要符合实际情况，要可完成。

3. 以学校和学生为主体来策划文体活动实施方案。

实训考核：具体考核评分标准见下表：

设计文体活动方案实训考核评分表

项目	分值	评分标准	考核得分	扣分原因
格式	20分	规范、齐全		
内容	20分	符合和反映主题要求		
目的	20分	积极健康，有利于身心发展		
步骤	20分	详细、具体		
要求	10分	明确，可操作		
文字	10分	文字通顺，表达准确		
合计	100分			

实训评价：根据考核标准，对学生撰写的文体活动方案指导教师进行打分。90分以上为优，80～89分为良，70～79分为中，60～69分为及格，不足60分的为差。同时，指导教师应对学生应当掌握的知识与技能做出具体的点评与评价。

 任务拓展

组织学生学习讨论某监狱文体系列活动的实施方案。

实训任务二十二　模拟组织文体活动

○ 任务引入

　　火红的灯笼、五彩的拉花、喜庆的春联、飘扬的彩旗、闪烁的彩灯、欢快的歌舞，××监狱到处都充溢着浓浓的年味，大墙内的服刑人员兔年春节过得津津有味。"庆新春、促改造"，文体活动愉悦身心。该监狱邀请专业演员到监狱与由服刑人员组成的阳光艺术团同台表演，为全监服刑人员送上精彩、丰盛的文化大餐；组织威风锣鼓队、鼓子秧歌队、舞龙队、电声乐队等特色文化专业队集中开展广场会演，烘托欢乐祥和的节日气氛；充分发动服刑人员开展室内象棋、扑克、乒乓球、台球运动，室外猜谜语、拔河、篮球比赛等多种多样有趣有益的文体活动，丰富服刑人员节日文化生活，营造积极、健康的改造氛围。这样的大型文体活动怎样进行组织？

○ 任务分析

　　掌握组织文体活动的程序，初步学会组织文体活动，培养活动的组织能力。

▶ 基础知识

一、基本程序

　　1. 召开会议，成立文体活动组织机构，确定领导小组和工作小组成员。分管领导提议并参加，教育科召集相关人员召开文体活动讨论会，成立文体活动组织机构，确定领导小组和工作小组成员。大家进行集体讨论，商讨开展文体活动初步工作，责成相关领导及职能部门负责策划活动

　　2. 确立文体活动的主题。监狱（监区）要根据当前罪犯教育工作需要，确定文体活动主题，针对主题，围绕主题，确定内涵，提出要求，认真研究。

　　3. 制定文体活动实施方案。文体活动涉及的因素多、组织者要从全局考虑，和监狱（监区）各个部门做好协调工作，还要报请狱内最高领导审批。要针对不同主题，确定具体方案，明确组织机构、人员职责、实施步骤、纪律要求、时间地点及安全措施等基本要素。

　　4. 落实文体活动的各项内容。按照文体活动方案的内容，具体开展各项工作，要做到分工明确，责任到人，检查督导到位，保证各项工作落到实处。最后

要检查验收，进行预演。

5. 准备必要的物质条件。在开展文体活动活动之前，要准备好必要的物质条件。一是文体活动场所所需的物品，如桌椅板凳、扩音器材以及多媒体设备等；二是参加人所需物品，如服装、化妆品、运动器材、道具等。

6. 开展文体活动。监狱民警要提前到活动现场，要准时将罪犯集合到活动现场，维护现场秩序，保证活动顺利进行。注意控制文体活动时间，一般不宜超过4个小时，时间过长容易导致罪犯的疲劳，影响教育效果。适当增加互动，在活动过程中，可以穿插主持人提问、罪犯回答的游戏项目，增强互动性和参与性，这样往往比单方向的活动效果更好。

7. 组织后续活动。文体活动结束后，组织罪犯分组讨论、座谈、写心得体会等活动，激发罪犯思想情感，使罪犯进行自我教育，思想上有进一步的收获。

二、注意事项

1. 加强组织领导，成立文体活动的组织机构。主管罪犯教育工作的副监狱长任文体活动领导小组组长，统一调配监狱的各项资源，全面掌控文体活动的开展。文体活动领导小组下设工作小组，由专业工作人员组成，制定文体活动的内容、标准、程序等，组织文体活动的实施。

2. 要重视活动之前的计划和准备工作。活动的计划和准备工作有：一要确立文体活动的主题。由于文体活动的影响面较广，所以对开展什么主题应认真研究。二要制定周密的活动方案。文体活动涉及的因素多、组织者要有全局观念，要各个部门做好协调工作。三要选择适当的主持人。一般来说，为了增加文体活动的权威性和可信性，应该由监狱民警来担任主持人，而且主持人不仅要具备权威身份，还需要有渊博的知识、良好的口才，这样才可能增强文体活动的效果。

3. 要注意对活动过程的控制。文体活动过程的控制包括：一要控制活动内容、活动程序与进度，教育的时间与进度，这主要是保证教育过程流畅、内容积极、富有教育性。二要组织和控制参与的罪犯。罪犯是一个有着诸多罪错思想、行为和习惯的特殊群体，因此必须做好对罪犯的管理控制。要求罪犯按规定的位置落座，同时，组织最大限度的警力到会场，不仅监区、分监区干警要到场，还要有机动警力在现场布控。另外，参加活动的民警应着装整齐、态度严肃。

实训设计

实训项目：模拟组织元旦系列文体活动。

实训目的：通过训练，检验学生对组织文体活动的基本程序的掌握，学会组织文体活动的技能。

实训方式：以班为单位，模拟实训。

材料：元旦文艺晚会；趣味竞赛活动。

实训要求：

1. 根据上述材料，确定文体活动实施的主题。

2. 全班分为4个小组，小组进行分工，一个小组制定文体活动实施方案，一个小组进行组织实施，一个小组负责后勤保障，一个小组负责活动场地安排和维护活动秩序。

3. 要全员参与，调动全体成员的积极性，每一个成员都要有任务。

实训提示：

1. 这是一个文体活动的整体训练，需要成立领导机构，来负责活动的整体策划、指挥、协调和控制。

2. 为了提高实训效率，小组长之间要进行讨论，要分工合作，组长对小组成员下达任务指令。

3. 各组长要及时进行各项工作的督促检查，确保每一项任务落到实处。

实训考核：是否掌握确定主题的有关规定；在模拟训练中，方法步骤是否正确，技术要领是否得当。

类别	内容	标准	分数
活动方案	目的	积极健康，寓教于乐	10分
	内容	主题明确，内容完整、清晰	5分
	格式	格式正确，规范、完整	5分
	步骤	步骤清楚、恰当、合理	5分
组织实施	人员分工	人员分工明确，责任到人	5分
	组织保障	工作衔接紧凑，设施设备到位	5分
	检查监督	认真落实每个步骤的工作，检查仔细，监督有力	10分

续表

类别	内容	标准	分数
后勤保障	设施设备	齐全，完好，到位	10分
	人员物品	齐全，完好，到位	10分
活动场地	场地大小	规格符合活动要求	10分
	场地安全	达到安全标准	10分

实训评价：针对文体活动活动模拟训练的效果，指导教师对学生应当掌握的知识与技能，作出具体的点评与评价。根据考核标准，对学生模拟的文体活动指导教师进行打分。90分以上为优，80～89分为良，70～79分为中，60～69为及格，不足60分的为差。

学习单元八　罪犯教育工作评估

内容提要

　　本单元学习内容：罪犯教育工作过程评估基础知识；制定罪犯教育工作过程评估指标体系；罪犯教育工作过程评估的组织实施；罪犯教育工作效果评估基础知识；制定罪犯教育工作效果评估指标体系；罪犯教育工作效果评估的组织实施。

学习目标

　　掌握罪犯教育工作过程评估和罪犯教育工作效果评估的基础知识；培养学生制定评估指标体系的能力；训练学生计划、组织能力。

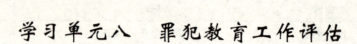

学习任务二十四　罪犯教育工作过程评估

任务引入

　　企业管理中有一句名言："无法评估，就无法管理"。罪犯教育工作中，开展评估工作，才能掌握罪犯教育工作的最新状况，及时发现问题，解决问题。

任务分析

　　了解罪犯教育工作过程评估的概念；掌握罪犯教育工作过程评估的特点、类型。

基础知识

一、罪犯教育工作过程评估的概念

　　罪犯教育工作过程评估是指我国监狱机关根据罪犯教育工作的目标，对罪犯教育过程中的组织管理、教育内容、教育方式方法、教育实施过程、教育设施及监狱民警的工作等项目进行的考核评估活动。

二、罪犯教育工作过程评估的特点

（一）目的性

评估是对罪犯教育工作的开展情况进行检查监督，从而及时、全面地掌握罪犯教育工作进展情况，发现问题及时解决，达到以评促建的目的。

（二）全面性

评估内容包括教育资料、管理制度、教育设施、监狱民警、罪犯等，评估涵盖了罪犯教育工作过程的基本要素。

（三）中介性

评估是认识与实践的中介。通过评估工作，罪犯教育工作才能实现由感性认识向理性认识的进步，从而使这种认识成为指导罪犯教育工作实践的有力武器，促进罪犯教育工作质量不断提升。

（四）预测性

评估活动是一种认识活动，它通过对罪犯教育工作过程的全面认识，总结罪犯教育工作的规律，对罪犯教育工作的发展前景做出建立在事实基础上的预测，从而确保罪犯教育工作向正确方向发展。

三、罪犯教育工作过程评估类型

根据不同的标准对罪犯教育工作过程评估类型进行分类。

根据罪犯教育工作的内容可以分为：思想政治教育过程评估、文化知识教育过程评估、职业技术教育过程评估、体育与美育教育过程评估及心理健康教育过程评估等。

根据罪犯教育工作所使用的方式和技术可以分为：集体教育工作评估、个别教育工作评估、社会教育评估及教育技术评估等。

根据评估的方法可以分为：量化评估、定性评估及综合评估。

根据罪犯教育工作的时间段可以划分为：入监评估、常规教育评估、出监评估。

四、基本程序

1. 明确罪犯教育工作过程评估的目的、指导思想。
2. 确定罪犯教育工作过程评估的内容。
3. 制定罪犯教育工作过程评估指标体系。
4. 制定罪犯教育工作过程评估的实施方案。

5. 按照罪犯教育工作过程评估的实施方案，依据罪犯教育工作过程评估指标体系，开展评估工作。

6. 公布评估结果，根据评估结果进行奖励与批评。

7. 对评估工作进行总结，进一步完善罪犯教育工作过程评估指标体系，规划下一步的工作任务。

五、注意事项

罪犯教育工作评估分为罪犯教育工作过程评估和罪犯教育工作效果评估，要准确把握罪犯教育工作过程评估的概念，将其和罪犯教育工作效果评估的概念区分开来。

 任务拓展

1. 对罪犯教育工作过程进行评估，有的人会对此提出抱怨，认为增加了工作量。是否有好的解决办法，既不增加工作量，又能对罪犯教育工作的过程进行有效的评估？

2. 组织学生学习讨论监狱关于对罪犯教育工作的评估量表。

学习任务二十五　罪犯教育工作效果评估

任务引入

一名罪犯走出监狱，就意味着监狱工作又多了一分收获。每当监狱教育好一名罪犯，就意味着社会多了一分安宁，这是罪犯教育工作的效果。那么，怎么来评估罪犯教育工作的效果？

任务分析

了解罪犯正教育工作效果评估的概念，掌握罪犯教育工作效果评估的内容、特点及类型。

基础知识

一、罪犯教育工作效果评估的概念

罪犯教育工作效果评估是对罪犯个体和群体的悔改程度和守法状态的评估，是罪犯经过一定期限的教育后，对其原有犯罪心理和行为恶习的消除程度，守法心理、良好行为习惯的建立程度以及对社会生活的适应程度的客观的综合评定，它是监狱对罪犯实施教育成效的综合体现。

二、罪犯教育工作效果评估的特点

（一）标准的明确性

司法部《监狱教育改造罪犯工作目标考评办法》等法律文件的颁布，使罪犯教育工作效果评估的标准被量化，使现在的罪犯教育工作的标准由"软指标"变成"硬指标"。

（二）考核的全面性，

罪犯教育工作效果评估从罪犯所接受的教育内容形式评估，到接受教育后的效果评估，包括近期效果评估和远期效果评估，都要进行较为详尽的规定。

（三）科学性、可操作性

罪犯教育工作效果评估既要真正考评出罪犯教育工作的全面真实的效果，清晰地看出罪犯综合素质的提高或降低，又要便于在工作实践中操作，能够实实在在、不折不扣地按此体系对监狱民警的教育工作进行量化考核。

（四）评估方式多样化

罪犯教育工作效果评估考核的手段，可用检查材料、抽样调查、访谈、座谈、问卷调查、考评、考试、统计等多种手段，计分的方式有量表计分、考试计分、分级计分等。

三、罪犯教育工作效果评估的类型

（一）以评估方法为标准进行分类

1. 分项量化评估。根据罪犯教育工作过程评估指标体系所设定的量化标准对罪犯教育工作的效果进行评估。

2. 定性评估。定性评估是评估罪犯教育工作效果时，对罪犯教育改造的效果和教育改造工作整体绩效质的方面的评估核实。定性评估要和量化评估相结

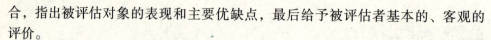

合，指出被评估对象的表现和主要优缺点，最后给予被评估者基本的、客观的评价。

3. 综合分析评估。综合分析评估是指综合影响罪犯教育工作的多方面因素，对罪犯教育工作的效果作出判断的方法。运用综合分析评估法评估罪犯教育工作效果时应注意：一是个别与整体相结合；二是过去与现在相结合；三是问题与成绩相结合；四是工作与效果相结合。这样才能对工作效果做出科学的结论。

（二）以评估的对象为标准进行分类

1. 罪犯个体教育评估。对每一个罪犯的改造效果进行的评估。

2. 罪犯群体教育效果评估。对一个监狱、监区或分监区的罪犯改造效果进行的评估。

罪犯个体和群体教育效果评估，是罪犯教育效果评估实践中最为重要的两种评估类型，两种评估具有关联性。对罪犯个体的全面评估，影响罪犯群体的评估结果；个体教育效果的评估结果，可以作为群体教育效果评估的重要指标。

（三）以评估内容为标准进行分类

可以分为：思想政治效果评估、文化知识教育效果评估、职业技术教育效果评估、心理健康教育效果评估、罪犯教育行为效果评估、重新违法犯罪率评估等。

以上这些方面的内容，涵盖了罪犯教育工作的全部，对这些工作内容效果的评估，可以全面地反映罪犯教育工作的效果。

四、基本程序

1. 成立罪犯教育工作效果评估领导工作小组。

2. 确立罪犯教育工作效果评估的目的、任务、指导思想及评估的内容。

3. 制定罪犯教育工作效果评估指标体系，准备评估工具与相关资料。

4. 制定罪犯教育工作效果评估的组织实施方案。

5. 按照罪犯教育工作效果评估的组织实施方案，依据罪犯教育工作效果评估指标体系，开展评估工作。

6. 公布评估结果，指出成绩与工作中存在的问题，进行奖励与批评。

7. 对评估工作进行总结，进一步完善罪犯教育工作效果评估指标。

五、注意事项

1. 学习中应注意的问题：掌握罪犯教育工作效果评估的概念、类型；正确区分罪犯教育工作效果评估与罪犯教育工作过程在概念、内容及方法等方面的区别，不能将二者混为一谈。

2. 在监狱对罪犯教育工作进行评估时，一般中期评估是对罪犯教育工作过程进行评估，在年终则是对罪犯教育工作过程和罪犯教育工作效果一起进行评估，这时制定的评估指标体系一般是两者合并在一起，评估实施方案也是合并进行。

 任务拓展

请根据以下的资料，分析罪犯教育工作效果评估的开展对监狱工作的促进作用。

××监狱罪犯改造质量评估工作取得初步成效

目前，××监狱将评估与考核、减刑、假释等工作相结合取得了很大的成绩和许多成功的经验，试点运行情况呈平稳良性状态，对罪犯改造状况的评价更趋科学全面、客观公正，激发了罪犯改造的自觉性和积极性，提高了罪犯改造质量，促进了监管改造秩序的稳定。但在评估过程中，如何充分运用评估过程、评估方法和评估结果，更加充分地挖掘评估体系的矫治功能尚需进一步探索、完善。

实训任务二十三　制定罪犯教育工作过程评估指标体系

◘ **任务引入**

建立罪犯教育工作过程评估指标体系，就是要建立一个客观、量化的评估指标体系，使评估工作数字化、系统化、科学化。

◘ **任务分析**

准确理解罪犯教育工作过程评估指标体系的概念；掌握罪犯教育工作过程评估指标体系的内容、构成要素；培养制定评估指标体系的能力。

 基础知识

一、罪犯教育工作过程评估指标体系的概念

罪犯教育工作过程评估指标体系是指为了对罪犯教育工作过程做全面的评估，选取和罪犯教育工作过程有密切联系的多个指标构成一个完整的体系，以此

评估罪犯教育工作过程的整体状况，从而为罪犯教育工作的实施提供及时、全面的量化依据。

二、制定罪犯教育工作过程评估指标体系的法律法规依据

《监狱法》第 56 条规定，监狱应当建立罪犯的日常考核制度，考核的结果作为对罪犯奖励和处罚的依据。《教育改造罪犯纲要》（司发通［2007］46 号）中明确指出：探索建立改造罪犯评估工作机制，并据此制定和调整改造方案，开展有针对性的改造工作。《监狱教育改造罪犯工作目标考评办法》中规定：监狱教育改造罪犯工作目标考评，依据《教育改造罪犯纲要》，突出量化指标和保障措施，结合具体工作实施，客观评价监狱教育改造罪犯工作水平。对监狱教育改造罪犯工作目标考评，由监狱的上一级管理机关定期组织进行。考评结果作为评判监狱工作成效和考核监狱领导班子、监狱民警业绩的重要依据，定期予以通报。

三、罪犯教育工作过程评估指标体系构成要素

要素是指组成系统的基本单元。罪犯教育工作过程评估指标体系构成要素包括：

（一）指导思想

依据《监狱法》"惩罚与改造相结合、教育和劳动相结合，将罪犯改造成为守法公民"的监狱工作基本指导思想，构建罪犯教育工作过程评估指标体系的指导思想包括以下内容：

1. 坚持以人为本，理论联系实际，构建出整体优化的罪犯教育工作过程评估指标体系。它主要指两个方面：一是要从罪犯关注的最大利益出发，注重罪犯教育工作过程评估指标的建立贴近罪犯思想和改造实际，发挥罪犯能动性作用。二是从监狱工作实际出发，使评估指标的建立体现科学性、前瞻性和可操作性的有机结合。

2. 科学制定评估内容，力求评估结果公平、公正与客观。科学性是评估指标体系的价值所在。同时，评估指标体系也要体现评估操作过程中的公正与客观，能够比较准确地将罪犯教育工作过程的质量评估出来，这样才能充分体现和发挥评估工作的意义。

3. 充分发挥评估结果对罪犯教育工作的指导和推动作用。评估的目的在于运用评估结果以推动罪犯教育工作的改进与完善上。评估结果产生之后，监狱就发现的问题分析原因，寻找纠正问题的方法，提出改进工作的对策，以进一步提高罪犯教育工作水平。

4．评估指标体系要体现简洁、实用的可操作原则。在制定罪犯教育工作过程评估指标体系的过程中，要注重实证调查和研究分析，抓住主要矛盾和关键环节，既要明确具体，又要简洁、有效。

（二）罪犯教育工作过程评估指标体系的项目组成

罪犯教育工作过程评估指标体系的项目组成包括：一级项目、二级项目或子项目：

1．罪犯教育工作的组织管理。二级项目包括：教育行政管理机构、教研室和教学组织形式三大部分。

2．罪犯教育内容。二级项目包括：思想教育、文化知识教育、职业技术教育、心理健康教育、入监监狱、出监教育。

3．罪犯教育方式方法。二级项目包括：集体教育、个别教育、辅助教育、社会教育。

4．罪犯教育的台账。二级项目包括：罪犯教育资料、罪犯教育管理制度。

5．监狱民警。二级项目包括：思想政治素质、专业素质、罪犯教育工作成绩。

6．罪犯教育设施。二级项目包括：教室、图书馆、阅览室、教学器具、体育器材、文化宣传设施、电化教学设施设备等。

（三）评估项目权重及权重值

权重是一个相对的概念，针对某一指标而言。指标权重应体现各指标的相对重要程度，这是指标权重设计的基本原则。

罪犯教育工作过程评估指标权重是指评估指标体系中某一罪犯教育指标在评估中的相对重要程度。一组与评价指标体系相对应的权重组成了权重体系。

在罪犯教育工作过程评估指标体系建立过程中，为了能将有关评估项目重要性的程度用数据表示出来，按各项目在评估指标体系中的重要程度，分别对应相应的比例分值，称为权重值。

评估指标权重的分配应注意以下几个问题：

1．确定评估指标权重大小的依据是各指标要素在指标体系中的程度重要性；特殊的一点是，某项指标对应的实际工作相对来说是次要的，但在某个特定时期对整体的影响性较大，也应当给予其较高的权重。

2．评估指标体系中的所有要素的权重之和应该是一个定值，即为 1 或满分值（常用 100 表示）。这要求各项指标的权重分值定位合理，不能过高或过低。

3．确定指标权重时，应尽量将指标内涵转换为可以量化的因素；对于难以量化的指标，应采用定量与定性相结合的方法，即在定量测量的同时进行计分式

的定性评价。

（四）评估标准

评估标准，是指在罪犯教育工作过程评估活动中应用于评估对象（一级项目、二级项目）的价值尺度和界限。

评估标准是做好评估工作的关键因素之一。通过评估标准，使罪犯教育工作的开展明确化，对罪犯教育工作起到导向作用。

评估标准要体现一定的效果价值。评估内容应该是工作中的重要方面，评估结果要与监狱罪犯教育部门、监狱民警及罪犯的切身利益联系起来，使评估的作用充分发挥。

评估标准要适中。标准不能太高，也不能太低，应是经过一定的努力而可以达到的标准，从而保持吸引力。

评估标准要兼顾罪犯教育工作的导向性和系统性。评估标准使监狱民警明确工作目标和标准，使罪犯明确行为规范和奖惩规则；评估标准还应可以用来检测罪犯教育工作的系统性及其对罪犯教育工作过程效果的影响。

（五）评估奖惩办法

评估奖惩办法是一种激励制度。评估奖惩办法要具有一定的力度。奖惩分为精神与物质两方面，奖惩的力度要能够奖励先进，鞭策落后，从而调动人的积极性。

评估奖惩办法应明确易行。复杂的奖惩办法易使人理解困难，难以推广；易使操作困难，难以实现激励作用。因此，简明的评估奖惩办法是现实工作的要求。

评估奖惩办法应明确奖惩的部门和人员。赏罚分明是管理工作的基本要求。评估奖惩办法的施行，要避免"吃大锅饭"、"好人主义"，奖励与处罚严格明确。评估奖惩办法应不折不扣执行，不能朝令夕改，从而真正树立规则意识。

四、制定罪犯教育工作过程评估指标体系

（一）确立罪犯教育工作过程评估的一级项目和二级项目

1. 依据法律法规和罪犯教育工作实践，确定罪犯教育工作过程一级评估项目所包含的内容。《监狱法》、《监狱教育改造工作规定》、《监狱教育改造罪犯工作目标考评办法》等法律法规都对罪犯教育工作过程评估的内容做了相应的规定，并且在罪犯教育工作实践中，这些内容都得到了落实和开展。评估的一级项目应包括：罪犯教育工作的组织管理、教育内容、教育方式方法、罪犯教育的台账、监狱民警、教育设施等。

在确立了一级项目之后，对每一个一级项目找到在实际工作中相应的具体分解内容，这就是二级项目，也称子项目。

2. 根据罪犯教育工作的实际状况，确定罪犯教育工作过程评估的一级项目。我国监狱地区差异较为明显。在一些发达地区，监狱能够投入较多的人力与物力资源，罪犯教育设施齐备，罪犯教育工作开展过程中对外来新事物吸收较多，罪犯教育方法较为新颖。在一些较落后地区，罪犯教育工作的思想观念陈旧，手段单一，设施落后，不能完全照搬发达地区的做法，因而对于罪犯教育工作过程评估项目的确定，二者也是有区别的。

（二）确立罪犯教育工作过程评估指标的权重值

罪犯教育工作过程评估指标体系设置权重值的方法有以下几种：

1. 主观经验法。监狱的评估者凭自己以往的经验直接给指标设定权重及权重值，这适用于对罪犯教育工作非常熟悉和了解的评估者。

2. 主次指标排队分类法。这是比较常用的一种方法，也称 A、B、C 分类法。顾名思义，其具体操作分为排队和设置权重值两步：排队是将罪犯教育工作过程评估指标体系中所有指标按照一定标准，如按照其重要性程度进行排列；设置权重值是在排队的基础上，按照 A、B、C 三类指标设置权重值。

3. 专家调查法。这种方法是聘请罪犯教育工作专家，对评估指标体系进行深入研究，由每位专家先独立地对评估指标设置权重值，然后对每个评估指标的权重值取平均值，作为最终权重值。

具体来说，评估实践中应综合运用各种方法科学设置指标权重值。

（三）确立罪犯教育工作过程评估二级项目的评估标准

罪犯教育工作过程评估二级项目确立后，如何确立评估标准是一个关键：

1. 做好准备工作。全面搜集关于罪犯教育工作过程的各种一手资料以作备用。

2. 选用合适的评估方法，确定罪犯教育工作过程评估二级项目标准。评估标准确立的方法有多种，这里以特尔菲法（Delphi method）为例说明如何确定罪犯教育工作过程评估二级项目的标准。

（1）组成专家小组。按照确立罪犯教育工作过程评估二级项目的标准所需要的知识范围，确定人数的多少。

（2）将罪犯教育工作过程评估的二级项目及罪犯教育工作过程的各种一手资料提供给各位专家，请专家确定罪犯教育工作过程评估二级项目的标准。

（3）各个专家根据他们所收到的材料，提出自己的意见，并说明自己是怎样利用这些材料并提出评估标准的。

（4）将各位专家第一次判断意见汇总，进行对比，再分发给各位专家，让专家比较自己同他人的不同意见，修改自己的意见和判断。

（5）将所有专家的修改意见收集起来，汇总，再次分发给各位专家，以便做第二次修改。收集意见和信息反馈一般要经过三、四轮。在向专家进行反馈的时候，只给出各种意见，但并不说明发表各种意见的专家的具体姓名。这一过程重复进行，直到每一个专家不再改变自己的意见为止。

（6）对专家的意见进行综合处理，最终确立罪犯教育工作过程评估二级项目的评估标准。

五、制定罪犯教育工作过程评估指标体系的原则

为了使罪犯教育工作过程评估指标体系科学化、规范化，在构建指标体系时，应遵循以下原则：

（一）法制性原则

在制定罪犯教育工作过程评估指标体系过程中，应仔细研读相关的法律、法规，以此作为制定评估指标体系的法律依据。

（二）系统性原则

各评估指标之间要有一定的逻辑关系，它们不但要从不同的方面反映出罪犯教育工作过程系统的主要特征和状态，而且还要反映罪犯教育工作过程系统之间的内在联系，形成一个不可分割的评估体系。

（三）简明科学性原则

各指标体系的制定及评价指标的选择应能全面、客观、真实地反映出罪犯教育工作过程评估指标体系中各指标之间的真实关系；各评价指标应该具有典型代表性。

（四）可比、可操作、可量化原则

指标体系的构建是为罪犯教育工作过程评估服务的，指标选取的计算量度和计算方法必须统一，各指标尽量简单明了、便于收集，要具有很强的现实可操作性和可比性。选择指标时也要考虑能否进行定量处理，以便于进行数学计算和分析。

六、基本程序

1. 成立罪犯教育工作过程评估指标体系工作小组。
2. 明确评估指标体系建立的指导思想。

3. 选定评估指标体系包含的一级项目、二级项目；全面搜集建立评估指标体系所需的罪犯教育工作一手材料，建立二级项目的评估标准。

4. 组成专家小组，确定评估指标体系中一级项目、二级项目的权重与权重值；确定评估的方法、程序及奖惩，建立完整的罪犯教育工作过程评估指标体系。

 实训设计

实训项目：制定警校学生评估指标体系。

实训目的：通过训练，掌握制定评估指标体系的程序、步骤与方法，能够初步掌握评估项目权重值确定的办法。

实训时间：2 课时。

实训方式：模拟实训。

实训要求：

1. 将全班分为若干小组，每组 10 人左右，指定小组长。

2. 组内讨论评估指标体系的指导思想、目标、一级、二级项目、评估标准、评估指标体系中的一级、二级项目的权重值。

3. 每名同学都要积极发言，对发言内容进行记录；每名同学在制定警校学生考核评估指标体系过程中都承担相应的任务。

4. 每组完成一份制定警校学生评估指标体系。

实训提示：

1. 通过各种资料的搜集，使搜集的资料全面、丰富，培养资料搜集的能力。

2. 掌握和运用制定评估指标体系的相关知识。

3. 组织召开制定警校学生评估指标体系小组会议，由小组长主持。每名同学针对制定评估指标体系的指导思想、目标、确定一级二级项目及评估标准、权重值等问题并进行会议发言，做到简洁、全面、表达准确。对会议发言进行记录。

4. 组织召开制定警校学生评估指标体系会议，由实训教师主持。全班同学参加，各小组长发言，每名同学认真做好会议记录，并在会议结束后每个小组制定出警校学生评估指标体系的文件。

实训考核：考核每名同学的发言情况；检查每名同学的会议记录等。考核评分标准具体见下表：

警校学生考核评估指标体系实训考核评分表

项目	分值	评分标准	考核得分	扣分原因
小组发言	25分	有分析，有判断，语言表达简洁、准确		
会议记录	10分	记录会议召开的时间、地点和参会人员，准确记录会议主要内容		
评估指标体系格式	15分	符合评估指标体系的格式要求		
评估指标体系内容	35分	内容齐全，无缺项，前后连贯，逻辑性强		
评估指标体系文字	15分	文字通顺，表达准确，无错别字		
合计	100分			

实训评价：针对制定警校学生考核评估指标体系实训情况，指导教师分别对每名同学进行打分，90分以上为优，80~89分为良，70~79分为中，60~69分为及格，不足60分的为差。同时，指导教师对学生应当掌握的知识与技能作出具体的点评与评价。

注意事项：

1. 要深入实际掌握情况，养成良好的作风；掌握全面的材料，提高理论修养水平。

2. 在活动中要重在参与，大胆发言，大胆讨论，敢于表达自己的意见和想法。

 任务拓展

1. 请根据以下的材料进行分析：罪犯教育工作过程应如何建立标准，以评估促建设。

××省监狱系统推行教育改造工作评估成效显著

为寻求监狱工作科学化发展的新路径，近年来××省监狱系统在构建罪犯教育改造工作评估的标准与体系上，进行了全新的理论探索和大胆的实践。

试点工作实行了评估结果与罪犯行政、法律奖励挂钩的办法。2006年，××省监狱依据评估结果，共对1016名罪犯兑现了行政或法律奖励，有37名罪犯被延缓奖励。对评估的跟踪调查显示，评估诊断结果与罪犯的实际行为表现完全符合的达28.2%，基本符合的达 65.7%，不符合的仅为 6.1%，评估诊断的准确率达 93.9%。

2. 组织学生学习讨论监狱关于对罪犯教育工作的评估指标体系。

 实训任务二十四　罪犯教育工作过程评估的组织实施

◎ 任务引入

马克思说："蜜蜂建筑蜂房的本领使人间的许多建筑师感到惭愧。但是，最蹩脚的建筑师从一开始就比最灵巧的蜜蜂高明的地方，是他在用蜂蜡建筑蜂房以前，已经在自己的头脑中把它建成了。"罪犯教育工作过程评估的组织实施，同样需要事先进行周密的计划，是一种创造性活动。

◎ 任务分析

学习组织实施罪犯教育工作过程评估活动的步骤与方法，掌握评估实施方案撰写的格式、主要内容和步骤，学会撰写评估实施方案。

基础知识

一、罪犯教育工作过程评估组织实施的内涵

罪犯教育工作过程评估的组织实施，是对监狱及监狱民警在罪犯教育的各个工作环节进行考核评估。这种考评活动涉及监狱罪犯教育工作的整个过程，其内容包括罪犯教育的组织管理、罪犯教育内容、罪犯教育实施过程等。其内涵如下：

（一）罪犯教育工作过程评估组织实施者是上级机关

评估是上级机关对于下级工作的一种检验、督促活动，有效的、强有力的上级管理活动，才能保证罪犯教育工作目标的实现。

（二）罪犯教育工作过程评估涉及罪犯教育工作全过程

这种评估活动是为了对监狱开展罪犯教育的整体状况进行考察，全面提高罪犯教育的工作水平。通过对整个罪犯教育工作过程的评估，不断完善罪犯教育工作的评估体系，促进罪犯教育工作水平的不断提升。

（三）罪犯教育工作过程评估组织实施是一个复杂严密的实施过程

一项评估活动的圆满完成，要经过制定组织实施计划、确定评估内容、制定备选方案、开展评估活动、形成评估结果、撰写评估报告等一系列过程。因此，

要成立实施机构，制定完善的实施计划，精心实施，才能完成计划。

（四）罪犯教育工作过程评估实施是罪犯教育工作的不断完善

评估活动的开展使监狱民警能够及时发现工作的不足与问题，及时纠正；评估也使工作的成绩得到及时肯定，进而激励监狱民警继续努力工作，提升罪犯改造的信心和决心。

二、制定罪犯教育工作过程评估活动实施方案

（一）首部

1. 标题。关于罪犯教育工作过程评估活动的实施方案。

2. 指导思想。罪犯教育工作过程评估活动是监狱为实现教育改造罪犯目标而进行的一项执法工作。在指导思想中应指出评估活动组织实施的依据，评估所要达到的目标、作用，为评估活动指明方向。

（二）主体部分

1. 评估活动的机构设置。方案中要写明罪犯教育工作过程评估活动领导小组成员的构成、下设的工作机构、机构职责及相应的保障措施。

2. 评估活动的时间。方案中对于评估时间的确定，应综合考虑监狱的总体工作安排；根据工作量的多少确定评估时间，评估时间不能太短，也不能过长，避免影响监狱的正常工作。

3. 评估活动的要求。方案中还要对评估工作的组织实施提出要求：评估工作的纪律、评估的程序、评估标准的确定、评估应达到的效果等。

4. 罪犯教育工作过程评估的项目与权重值。

（1）罪犯教育组织管理。子项目包括教育管理机构、教研室和教学组织形式。

（2）罪犯教育内容。子项目包括思想政治教育、文化知识教育、职业技术教育、心理健康教育、入监和出监教育。评估应侧重于内容的完整性、系统性、针对性、适用性。

（3）罪犯教育方式方法。子项目包括集体教育、个别教育、辅助教育、社会教育等有机结合，以评估教育方法是否行之有效。

（4）罪犯教育实施过程。子项目包括对监狱的教育资料、管理制度、辅助性活动开展情况的评估，以分析罪犯教育效果。

（5）监狱民警。子项目包括执行教育罪犯教育计划的情况、执行教学计划的情况、对罪犯基本情况的掌握状况以及组织实施集体教育、分类教育、社会教育、个别教育等的工作情况。

（6）罪犯。子项目主要包括学习成绩、劳动态度、计分考核情况、奖惩情况等。

（7）罪犯教育设施。子项目包括电化设施、教室、课桌、礼堂、会议室、图书馆、教学用具、体育娱乐场所与器材及宣传工具等的情况。

5. 罪犯教育工作过程的评估标准。评估标准以司法部颁布的《监狱教育改造罪犯工作目标考评办法》和《监狱教育改造罪犯工作目标考评评分标准》这两个法规为准，各地方监狱管理机关可以在此基础之上根据自身的实际情况制定评估标准。

6. 基于评估结果的奖惩措施。对于评估的结果，应设置评估等级；评估结果作为评判监狱工作成效和考核监狱领导班子、监狱民警业绩的重要依据，定期予以通报。

（三）尾部

在罪犯教育工作过程评估组织实施方案的最后要注明单位和日期。

三、罪犯教育工作过程评估的组织实施要求

（一）加强领导，重视组织机构建设

监狱一把手或主管罪犯教育工作的副监狱长任评估小组的小组长，统一调配监狱的各项资源，全面掌控评估工作的开展。评估领导小组下设工作小组，由专业工作人员组成，制定评估的内容、标准、程序等，并组织评估活动的实施。

（二）完善评估制度，严格目标评估考核，建立完善的评估体系

要将评估工作纳入监狱教育部门、责任科室和领导干部年度工作目标考核内容之中，并与绩效考核、评优评先和奖惩相挂钩。

（三）强化评估工作责任追究制度

要加强对评估工作的监督检查，对主管领导、部门或责任科室评估工作出现重大失误的坚决实行"一票否决"，并追究有关领导责任和直接责任人的党纪、政纪和法律责任。

四、基本程序

罪犯教育工作过程评估活动组织实施的基本程序如下：

1. 召开会议，进行评估工作部署。监狱领导机关召开罪犯教育工作过程评估组织实施工作会议，部署开展罪犯教育工作过程评估实施活动，责成相关领导及职能部门负责活动的进行。

2. 调查研究，制定实施方案。工作小组进行罪犯教育工作过程评估的调查研究，制定罪犯教育工作过程评估活动的实施方案，报领导审批通过。

3. 下发通知，通告评估安排。罪犯教育工作过程评估组织实施工作小组下发通知，告知各单位评估事项。

4. 根据评估安排，开展评估工作。罪犯教育工作过程评估组织实施工作小组按照罪犯教育工作过程评估活动的实施方案组织相关部门及人员对各单位开展评估工作，根据评估结果进行打分。

5. 对评估活动进行全面的总结，撰写评估活动总结报告。

实训设计

实训项目：组织学生制定警校学生内务卫生检查评估实施方案。

实训目的：通过训练，学习制定内务卫生检查评估实施方案的方法，掌握评估活动组织实施的程序、规则的制定、评估标准的制定等知识，培养计划、组织能力。

实训时间：4课时。

实训方式：模拟实训。

实训要求：

1. 在班级内分成若干小组，根据学生的特长进行分组搭配，分别进行警校学生内务卫生检查评估实施方案的撰写。

2. 每个小组内指定一名同学为负责人，进行工作分工合作。分别负责搜集相关工作实际情况、负责收集理论资料、负责方案的撰写工作。

3. 要求每个小组的每名同学做好自己分担的工作，积极参与小组各项活动，积极发言，和其他同学配合好。小组负责人应做好各种活动的记录工作。

实训提示：

1. 围绕撰写警校学生内务卫生检查评估实施方案这一目标，学习撰写方案的基本要求与技能。

2. 对收集到的各种资料进行分类整理，分析各种信息之间的联系和因果关系。

3. 组织召开小组评估实施方案撰写分析会议，由小组长主持，每名同学就自己承担的任务进行会议发言，做到简洁、全面、表达准确。做好发言记录。

4. 班级组织召开关于警校学生内务卫生检查评估实施方案撰写分析会议，由实训教师主持，全班同学参加，各小组长发言，每名同学认真做好会议记录，并在会议结束后撰写警校学生内务卫生检查评估实施方案。

实训考核：考核每名同学的发言情况，看其对评估组织实施方案是否做到：

情况了解真实、分析判断准确、措施办法有效；检查每名同学的会议记录，看内容是否详细；考核每个小组的评估实施方案，检查方案内容是否齐全，格式是否规范，是否具有实际可操作性等。考核评分具体标准参照实训任务53中实训考核部分。

实训评价：针对撰写警校学生内务卫生检查评估实施方案实训情况，指导教师分别对每名同学进行打分，90分以上为优，80～89分为良，70～79分为中，60～69分为及格，不足60分的为差。同时，指导教师对学生应当掌握的知识与技能作出具体的点评与评价。

 任务拓展

分析以下所给的罪犯教育工作过程评估组织实施方案，请指出这个实施方案有哪些不足，并请在此基础上撰写一份更加完善的罪犯教育工作过程评估组织实施方案。

××监狱关于罪犯教育工作过程评估组织实施方案

为进一步提高罪犯教育工作的规范性、针对性和有效性，客观、准确地衡量监狱的罪犯教育工作状况，特制定罪犯教育工作过程评估组织实施方案如下：

一、评估内容

（一）罪犯守法守规率

（二）法制教育合格率

（三）道德教育合格率

（四）文化教育合格率

（五）职业技术教育合格率

（六）心理健康教育普及率

（七）新入监罪犯心理测试率

（八）顽固犯转化率和危险犯的撤销率

（九）出监罪犯评估率

（十）教育改造罪犯工作保障

二、评估对象

罪犯教育工作过程。

三、组织领导

××监狱管理成立评估工作小组。

组长：监狱长田××。

副组长：李××、王××。成员：秦××、陈×、赵×、孙××、龚××。

评估工作小组职责：制定罪犯教育工作过程评估的组织实施方案，主持监狱罪犯教育工作过程评估的组织实施工作。

四、评估程序

此次评估工作从2011年3月10起，至2011年5月30日结束，采取自查自评和重点抽检相结合的方式，分四个阶段进行。

（一）动员培训（2011年3月10日~3月底）

（二）自查自评（2011年4月1日~4月15日）

（三）上级评估检查（2011年5月1日~5月20日）

（四）评估小组审核公示（2011年5月25日~5月30日）

五、评估等级

设置5个等级，从高到低依次为95分以上（含95分，以下同）为优秀；85~95分为良好；75~85分为中等；60~75分为合格；不足60分的为不合格。

六、工作要求

各监区应充分认识罪犯教育工作过程评估工作的重要意义，密切配合，协调一致，通力合作，及时沟通信息，及时总结经验，不断完善评估机制。

七、奖惩

评估结果在全监狱予以通报，作为评估监狱工作成效和监狱领导班子、监狱民警业绩的重要依据，计入绩效考核工作之中。

 实训任务二十五 **制定罪犯教育工作效果评估指标体系**

◐ **任务引入**

俗话说，无规矩不成方圆。"你不去度量的东西，就很难管理好。"一个健全的罪犯教育工作效果评估指标体系将会告诉我们，监狱罪犯教育工作现在走向何方，是否高效灵活地朝着既定方向前进。

◐ **任务分析**

了解罪犯教育工作效果评估指标体系的基础知识；掌握制定罪犯教育工作效果评估指标体系的内容和方法，培养建立工作效果评估指标体系的能力。

基础知识

一、罪犯教育工作效果评估指标体系的概念

罪犯教育工作效果评估指标体系是指由一系列相互联系、相互制约、相互作用的罪犯教育效果评估的要素构成，用以衡量罪犯教育工作效果的一套科学完整的体系。

二、罪犯教育工作效果评估指标体系构成要素

（一）评估指导思想

罪犯教育工作效果评估指标体系的构建要始终以唯物主义和辩证法为指导思想，紧紧围绕将罪犯改造成为守法公民的监狱工作目标，构建内容全面、体系合理、指标设计科学的评估指标体系，促进罪犯教育工作的不断完善，不断提高罪犯教育改造的质量。

（二）评估指标

罪犯教育工作效果评估目标是指那些能够准确反映罪犯教育效果的各个因素。根据监狱工作的法律法规规定及监狱罪犯教育工作的实际，这些评估指标主要包括：思想政治、文化知识、职业技术、心理健康、教育改造行为以及重新违法犯罪率等。

（三）评估方法

罪犯教育工作效果评估的方法主要有：

1. 直接记录法。指对罪犯在教育矫正中的表现，用写实的方法将一时一事都记录下来，从中发现罪犯接受教育矫正的行为轨迹，为罪犯教育提供客观依据。

2. 数据评估法。数据法就是把罪犯在教育矫正活动中一定的行为表现与一定的分数联系起来；若干分数综合起来以描述罪犯一定的行为表现的优劣程度。数据评估法应与定性分析法结合运用。

3. 综合分析评定法。在进行罪犯教育效果评估时，通过积累大量的一手材料，运用一定的组织形式、程序，对罪犯的行为表现做出综合分析评估，是最富有全面性的定性分析。

4. 观察法。在罪犯教育活动中，监狱民警对罪犯的教育效果进行密切观察，及时记录、分析、总结，也是考察罪犯教育效果的一种常用方法。

5. 测验、考试、考查法。对罪犯教育效果评估时，思想政治、文化知识、职业技术教育等，常常采用常规的考试、考查或问卷调查的方法进行考核，通过考试成绩，评估罪犯教育的效果。心理健康则用心理测验的方式进行考核。

（四）评估指标权重与权重值

评估指标权重的确定是构建罪犯教育工作效果评估指标体系的一个关键环节。指标权重值是各评估指标在罪犯教育工作效果评估指标体系中不同重要性程度的数值规定，是对指标相对重要程度的一种主观评价和客观反映的综合度量。

三、制定罪犯教育工作效果评估指标体系

（一）确立罪犯教育工作效果评估项目

罪犯教育工作效果评估项目的确定，需要基于罪犯教育的总体目标，结合对罪犯教育工作任务内容的分析而定。

我国监狱罪犯教育工作的总体目标是将罪犯改造成为一个守法的公民。为达到这一目标，监狱需要对罪犯进行提升认知能力、树立正确的思想道德观、纠正不良行为、培养社会生存能力的全面罪犯教育工作。为检验监狱罪犯教育的效果，还需要对以上工作内容进行评估。据此，罪犯教育工作效果评估的项目包括以下几个方面：

1. 思想政治效果。评估的重点是从罪犯思想和行动的结合上，评估其错误的思想认识的转化程度以及是否树立正确的思想意识。评估采用考试、考评相结合的方法。

2. 文化知识教育效果。文化知识教育是提高罪犯认知能力的基本途径之一。通过考试或考查的方式，评估罪犯对所学文化知识的理解和掌握程度。

3. 职业技术教育效果。职业技术的学习是罪犯出狱后立足于社会不可缺少的手段。职业技术教育效果评估主要是检查罪犯在劳动实践中对所学技术应知应会程度。

4. 心理健康效果。罪犯心理健康水平是罪犯教育工作的一个重要效果指标，心理健康知识普及程度，一般心理问题、心理障碍治疗效果是评估心理健康效果的内容。评估采用心理测验的方法。

5. 罪犯行为矫正效果。罪犯接受"三课"教育效果的好坏程度往往能从其行为矫正上直接或间接反映出来。所以，评估其接受教育改造的行为，既是对"三课"教育效果的检验，也是对监狱整体教育改造工作的系统化检验。

6. 重新违法犯罪率。罪犯教育活动能够对罪犯的改变产生积极结果，降低重新违法犯罪率。要把刑释人员重新违法犯罪率作为衡量监管工作的首要标准，

确保罪犯教育工作取得实效。重新违法犯罪率评估是罪犯教育工作效果评估的重要项目。

由于每一个评估项目还包含有下一级或更下一级的项目，因此，评估项目可以分为一级、二级（或三级、四级等）。

（二）确立罪犯教育工作效果评估指标的权重值

罪犯教育工作效果评估指标权重值确定的基本思路是将评估项目指标进行量化，即将各评估项目在指标体系中的重要程度应用一定的方法、技术、规则转换为一个综合值。权重的赋值合理与否，对评价结果的科学合理性起着至关重要的作用；若某一因素的权重发生变化，将会影响整个评判结果。因此，权重的赋值必须做到科学和客观，这就要求寻求合适的权重确定方法。

在构建罪犯教育工作效果评估指标体系时，确立评估指标权重值常用的方法包括主观经验法、主次指标排队分类法、专家调查法等。由此确定一级评估项目、二级评估项目等的权重值。

（三）确立罪犯教育工作效果评估项目的二级项目（子项目）

罪犯教育工作效果评估的一级项目确定之后，用分解目标的方法，将一级项目分解成二级项目，使项目更加具体、明确，便于观察、测量、操作，这样形成一个从一级到二级的指标系列。按照这种方法，罪犯教育工作效果评估的二级项目（或子项目）包括：

1. 思想政治教育效果。子项目包括世界观、人生观、价值观、道德观的改造程度；其他社会价值观的树立情况。

2. 文化教育效果评价。子项目包括扫盲、小学、初中、提高班开设情况及毕业率；对所学文化知识的掌握程度。

3. 职业技术教育效果。子项目包括职业技能理解程度、职业技能操作熟练程度及获证率。

4. 心理健康效果。子项目包括心理健康知识普及程度，罪犯群体健康水平，一般心理问题、心理障碍治疗效果。

5. 罪犯行为矫正效果。子项目评估包括认罪态度、改造态度、遵规守纪情况、学习态度及生活态度。

6. 重新违法犯罪率。子项目评估包括重新逮捕率、重新起诉率、重新入监率。

（四）确立罪犯教育工作效果评估二级项目的评估标准

确立罪犯教育工作效果评估二级项目评估标准的具体做法：

1. 筛选、确立二级项目的评估指标。二级项目之下所包含的评估指标数量有许多，有些能反映评估对象某方面的本质特征，符合评估指标制定的原则；但也有些不符合评估指标制定原则的要求，这些指标相互包含、交叉、矛盾、互为因果关系。因此，还要对这些指标进行比较、鉴别、筛选、归类合并，选出符合要求的评估指标。

首先，要全面搜集罪犯教育工作过程的各种一手资料，找出各种评估指标。其次，运用合适的方法筛选出符合评估原则的指标。筛选的方法有逻辑法、经验法、调查分析法、聚类分析法和主要素分析法等。

2. 确定评估指标的数值。根据每一个指标对评估二级项目的重要性的不同，确定每一个评估指标的数值；这些数值之和，即为二级项目的权重值。

3. 评估指标及评估指标的数值的确定，意味着罪犯教育工作效果评估二级项目评估标准的确立。

评估标准是鉴定评估对象优劣、好坏程度的尺码，是划定评估等级的标准与依据。在确立罪犯教育工作效果评估二级项目的评估标准时应注意以下问题：

（1）评估标准的制定应适用于所有的评估对象，即标准应具有普遍适用性。

（2）构成评估标准的要素要周全，应按照系统论的要求进行构建。每一个要素的界定都要准确明晰，不含交叉关系。

（3）评估标准的构建应在科学的前提下予以简化，剔除多余的、交叉重复的因素和环节，保持评估标准整体的精简合理，提高评估功效。

（4）构成评估标准的各因素之间要协调，根据各因素对评估标准影响作用大小来确定分值，达到评估标准设计的最优化。

四、制定罪犯教育工作效果评估指标体系的原则

制定罪犯教育工作效果评估指标体系应遵循以下原则：

（一）系统性原则

罪犯教育工作效果评估指标体系各个指标之间是相互联系又互为条件的整体。必须用系统的观点与方法来处理它们的关系，建立科学的评估指标体系。

（二）导向性原则

在罪犯教育工作效果评估指标体系构建的各个环节中，要始终以罪犯教育的目的，即将罪犯改造成为"守法公民"为出发点和落脚点，以保证罪犯教育工作始终坚持正确的发展方向。

（三）客观公正原则

评估工作需要建立一套严谨完整的工作制度，并严格按照制度进行评估工作；采用定性与定量相结合的方法，保证评估工作始终建立在客观公正的基础之上，这样才能真正发挥评估的作用。

（四）标准化原则

在罪犯教育效果评估工作中，要尽量减少人为因素的干扰，以保证评估指标体系和方法的有效性以及评估结果的准确性。

（五）可操作性原则

罪犯教育工作效果评估指标体系的设计、评估方法的采用以及评估方案的应用要符合罪犯和监狱工作的实际，指标体系应易于操作掌握，切实可行。

五、基本程序

1. 成立罪犯教育工作效果评估指标体系工作领导小组，负责评估指标体系的建立。

2. 全面搜集建立评估指标体系所需的监狱罪犯教育工作一手材料，做好准备工作。

3. 根据需要组成专家小组，明确职责与任务。

4. 明确建立评估指标体系的指导思想、工作原则等；选定评估指标体系包含的一级项目、二级项目；

5. 确定评估指标体系中一级项目、二级项目的评估标准、权重与权重值；确定评估方法、评估等级及程序，建立完整的罪犯教育工作效果评估指标体系。

六、注意事项

1. 构建罪犯教育工作效果评估指标体系时，评估等级的分值区间要合理。对于评估结果可以做出不同的等级划分，如评为优、良、中、差四个等级，每个等级有不同的分值区间。在确定分值区间时，最好是在实际评估后再确定不同的区间值，才能较准确地反映罪犯教育的实际状况。

2. 评估的标准要科学。评估标准太高或太低都不利于评估工作的进行。要根据罪犯教育工作具体目标的要求，结合在押罪犯的实际，制定出以平均水平为基数，上下浮动适中的评估标准。

3. 合理确定评估的考核点。在评估标准确定后，围绕评估标准，仔细筛选那些具有代表性的、能真实反映罪犯教育状况的因素作为考核点，进行分层分解，赋予不同的分值。

4. 客观对待评估技术及工具。在罪犯教育效果评估中，各种简评表、量化表开始广泛应用，但量表测量存在着一定的相对性、不确定性和误差等缺陷。因此，必须结合罪犯的真实动态，量表测评与综合评定分析相结合，这样评估结果才更真实、更客观。

 实训设计

实训项目：组织学生制定警校学生就业状况评估指标体系；设计警校毕业生就业质量调查问卷。

实训目的：通过训练，学习制定评估指标体系及调查问卷的方法，掌握评估活动组织实施的程序、规则的制定、评估标准的制定（学习权重、权重值的知识，加以运用）等知识，培养计划、组织能力。

实训时间：2课时。

实训方式：模拟实训。

实训要求：

1. 以小组为单位进行实训，每小组指定一名为方案撰写负责人，担负组织协调工作，由其对组内同学进行工作分工。

2. 要求每个小组的每名同学做好自己分担的工作，积极参与小组各项活动，积极发言，和其他同学配合好。小组负责人应做好各种活动的记录工作。

3. 每个小组分别组织制定警校学生就业状况评估指标体系和设计警校毕业生就业质量调查问卷。

实训提示：

1. 掌握制定评估体系和调查报告的基本要求与技能。

2. 对收集到的各种资料进行分类整理，分析各种信息之间的联系和因果关系。

3. 组织召开小组评估体系和制定调查报告分析会议，由小组长主持，每名同学就自己承担的任务进行会议发言，做到简洁、全面、表达准确。做好发言记录。

4. 班级组织召开关于制定警校学生就业状况评估指标体系和警校毕业生就业质量调查问卷分析会议，由实训教师主持，全班同学参加，各小组长发言，每名同学认真做好会议记录，并在会议结束后制定警校学生内务卫生检查评估实施方案。

实训考核：考核每名同学的发言情况，看其是否做到制定警校学生就业状况评估指标体系、设计警校毕业生就业质量调查问卷：情况了解真实、分析判断准确、措施办法有效；检查每名同学的会议记录，看内容是否详细；考核每个小组的评估实施方案，检查方案内容是否齐全，格式是否规范，是否具有实际可操作性等。考核评分标准具体见实训任务53中实训考核部分。

实训评价：针对制定警校学生就业状况评估指标体系和设计警校毕业生就业质量调查问卷实训情况，指导教师分别对每名同学进行打分，90分以上为优，80~89分为良，70~79分为中，60~69分为及格，不足60分的为差。同时，指导教师对学生应当掌握的知识与技能作出具体的点评与评价。

 任务拓展

请你根据以下的新闻报道，分析构建完善的罪犯教育效果评估指标体系的对提高罪犯改造质量的意义。

××省创新罪犯改造质量评估体系6项指标细化为27子项

随着评估体系的不断完善和成果的运用，××省罪犯改造质量评估体系凸显出五方面的特色：动态性，评估贯穿于罪犯的整个改造过程。矫治性，根据评估结果制定矫治措施，增强了矫治手段的科学性，评估结果作为提请罪犯减刑、假释的依据，改变了以考核分作为刑事奖励唯一依据的做法，避免"分高质低"以及靠"熬刑期"累积考核分的罪犯获得减刑、假释，使传统的刑事奖励制度更完善、更科学。多维性，采用了"自评、互评、警官评"相结合的"三评"方式。连续性，入监测评既全方位地收集罪犯的各项信息，又提出个性化的矫治建议，出监监狱负责综合评估，有效解决了矫治监狱全程自我评估的问题。全面性，既有对罪犯个体改造质量的评估，又有对监狱整体改造质量的评估。

 实训任务二十六　罪犯教育工作效果评估的组织实施

任务引入

曾任美国高等法院首席大法官的 Burger 说过："我们必须接受这样的现实：仅仅把罪犯囚禁在高墙后面而不去改变他们，只能获得愚蠢的、代价高昂的短期收益——赢得战斗而输掉战役。"因此，提高罪犯教育效果是一项功在千秋、利在后世的事业。

任务分析

了解罪犯教育工作效果组织实施的概念；掌握如何制定评估活动实施方案，培养组织协调能力。

一、罪犯教育工作效果评估的组织实施的概念

罪犯教育工作效果评估的组织实施是指上级机关按照监狱相关的法律法规及以罪犯教育工作效果评估指标体系为标准，成立考核评估机构，对监狱罪犯教育工作的效果进行评估，以不断提高罪犯教育工作的水平，实现罪犯教育工作的目标。

二、制定罪犯教育工作效果评估活动实施方案

罪犯教育工作效果评估活动实施方案应包括以下内容：评估活动目的、设立评估领导机构、评估的对象、评估活动指标体系、评估活动实施的细则、评估结果奖惩、评估活动时间等。

（一）评估活动目的

罪犯教育工作效果评估活动的实施，是为了评估监狱罪犯教育工作的成效，总结成功经验，发现罪犯教育工作的缺陷与不足，不断提高罪犯教育工作水平，改进罪犯教育手段，从而实现罪犯教育工作的目的。

（二）设立评估领导机构和工作机构

罪犯教育工作效果评估工作的顺利开展，必须建立一个强有力的组织领导机构。罪犯教育工作效果评估工作领导机构，可以由监狱主要领导或主管罪犯教育工作的副职担任领导小组组长。小组成员由相关科室主要领导担任。

领导小组下设工作机构，主要由主管罪犯教育业务的教育科工作人员组成，负责制定罪犯教育效果评估指标体系、罪犯教育效果评估工作实施细则等制度和罪犯教育效果评估工作实施计划；并按照上级领导的安排，负责罪犯教育活动的组织实施。

（三）评估工作的对象和内容

罪犯教育工作效果评估的对象主要是罪犯个体和罪犯群体。

罪犯教育工作效果评估的内容是罪犯教育的效果，即思想政治教育效果、文化教育效果、职业技术教育效果、心理健康教育效果、罪犯行为以及重新违法犯罪率等。

（四）评估指标体系

根据监狱工作法律法规的规定以及罪犯教育工作的实际，罪犯教育工作效果

评估实施方案确定评估的一级项目、二级项目（或子项目）；采用相应的方法，确定一级项目、二级项目的权重值，构建完整的罪犯教育工作效果评估指标体系，为评估活动的实施提供明确的评估标准。

（五）制定罪犯教育工作效果评估活动实施细则

制定罪犯教育工作效果评估活动实施细则就是要通过明确评估标准、评分方法和评估办法等主要内容，实现对罪犯教育工作效果的准确评估，及时发现罪犯教育工作中的问题和不足，为改进工作、提高质量服务。

（六）评估结果的奖惩

对罪犯教育工作效果进行评估，其目的之一就是调动监狱民警的工作积极性。因此，制定评估的奖惩规则，依据评估的结果进行奖惩管理，做到公平、公正地奖惩，才能真正调动大家的工作积极性，促进罪犯教育工作水平的提高。

三、罪犯教育工作效果评估的组织实施要求

做好罪犯教育工作效果评估的组织实施工作，必须做好以下几点工作：一是领导高度重视，在人、财、物等方面给予大力支持。二是评估领导小组及工作组的建设，选调工作能力强的领导、科室负责人、骨干成员进入评估工作小组。要建立完善的评估小组工作制度，构建完整的罪犯教育工作效果评估指标体系，严格按照规则办事。三是评估工作的组织实施，要协调各部门之间的关系，明确各自的职责，发挥合力作用。严格按照考评制度办事，将评估结果与被评估单位的绩效考核、奖励工资的发放、单位与个人的评优、领导能力的考评等直接挂钩，发挥评估的激励作用。

四、基本程序

1. 成立评估领导机构，选调工作小组成员。由监狱主要领导或主管罪犯教育工作的副职担任领导小组组长。小组成员由相关科室主要领导担任。领导小组下设工作机构，主要由主管罪犯教育业务的教育科工作人员组成。

2. 评估人员分工。领导小组组长，负责评估工作的全面领导职责；小组其他成员由各部门负责人组成，负相应的协助作用。评估工作组负责制定罪犯教育效果评估指标体系、罪犯教育效果评估工作实施细则等制度和罪犯教育效果评估工作实施计划；并按照上级领导的安排，负责罪犯教育活动的具体组织实施。

3. 制定评估活动实施方案。由教育科组织制定评估活动实施方案，方案内

容包括：指导思想、评估领导机构的设立、评估指标体系的建立、评估实施细则、评估活动实施的工作流程、评估总结、评估奖惩等内容。

4. 进行考核。评估工作应严格按照评估指标体系的内容和评估活动实施细则的规定进行，根据评估结果进行考核奖惩。

5. 评估结论与总结。评估活动结束之后，由评估工作领导小组办事机构撰写评估结论与总结，肯定成绩，指出不足，揭示罪犯教育工作努力发展的方向。

 实训设计

实训项目：制定高职院校开展思想政治教育教学工作效果评估的组织实施方案。

实训目的：通过训练，使学生掌握工作效果评估活动组织实施的目的、程序及如何建立评估指标体系，并学习制定工作效果评估的组织实施方案。

实训时间：2课时。

实训方式：模拟实训。

实训要求：

1. 以小组为单位进行实训，每小组指定一名为方案撰写负责人，担负组织协调工作，由其对组内同学进行工作分工。

2. 召开制定高职院校开展思想政治教育教学工作效果评估的组织实施方案分析会议。

3. 小组同学分工合作，制定高职院校开展思想政治教育教学工作情况调查表，在本校及周边高职院校发放调查表。

4. 利用网络等工具，搜集相关高职院校开展思想政治教育教学工作的情况。

5. 召开小组和班级关于高职院校开展思想政治教育教学工作情况的交流会议，要求每名同学都要发言。

6. 每个小组制定一份高职院校开展思想政治教育教学工作效果评估的组织实施方案。

实训提示：

1. 制定高职院校开展思想政治教育教学工作情况调查表，发放调查表至本校及周边高职院校学生及教师手中，及时回收调查表。对收集到的情况进行分类整理，分析各种信息之间的联系和因果关系，认真汇总调查表，制定调查统计数据，力争使调查统计数字具有全面性、代表性。

2. 通过网络及其他途径，搜集高职院校开展思想政治教育教学工作情况，以对情况的掌握更加全面。

3. 认真学习制定工作评估的组织实施方案的知识，将调查表所反映的实际情况运用于工作评估组织实施方案制定之中，使组织方案的制定格式规范、内容贴近实际，具有说服力和可操作性。

4. 组织召开制定高职院校开展思想政治教育教学工作效果评估的组织实施方案会议，由小组长主持，每名同学针对如何制定工作评估的组织实施方案进行会议发言，做到简洁、全面、表达准确。

5. 组织召开制定高职院校开展思想政治教育教学工作效果评估的组织实施方案会议，由实训教师主持，全班同学参加，各小组长发言，每名同学认真做好会议记录，并在会议结束后制定高职院校开展思想政治教育教学工作效果评估的组织实施方案。

实训考核：考核每名同学的发言情况，看其对高职院校开展思想政治教育教学工作是否做到了情况了解真实、分析判断准确、措施办法有效；检查每名同学的会议记录，看内容是否详细；考核每名同学的思想政治教育教学工作效果评估的组织实施方案，检查方案内容是否齐全，格式是否规范，是否符合高职院校实际情况等。考核评分标准具体见实训任务 53 中实训考核部分。

实训评价：针对制定高职院校开展思想政治教育教学工作效果评估的组织实施方案实训情况，实训指导教师分别对每名同学进行打分，90 分以上为优，80~89 分为良，70~79 分为中，60~69 分为及格，不足 60 分的为差。同时，实训指导教师对学生应当掌握的知识与技能作出具体的点评与评价。

注意事项：

1. 要认真做好高职院校开展思想政治教育教学工作情况调查表的发放、回收、统计工作，以搜集到真实客观的第一手材料。

2. 认真学习制定工作评估组织实施方案的相关知识，学会制定工作评估组织实施方案。

3. 每一位同学要有重在参与的意识，大胆发言，大胆讨论，敢于表达自己的意见和想法。

4. 要有意识地培养自己的调查能力、分析能力和判断能力，有意识地加强写作锻炼，提高写作能力，努力完成工作评估组织实施的课程目标和任务。

任务拓展

1. 根据以下材料，分析在监狱工作中，如何通过制定罪犯教育工作效果评估实施方案等方式，推进监狱教育改造工作的规范化、科学化。

××监狱五项措施开展教育改造质量年活动

为全面提升监狱教育改造工作科学化、社会化、规范化水平，进一步提高罪犯教育改造质量，确保监狱持续安全稳定，××监狱采取"五项措施"开展教育改造质量年活动。

一是统一思想，提高认识，加强组织与领导。二是加强领导，精心组织，落实各项工作任务。成立领导小组和办公室及督导组，对活动统一部署和督促检查。各监区成立相应的组织机构，责任到人，形成齐抓共管，层层落实的局面。三是加强督导，严格考核，奖优罚劣，激励先进。四是扩大宣传，加强研究，用科学理论武装教育改造实践；及时发现、培育一批基层教育改造工作典型。五是科学统筹，全面推进，确保活动取得实效。把教育质量年活动与基层基础建设相结合，与监狱安全稳定、队伍建设相结合，与当前开展规范化、精细化管理工作相结合，统筹安排，整体推进，确保每个阶段的活动任务按质、按量、按规定时限完成。

2. 组织学生学习讨论《山西省监狱管理局罪犯个体改造评估实施办法（试行）》。

文书制作篇

学习单元九　罪犯教育文书制作

学习单元九 罪犯教育文书制作

内容提要

　　本单元学习内容：制定罪犯教育工作计划；撰写罪犯思想动态分析报告；制作帮教协议书；填写罪犯教育表报簿册。

学习目标

　　了解罪犯教育文书基本知识，掌握相关文书的内容和要求，通过练习撰写相关文书、填写相关表报簿册等，学会制作罪犯教育文书。

 学习任务二十六　　罪犯教育工作计划

○ 任务引入

　　今年年初，某监狱教育部门召开会议，根据上级有关精神和监狱年度工作目标和任务，结合罪犯教育规划，在认真总结上一年度教育工作总体情况的基础上，讨论制定本监狱年度罪犯教育工作计划。教育科要制定哪些教育工作计划？

○ 任务分析

　　了解罪犯教育工作计划的基础知识。

基础知识

一、罪犯教育工作计划概述

　　计划是为了达到某个目的，提前对某个事件的发生方式做出比较详细的安排。罪犯教育工作计划是为了完成一定的罪犯教育目标，对罪犯教育内容和罪犯教育方法进行详细规划和安排，是开展罪犯教育工作前预先拟订的具体教育内容和工作步骤，是开展罪犯教育的前提和基础。

　　罪犯教育工作计划是针对特殊场所人群，具有强制性教育特点的特殊的教育工作计划，与其他类型尤其是大专院校的教育计划有着明显的区别。制定罪犯教育工作计划要以有效降低刑释人员重新违法犯罪率为中心，分析罪犯的罪错性质和受教育情况，确定罪犯教育工作计划的项目、范围和内容。

二、罪犯教育工作计划分类

罪犯教育工作计划根据不同的标准，有不同的分类：

根据时间分为月计划、季度计划、半年计划、年度计划和长期计划（规划）等。

根据内容分为思想教育计划、文化教育计划、技术教育计划等。

根据对象不同，可分为集体教育计划、个别教育计划、分类教育计划等。

根据作用不同，可分为"三课"教育计划、辅助教育计划和社会帮教计划。

根据不同的实施层级，可分为国家、省级、监狱计划等。

一般情况下，国家和省级监狱主管部门制定长期的罪犯教育工作计划或规划，对教育目标、原则、内容和课时等做出原则性规定。基层监狱教育部门则根据上级要求，结合本部门实际，制定不同的罪犯教育工作计划，该计划应设定总的教育目标，内容由集体教育计划、个别教育计划、辅助教育计划和社会教育计划等组成，各内容之间既相互关联又各自独立，共同服务于总的教育目标。

（一）集体教育计划

集体教育计划是为解决罪犯群体带有普遍性的问题而展开的罪犯教育活动的工作计划。集体教育计划包括：

1. 入（出）监教育计划。入（出）监教育计划是罪犯入（出）监进行专题教育的工作计划。

2. 思想教育计划。教育内容：认罪悔罪教育、法律常识教育、公民道德教育、劳动常识教育、时事政治教育。

3. 文化教育计划。教育内容：扫盲教育，小学教育，设语文、数学等科目；传统文化教育一般设三字经、弟子规等国学科目。

4. 职业技术教育计划。教育内容：岗位技能培训，内容包括安全生产法律法规、场所安全生产各项制度、习艺岗位作业规程等；职业技能培训，依场所实际、报名情况及社会就业形势等情况确定培训内容。

5. 心理健康教育计划。教育内容：心理学基础知识；罪犯常见的心理问题及自我调节；培养良好的心理品质；正确对待心理咨询和心理矫治等。

（二）个别教育计划

个别教育计划是包教民警针对罪犯个别的、特殊的问题，制定的针对性很强的教育计划。个别教育计划分为长期计划、阶段计划和近期计划。

长期计划：转变罪犯思想和行为。

阶段计划：初期，适应生活，熟悉监规所纪；中期，服从管教，积极劳动，改造积极；后期，学习劳动技能，适应社会。

近期计划：全面掌握基本情况，解决在罪犯教育过程中遇到的困难和问题，稳定情绪，调动改造积极性。

在个别教育计划的编制过程中，应重点关注资料的收集和整理。民警在执行个案矫治的前期和过程中，应及时收集相应资料并整理成册。资料包括罪犯的基本情况、教育转化措施、思想汇报、决心书、悔过书、心理健康个人档案、学习劳动生活现实表现、教育转化经验总结等。

（三）辅助教育计划

辅助教育计划是根据监狱教育工作总体安排，制定的文体教育活动计划。辅助教育计划的制定一般不做具体内容的规定，只确定次数和目标，要全面考虑各类人员的文化和文体活动需求，营造积极健康的罪犯教育氛围。

（四）社会教育计划

社会教育计划是借助社会力量，以形势、政策、前途为主要内容制定的教育计划。社会教育计划的制定一般只明确单位和参与人员范围，不确定具体人员，只确定教育主题，不确定具体的内容，不进行具体的时间安排，只规定一年或一季不少于几次。

三、罪犯教育工作计划特点

罪犯教育工作计划用以具体指导罪犯教育部门开展罪犯教育工作，既要做到有的放矢，又要做到因人施教，因此其与一般社会教育计划有所区别，具有以下特点：

（一）政策性

罪犯教育是基于维护社会稳定的出发点，受《刑法》、《监狱法》、《监狱教育改造工作规定》等法律法规约束，以挽救人、改造人、造就人为主要目的，因此罪犯教育工作计划与相关法规和政策关联紧密，具有很强的政策性。

（二）强制性

罪犯教育是一种强制性教育，因此计划的制定以实现罪犯教育目标为前提，根据罪犯实际情况，确定教育内容和课时安排。基于强制性特点，计划在制定过程中要充分重视对教育结果的考核，并且考核结果要与奖惩处遇挂钩。

（三）灵活性

罪犯教育是一个动态过程，随着罪犯改造成果的不断变化，应对罪犯教育工作计划进行及时更新和完善，进而提高罪犯教育的针对性和时效性。同时，随着罪犯教育的不断发展，因人施教和个性化矫治普遍得到重视，这也要求罪犯教育工作计划应具备一定的灵活性。

四、注意事项

1. 教育活动对于罪犯必须具有实际的教育意义。一是教育活动必须具有很强的针对性，目标必须十分明确，根据对象的不同，安排不同的教育活动；二是教育活动必须务实，要抛开不符合教育目标的不实用的课程，确保在有限的罪犯教育期限内，把罪犯教育改造成为自食其力的守法公民。因此，教育计划的制定必须务实，具有实际的教育意义。

2. 教育计划必须是完整的，能够完成的和可测量的。罪犯教育是一项系统工程，既要改造思想，进行世界观和社会公德教育，又要改造行为习惯，进行劳动和职业技术教育；既要认罪认错，进行法律和罪错教育，又要保持心理健康，进行心理矫治和心理健康教育，以上教育内容不但要在规定的期限内完成，而且对教育结果必须能够进行考试和考核，以便评估教育成果，并作为奖惩、处遇的依据。教育计划要系统地兼顾各项教育内容，课时设置要符合实际，确保能够完成，并要有评估和考试计划。

3. 罪犯教育工作计划必须通过审核方可实施。罪犯教育是法律赋予监狱的职能，罪犯教育工作计划具有法律严肃性，必须经过严格的审查程序，对照教育目标和总的教育方案，进行修改和完善后方可实施。

 任务拓展

某监狱某监区根据上级工作要求，于年初制定本年度的文化教育计划，但该监区罪犯的学历差距很大，文盲、小学、初中、高中和大学各层次的都有，普遍开展各学历文化教育没有相应的师资和场地，文化教育内容应如何设置呢？教育结束后应如何考试呢？各罪犯入狱时间不同，入狱时间也长短不同，像普通学校那样统一入学、统一开班是不现实的，怎样解决这一矛盾，如何设置文化教育周期呢？请你为该监区制定文化教育计划，确保具有可操作性且教育效果良好。

学习任务二十七　　思想动态分析报告

任务引入

　　某监狱按照有关规定每月向上级主管部门上报罪犯思想动态分析报告，那么什么是思想动态分析？思想动态分析报告有哪些特点？

任务分析

　　了解思想动态分析、思想动态分析会议和思想动态分析报告的概念，掌握思想动态分析的特点和工作步骤。

基础知识

　　思想动态分析是监狱基础工作之一，是维护监狱安全稳定的基础，做好思想动态分析工作是监狱民警的基本功。要掌握思想动态分析的内涵，做好思想动态分析，组织召开思想动态分析会议，制定顽危犯的包夹监控等个性措施，制定三大现场管理和专题活动等集体教育措施，认真撰写思想动态分析报告。

一、思想动态分析

（一）思想动态分析的内涵

　　思想动态分析是监狱定期对罪犯的思想、改造、学习、劳动、养成及社会关系情况进行分析，从而采取教育、引导、防范、控制等一系列有效措施的基本工作制度。思想动态分析的实质是通过现实观察和行为表现，详细了解罪犯思想、行为、情绪、心理、身体等各个方面的情况，掌握和分析罪犯的思想情况，给予恰当的判断，对罪犯思想变化发展进行预测，找出不稳定因素，从而针对性地采取有效措施，做到有的放矢、防患于未然。

　　做好思想动态分析工作直接关系到罪犯教育各项具体工作能否顺利进行、能否取得应有的成果，对确保监狱安全稳定，预防和减少恶性事件的发生，提高矫治教育质量起着至关重要的作用。

（二）工作内容

　　思想动态分析包括个体思想动态分析和群体思想动态分析。个体思想动态分析，是指监狱民警对罪犯个体的改造及思想变化发展情况进行分析、预测，从而针对存在的问题，及时采取针对性措施，确保罪犯教育目标实现。群体思想动态分析，是指监狱民警对某类罪犯整体的思想情况进行分析，从而采取有效措施，确保监狱安全稳定。

（三）工作要求

思想动态分析工作有以下三点要求：

1. 情况来源要准。罪犯的各方面情况反馈要真实准确，这是做好思想动态分析工作的基本前提。

2. 分析判断要准。通过罪犯个体和群体行为表象，剖析问题的实质和思想根源，在此基础上做好准确的分析判断，这是做好思想动态分析工作的技术要点。

3. 采取措施要准。针对个性和共性问题要采取针对性措施，措施方法既要符合相关规定，又要做到科学、有效，这是做好思想动态分析工作的关键。

二、思想动态分析会议

思想动态分析会议是以思想动态分析为主题的专门会议，一般按管理层级召开两个层次的会议：第一层为（分）监区会议，会议由（分）监区领导召集，参加人员一般为本监区全体民警或工作人员；第二层为监狱会议，由教育部门召集，参加人员一般为管教各职能部门领导、各监区领导和教育干事等。

三、思想动态分析报告特点

思想动态分析报告是在对罪犯思想情况进行深入细致的分析后，将了解、观察、分析后收集到的材料加以系统整理，分析研判，以书面形式向上级主管部门或领导汇报分析情况的一种文书。

（一）真实性

分析报告所反映的基本情况是在占有大量现实资料的基础上，用叙述性的语言实事求是地反映某一客观事物，是对客观事实的真实陈述。报告所陈述的群体或个体的现实表现和行为必须是已经发生的，不能带有主观臆断和推测。因此，对基本情况要用写实的方法，为具体的分析和措施制定提供可靠的一手资料。

（二）针对性

分析报告一般有比较明确的意向，相关的分析总结都是针对和围绕某一共性或个性倾向展开的。分析报告具有很强的针对性，要求重点突出而不是面面俱到，一般围绕涉及场所安全稳定的事项，从现实表现到倾向性分析到具体措施，逐次展开。

（三）逻辑性

分析报告离不开确凿的事实，但又不是材料的机械堆砌，而是对核实无误的数据和事实进行严密的分析总结。现实表现和具体措施是因和果的关系，要用分析把他们联结起来，使之成为一个统一的整体。

（四）保密性

由于思想动态分析报告涉及监狱和罪犯的相关数据及工作方式方法，因而具有涉密性质。为防止被利用、歪曲，产生不良影响，罪犯思想动态分析报告须由专人负责撰写、存档，严格执行保密工作相关规定。

（五）时效性

根据有关规定，思想动态分析会议应及时召开，如遇重大节日或特殊事件，需要进行思想动态分析的，监狱可随时组织进行。每次召开思想动态分析会议后，都应及时报告，具有严格的时效要求。

四、基本程序

1. 思想动态分析工作基本程序。

（1）包教民警针对所分管个体和群体分别进行思想动态分析，并认真做好记录。

（2）召开思想动态分析会议。在会议中，所有参会人员将自己掌握的罪犯情况进行汇报，集体分析、讨论和研究罪犯在改造中出现的各种问题的原因、对策及今后的工作安排和注意事项。根据有关规定，思想动态分析会议一般分监区每周一次，监区半月一次，监狱每月一次。

（3）撰写思想动态分析报告。分监区、监区和监狱召开思想动态分析会议之后，撰写思想动态分析报告，报送上级主管部门。

（4）组织实施。认真落实思想动态分析会议相关决定和思想动态分析报告中提出的相关措施。

2. 思想动态分析会议基本程序。

（1）召集。分监区会议由分监区领导负责召集并主持，监区会议由监区领导负责召集并主持，监狱会议由教育部门负责人负责召集并主持。

（2）发言。一般情况下，先由基层开始逐级进行发言，分监区进行逐人分析，监区和机构进行重点人员和群体分析。分监区会议，由分监区民警或工作人员逐人分析所包教的罪犯，并对包教的罪犯进行群体分析。监区会议，由各分监区领导对本分监区重点人员进行逐人详细分析，并对所属罪犯进行群体分析。监狱会议，由各监区领导对本监区重点人员进行逐人详细分析，并对本监区罪犯进行群体分析。

（3）讨论。一般情况下，在民警发言完毕后，参会人员即可就发言内容进行集中分析和讨论，以确定问题性质并商讨对策。

（4）决议。会议结束时，会议主持人总结思想动态分析结论，并要对重点人员和群体进行点评，部署具体的工作措施。该措施经会议讨论通过后，即作为本次思想动态分析会的决议，各（分）监区及民警或工作人员都应遵照执行。

（5）报告。会议结束后，教育干事要认真整理会议资料，撰写思想动态分析报告，经部门领导审核签字后，及时上报上级主管部门。

五、注意事项

做好思想动态分析报告，首先，要了解什么是思想动态分析，为什么要开展思想动态分析，了解思想动态分析会议和思想动态分析报告之间的关系等；其次，思想动态分析对于新参加工作的民警或工作人员来讲富有挑战性，有相当的难度，它既需要工作经验的积累，又需要一定的观察能力、分析能力和判断能力，需要一定层次的个人综合素质；最后，思想动态分析报告撰写有特定的格式要求，要善于总结和提炼，并有一定的文字表达能力。

 任务拓展

对罪犯个体进行思想动态分析时，应了解哪几个方面的基本情况？一般通过哪几个渠道进行了解？如何核准情况的真实性，做到去伪存真，确保信息客观、真实、准确？

学习任务二十八　签订帮教协议

 任务引入

某监狱为提高教育改造质量，拟充分利用社会资源，与有关方面签订帮教协议。什么是帮教协议？怎样签订帮教协议？

任务分析

了解帮教协议的概念和性质。

基础知识

一、帮教协议的概念

帮教协议，也称帮教协议书，是监狱与有关党政机关、基层组织或个人，为了正常开展社会帮教工作，明确各自承担责任、履行义务的书面契约性文书。监狱与罪犯原所在地的政府、原单位、亲属联系，签订帮教协议，邀请有关单位和人士来监狱开展帮教工作，建立经常化、制度化的社会帮教模式。签订帮教协议可以将帮教活动的内容、形式及各方的权利义务、监督检查等长期地固定下来。帮教协议有的是监狱与帮教方的"双方协议"，但大多数是由监狱、帮教者（即社会组织、各界人士、家属等）和帮教对象（即罪犯）三方签订。

二、帮教协议的性质

一般来说，帮教协议书对于契约双方（或多方）没有法律约束力，但却具有道义约束力。它以书面协议的方式，把双方（或多方）共同商定的对罪犯实施罪犯教育、共同帮教或罪犯自身应严格遵守的规章制度等有关事宜记载下来，作为各方履行责任和检查实施的凭据。

三、基本程序

1. 了解情况。全面了解罪犯的基本情况，包括罪错情况、遵守纪律情况、思想情况、心理健康情况、学习情况、劳动情况、生活情况、社会关系情况等，通过对情况的汇集分析，初步确定罪犯的帮教方向和帮教措施。

2. 走访调查。针对性地走访调查罪犯亲属情况和原所在单位、社区等情况，与其亲属及有关人员电话沟通或实地约谈。

3. 草拟协议。根据以往签订的帮教协议，针对罪犯的实际情况，草拟帮教协议（讨论稿）。

4. 协商讨论。在条件允许的情况下，以帮教协议（讨论稿）为蓝本，请相关人员前来监狱，当面进行协商讨论。如条件不具备，则将帮教协议（讨论稿）以电话、信函或电子邮件等方式发送至相关人员。

5. 签订协议。在充分协商的基础上，修改完善帮教协议，有关各方自愿签字并加盖公章。

6. 资料归档。协议签订后，签订各方各执一份，帮教协议书在监狱教育部门存档。

四、注意事项

1. 签订帮教协议是监狱的一项日常工作，有具体的帮教协议签订率等工作指标要求。

2. 帮教协议的签订一般由监狱的教育部门负责。

3. 帮教协议必须是各方自愿，尤其对于罪犯不得采取强迫措施。

4. 帮教协议的签订有一定的协调、沟通难度，相关人员要有吃苦奉献精神，做大量细致繁杂的走访工作，赢得社会各方的理解和支持。

 任务拓展

帮教协议需各方自愿签订，工作量十分繁重，在警力有限的情况下，怎样提高帮教协议的签订率？

学习任务二十九　罪犯教育表报簿册

任务引入

为了做好罪犯教育整理、记录和归档工作，根据罪犯教育内容的不同，监狱设计了许多表报簿册。罪犯教育表报簿册有哪些？教育干事整理教育表报簿册，有哪些填写要求和注意事项？

任务分析

了解罪犯教育表报簿册的概念、类型和种类等，掌握罪犯教育的内容和形式。

 基础知识

表报簿册是记录罪犯教育工作内容的一项重要文书资料，它服务于教育工作，并按照有关规定和要求，根据教育内容的不同，分别制作和填写，有的是档案资料，有的是向上级汇报工作的表报。

一、罪犯教育表报簿册的概念

罪犯教育表报簿册是以表格或簿册记录罪犯教育活动的书面材料，是罪犯教育科学化、规范化的需要，是提高罪犯教育质量的重要举措和工作要求。

二、罪犯教育表报簿册的类型

随着罪犯教育工作中心地位的进一步突出，罪犯教育工作的规范化建设进一步加强，教育相关表报簿册要求越来越严，内容越来越丰富，分类也越来越细。目前监（所）正在使用的表报簿册大致有39种，具体如下：

（一）簿（18种）

1. 电化教学记录。

2. 教研活动记录。

3. 教育活动记录。

4. 罪犯监（所）内改好率登记。

5. 民警谈话记录簿。

6. 视频教学听课情况检查登记。

7. 罪犯思想动态分析会议记录。

8. 谈话记录检查登记。

9. 图书编号登记。

10. 图书借阅登记。

11. 获证登记。

12. 个体心理咨询记录。

13. 团体心理咨询记录。

14. 心理互助组活动记录。

15. 心理危机干预记录。

16. 心理宣泄记录。

17. 心理监测与脱敏记录。

18. 心理辅导员、宣传员聘用登记。

（二）表（19种）

1. 入（出）监（所）教育登记表。

2. 课堂教学实施情况月报表。

3. 学习点名册。

4. 学习成绩登记表。

5. 课堂教学日志。

6. 难改造人员确定（解除）审批表。

7. 推荐就业登记表。

8. 罪犯学分登记表。

9. 罪犯教育学分统计表。

10. 教育学分通知单。

11. 罪犯监（所）内改好率统计报表。

12. 罪犯思想动态分析报表。

13. 教师聘用报表。

14. 心理咨询师聘用报表。

15. 心理咨询预约申请单。

16. 心理危机干预申请单。

17. 解除心理危机干预审批表。

18. 心理评估汇总表。

19. 监狱教育工作年度统计报表。

（三）档案（2 种）

1. 教育矫治档案。

（1）基本情况登记表。

（2）认罪认错书。

（3）认罪认错确定表。

（4）入监（所）教育自我鉴定及矫治计划。

（5）入监（所）教育鉴定表。

（6）政治课基础教育。

（7）政治课分类教育。

（8）文化课教育。

（9）技术课教育。

（10）心理健康教育。

（11）出监（所）教育自我鉴定及回归社会计划。

（12）出监（所）教育鉴定表。

（13）填表说明。

2. 心理健康档案。

（1）基本情况登记表。

（2）气质测试答卷。

（3）行为测试答卷。

（4）16PF。

（5）十六种个性因素示意图。

（6）SCL－90测试答卷。

（7）心理个性因素健康分析表。

（8）入监（所）心理评估表。

（9）出监（所）心理健康因素分析。

（10）出监（所）心理评估表。

以上表报簿册是监狱在正常工作中经常使用的，各监狱可以根据各自的工作对象、上级要求和个性工作需要，制定和填报相关的表册。

三、注意事项

1. 罪犯教育表报簿册一般由上级主管部门统一印制或统一表样，未经允许不得随意更改。

2. 通常情况下，表报簿册由手工填写和上报。但在监狱信息化建设较好的单位，可通过电脑填报电子表格，电子表格便于查找和档案管理，但涉密的表报簿册应手工进行填报。

3. 教育表报簿册是罪犯教育工作的工作记录和辅助措施，重点是要及时填写，并做好资料的归档整理工作。

 任务拓展

随着信息化建设的推进，许多监狱通过系统内部网络填写报送表报簿册，那么如何做到资料共享？如何进行签字和审批呢？

 实训任务二十七　制定罪犯教育工作计划

◎ **任务引入**

某监狱根据上级主管部门全年罪犯教育工作计划和相关工作要求，制定具体的罪犯教育工作计划。监狱一般应怎样制定罪犯教育工作计划？具体如何制定？

◎ **任务分析**

掌握罪犯教育工作计划的一般格式和制作罪犯教育工作计划的步骤，学会制作罪犯教育工作计划。

一、罪犯教育工作计划制作的概念

罪犯教育工作计划制作是监狱按照有关法规，根据上级主管部门要求，结合本机构实际制定罪犯教育工作计划的过程。罪犯教育是一项非常复杂的工作，要在有限的时间内完成一定的教育任务，必须进行精心的安排和周密的计划。如果罪犯教育无计划或计划性不强，罪犯教育工作就会有很大的盲目性和随意性，提高教育质量则将成为一句空话。因此，监狱教育部门应当认真负责地制定科学规范的罪犯教育工作计划，并严格执行。

二、罪犯教育工作计划规范格式

罪犯教育工作计划由标题和正文组成。

（一）标题

标题有三个要素，即制定计划的单位名称、计划的时间和计划的性质，如×××监狱 2013 年度罪犯教育工作计划。

1. 单位名称。单位名称要写单位的全称。

2. 时间。明确计划的时间范围，要写明年份和月份，如 2013 年至 2018 年，2013 年，2013 年下半年，2013 年 1 月等。

3. 性质。注明计划的属性或类别，如罪犯教育工作计划、职业技能培训计划、个别教育计划等。

（二）正文

正文一般应包括三个方面：

1. 制定计划的指导思想、制定计划的依据和罪犯教育工作目标。

2. 罪犯教育任务与要求，这是计划的核心部分。任务与要求要明确，即在某一阶段中要做什么工作，要完成哪些任务，要达到何种目的。一般可以分条目来写，用小标题或在每一个段落开头时以一句醒目的语句来概括。

3. 完成任务的具体措施，要表明怎样做、具体工作方法、完成任务的时间要求、完成任务可采取的步骤和次序等。计划的最后要写上日期。

如果采用表格形式的话，则可以将罪犯教育工作计划与单位（部门）职能和岗位目标责任制相结合，把罪犯教育工作计划进行细致的划分，每项任务都要明确对应的部门和责任人，每项任务都有操作和完成的时间节点，以便掌握工作进度。

三、基本程序

1. 研究上级主管部门的罪犯教育工作计划和相关指导意见，研究上级和监狱长期和阶段罪犯教育规划和计划。罪犯教育是一项政策性很强的工作，计划的制作要贯彻上级的指示精神，满足上级提出的工作要求和工作目标。

2. 回顾总结上一阶段的计划执行情况，对照目标任务，总结经验，查找不足。上一阶段的计划执行情况对于做好下一阶段计划有很好的借鉴和参考作用，对上一阶段实际效果好的措施要继续发扬，对实际效果差的要改变措施和方法。

3. 分析罪犯情况和监狱教育的可能性。分析其受教育情况、罪错情况以及法律意识、道德意识、心理状况等；分析监狱的师资力量、教育场所、教育设施等教育资源。根据监狱自身的教育资源和罪犯的实际情况制作罪犯教育工作计划，做到有的放矢，切忌计划与实际脱节。

4. 由监狱教育部门负责制定罪犯教育工作计划（草案），提交分管领导审核，下发各监区征求意见。制作罪犯教育工作计划的部门是各监狱的教育部门，如教育处、教育科，基层监区则由教育干事具体负责。制作罪犯教育工作计划必须征求各单位尤其是基层监区的意见，充分考虑基层实际和各种特殊情况。

5. 汇总整理各部门意见，召集教育工作专题会议。逐条逐项讨论罪犯教育工作计划（草案），根据讨论结果修改罪犯教育工作计划，提交监狱办公（党委）会议审议。教育工作专题会议一般由单位分管教育的领导召集，由教育科具体组织。

6. 根据监狱办公（党委）会议审议结果，修改完善并以文件形式下发罪犯教育工作计划。教育计划作为监狱的重大事项，一般应以正式文件下发各部门，并抄送上级有关部门。

四、注意事项

1. 罪犯教育工作计划制作要有大局意识。罪犯教育工作计划制作过程是对各项罪犯教育内容的整合过程。当前罪犯教育内容要求越来越多，范围越来越广，教育形式越来越多样化。因此，我们制作罪犯教育工作计划时既要突出重点，又要兼顾全面；既要完成罪犯教育任务，又要确保监狱安全；既要重内容，又要重形式。如何做到取舍和平衡呢？对此，要有大局意识和全局观念，不能只考虑教育部门自身的工作任务和部门利益，要从监狱的整体工作目标出发，充分考虑各方面因素，这样制作出来的计划才能被各部门接受，才能得到各部门的理解和支持，才能得到很好地贯彻和落实。

2. 罪犯教育工作计划制作要有责任意识。罪犯教育工作计划制作实施后，一切教育活动就要围绕计划展开，监狱的人、财、物就要为此目标进行调整和运转，罪犯在很长一段时期内将强制性接受相应的罪犯教育。罪犯教育工作计划一旦付诸实施，在一定程度上就决定了罪犯能否成功改造，能否顺利回归社会，成为自食其力的守法公民。因此罪犯教育工作计划制作非常重要，我们对此要正确认识，高度重视，要以高度的责任意识制作罪犯教育工作计划。

 实训设计

实训项目：制定年度罪犯教育工作计划。

实训目的：通过训练，使学生掌握教育计划具体的制作过程和方法。

实训时间：2 课时。

实训方式：模拟实训。

材料：某监狱根据省监狱管理局年度罪犯教育工作计划，制定本监狱罪犯教育工作计划。

实训要求：

1. 要根据提供的材料，查阅相关资料，多渠道了解监狱罪犯教育的实际情况。

2. 在占有大量基础资料和信息的基础上，对照监狱上级主管部门的文件和要求，列出罪犯教育工作计划提纲。

3. 制定罪犯教育工作计划，确定罪犯教育科目、课时和考核办法，完成既定的教育目标。计划文书一般不少于 3000 字。

实训提示：

1. 需系统回顾本教材前面部分的内容，把握罪犯教育的特点、课时要求及考核办法，按照步骤实际动手进行训练。

2. 做好计划制定的前期准备工作。熟悉监狱的罪犯教育工作，回顾学习过的相关知识、查阅相关资料，在条件许可的情况下，可请监狱有关人员讲解或实地参观某监狱，了解监狱教育工作情况、罪犯有关特点、监狱的师资和教育设施等。重点了解监狱罪犯教育工作的有关计划文件，了解各专项教育的教育目标、课时要求和考核标准。

3. 掌握计划制定的要领。一是要完成主要的罪犯教育指标，如获证率、及格率、达标率、总课时、教育活动开展次数等，制定计划要紧紧围绕以上指标。二是合理安排时间。由于罪犯教育内容较多，并要完成劳动生产任务，一些课程的时间安排难免会互相冲突。因此，既要把握课程的连贯性，又不能突破教育时间限制。三是合理安排教育设施。因教育设施是有限的，如教室、习艺车间、活动室等，有的是监区共用，有的是各监区相对固定使用。因此，安排课程时，要考虑教育设施的使用问题，避免计划无法执行的情况发生。四是合理设置考核办法。如课堂教育可以采取书面考试的办法，对于文盲要单独采取口试的办法；个别教育可以采取查阅谈话记录、狱内违法犯罪率和违反监规队纪率等办法；集体教育可采取队列比赛、会操比赛、活动次数等办法。

4. 掌握计划文书制作的规范格式。要注意计划文书制作有关标题、正文和日期的要求，注意内容是否全面、准确、可操作性强，并可尝试以制表的方式明确有关计划的内容和要求。

实训考核：检查罪犯教育工作计划文书内容是否齐全，格式是否规范，计划是否周密，措施是否具体，是否存在相互矛盾和课程、时间安排冲突的情况，考核办法是否切实可行等。具体考核评分标准见下表：

罪犯教育工作计划实训考核评分表

项目	分值	评分标准	考核得分	扣分原因
格式	20 分	符合计划文书的格式要求		
内容	40 分	工作目标符合上级精神和监狱实际，工作措施具体、翔实，可操作性强		
字数	20 分	不少于 3000 字		
文字	10 分	文字通顺，表达准确，无错字别字		
排版	10 分	排版规范，字体、字号、行距、页边距、页码等符合公文格式要求		
合计	100 分			

实训评价：针对学生制作的罪犯教育工作计划文书，指导教师进行打分，90 分以上为优，80~89 分为良，70~79 分为中，60~69 分为及格，不足 60 分的为差。同时，指导教师应对学生应当掌握的知识与技能作出具体的点评。

 任务拓展

1. 监狱对罪犯的教育，采取的是专兼职教师相结合的方式，师资主要由具有民警身份的公务人员构成。监狱的师资力量往往不能满足教育课程和教育质量的需求，比如职业技术教育、心理健康教育等，那么你认为应采取什么办法来解决这一问题，圆满完成教育目标呢？

2. 组织学生学习讨论某监狱年度罪犯教育改造工作计划。

实训任务二十八　撰写思想动态分析报告

任务引入

某监狱召开思想动态分析会议后，由教育部门撰写思想动态分析报告。如何撰写思想动态分析报告？思想动态分析报告的格式、内容等有什么规定？

任务分析

掌握思想动态分析的格式、内容和撰写步骤，学会撰写思想动态分析报告。

基础知识

撰写思想动态分析报告，应首先逐监区汇总罪犯个别教育情况和日常观察情况，根据思想动态分析会议记录，确定罪犯的思想状况，同时要结合上一期思想动态分析报告提出的要求和措施，部署下一阶段的工作。

一、思想动态分析报告规范格式

罪犯思想动态分析报告的结构一般分为三个部分：

（一）首部

首部包括两个部分：一是标题；二是开篇。标题同样有三个要素，即撰写思想动态分析的单位名称、思想动态分析的时间概念和思想动态分析的对象，如"×××监狱××年××月罪犯思想动态分析报告"。开篇简单概括说明一下在分析周期（1周或1个月）职能部门开展的罪犯教育工作及罪犯的主要思想倾向、表现。

（二）主体部分

主体部分有六个方面的内容，具体如下：

1. 基本情况。本周（月）罪犯总体情况综述。

（1）包括在册、实有人数；外省籍；少数民族；"多进宫"；各类罪错性质人数，所占实有人数比例；排查摸底情况（一类：思想稳定、表现积极的人员；

二类：思想较稳定、表现一般的人员；三类：思想不稳定、表现消极的人员；四类：重点人员；五类：难改造人员；六类：内控人员所占实有人数比例）。

（2）重点（难改造、危险分子）人员情况。包括姓名、民族、年龄、文化程度、籍贯、现住址、罪错性质、刑期、入监（所）时间和刑期起止时间、定为重点人员的原因、包教民警名单、包夹罪犯（学员）名单。

2. 针对上月分析出的问题采取措施后的效果。一般包括：

（1）在上周（月）分析出共性、个性问题之后，通过监狱认真分析研究，采取相应措施后的落实情况和效果。

（2）本周（月）重点人员经过监狱教育转化后的现实表现及思想倾向。

（3）罪犯病号多的，可重点说明一下患病人员总体的思想及身体情况。

3. 共性思想倾向。主要说明本周（月）影响矫治的因素，绝大多数罪犯的思想情况，如开展各类管理教育活动、半年评比工作、诊断评估工作、重大节日（春节、元宵、清明节、中秋节等）对他们的影响或反映，对日常养成、劳动、学习、考核奖惩方面的意见和反映等。

4. 个性思想倾向。个别或少数罪犯因各类问题（如家庭、身体疾病、违纪处理或对某一事件不同的看法等）而呈现出的现实表现或异常状况。

5. 思想动态预测。对存在共性和个性问题的罪犯在思想和行为表现方面进行分析预测，以避免因此而引发不利于监狱正常工作的各类不稳定因素。

6. 针对本周（月）罪犯中存在的共性和个性问题，监狱采取的工作措施。

（三）尾部

在思想动态分析的最后要注明报告单位和日期。

二、写作要求

（一）分析要客观深入，问题要实事求是

要及时发现、掌握罪犯的思想动态，并认真加以分析，分析要准确、客观、深入。分析问题时一是要避免大谈客观因素，推脱责任，而不找主观方面的原因；二是要避免对问题分析不深入，图于应付上级，或者分析问题走形式，流于表面。在写思想动态分析报告时，一定要客观真实地反映情况，对问题不遮不掩，实事求是谈问题，正确应对所出现的问题。

（二）措施要务实，针对性要强

针对罪犯的矫治情况，在制定措施时，要体现既能总揽全局，又不失针对性的特点。一是要整体把握罪犯的矫治情况，结合工作实际，制定有利于管理、教育的整体改造、提升措施和手段；二是有效应对个体差异，对出现问题的个体，要结合本监狱实际和个体实际，分步骤制定针对性的措施。

（三）抓住重点，言简意赅

思想动态分析报告要简明扼要，力求用准确、朴实的语言表述思想动态，切忌用夸张、想象、主观臆断的修辞手法进行描述，与思想动态无关的事不应写进分析报告中。

三、基本程序

1. 阅读回顾上一期思想动态分析报告，了解上一期个性、共性问题和相应措施。

2. 参加思想动态分析会议，并做好会议记录。

3. 收集、整理、汇总民警或工作人员、基层思想动态分析记录和报告。

4. 撰写思想动态分析报告。

5. 思想动态分析报告上报部门领导审核并修改后，按规定上报上级主管部门和相关领导。

6. 思想动态分析报告纸质资料归档，电子档案做好归类整理。

四、注意事项

1. 多渠道获取第一手资料。从罪犯对活动的反映中搜集；从班组长、积极分子和信息员中了解；从对罪犯来往书信中检查发现；从与罪犯个别谈话中掌握；从罪犯检举、揭发和坦白交代材料中了解；从罪犯学习讨论会上暴露出来的问题中摄取。

2. 要认真筛选材料。选择真实、准确、具有典型意义、能反映事物本质、有代表性的材料。材料是否有典型意义、有代表性，应考虑反映的问题是偶发还是常见，是个别现象还是带普遍意义或倾向性的现象，是过去已解决的问题还是事态的萌芽或是多数罪犯即将出现类似问题的先兆。如同是在罪犯中散布不利于矫治的言论，发生在不认识罪错、矫治消极的顽劣人员身上，可谓"司空见惯"；但发生在一名平时"表现积极"或"表现好"，并担任班组长或其他"职务"的罪犯身上，此事就是典型。

3. 综合分析。对收集的材料要去伪存真、去粗取精，深入调查，找当事人了解、核实，确保掌握的材料准确无误。同时，掌握第一手材料，不能仅仅停留在个别工作人员掌握和会议分析简单分析等形式上，而应做到监区民警全员掌握，尤其是拥有决策权和执行权的各级领导，包括监狱领导、各职能科室和（分）监区负责人要全面掌握罪犯的矫治情况，杜绝分析时出现片面或遗漏，杜绝措施不切实际和执行差、效果差的问题。

实训设计

实训项目：撰写班级学生思想动态分析报告。

实训目的：通过训练，掌握思想动态分析目的、作用和程序，并学习撰写思想动态分析报告。

实训时间：2 课时。

实训方式：模拟实训。

实训要求：

1. 在班级分几个小组，指定小组长，每组确定至少 2 个同学为思想动态分析对象。

2. 了解分析以学习、生活、心理为主要方向的思想动态情况，分别召开小组和班级思想动态分析会议。

3. 要求每名同学都要发言，每小组撰写 1 份班级思想动态分析报告。

实训提示：

1. 围绕主要目标，了解分析对象有关基本情况，如学习成绩、习惯、兴趣爱好、性格特点等。

2. 通过谈话、观察、座谈、家访等，了解分析对象与学习有关的其他情况。

3. 分析对象每一方面的情况并均进行详细记录。

4. 对收集到的各种情况进行分类整理，分析各种信息之间的联系和因果关系，并对分析对象的下一步学习情况做出预测。

5. 组织召开小组思想动态分析会议，由小组长主持，每名同学针对被分析对象进行会议发言，做到简洁、全面、表达准确。

6. 组织召开班级思想动态分析会议，由班长主持，全班同学参加，各小组长发言，每名同学认真做好会议记录，并在会议结束后撰写班级思想动态分析报告。

实训考核：考核每名同学的发言情况，看其对分析对象是否做到了情况了解真实、分析判断准确、措施办法有效；检查每名同学的会议记录，看内容是否详细；考核每名同学的思想动态分析报告，检查文书内容是否齐全，格式是否规范，是否符合班级实际情况等。考核评分标准具体见下表：

思想动态分析实训考核评分表

项目	分值	评分标准	考核得分	扣分原因
小组发言	10分	情况了解翔实具体，有分析，有判断，语言表达简洁、准确		
会议记录	10分	记录会议召开的时间、地点和参会人员，准确记录会议主要内容		
报告格式	20分	符合计划文书的格式要求		
报告内容	40分	内容齐全，无缺项，前后连贯，逻辑性强		
报告文字	10分	文字通顺，表达准确，无错字别字		
报告排版	10分	排版规范，字体、字号、行距、页边距、页码等符合公文格式要求		
合计	100分			

实训评价：针对思想动态分析实训情况，指导教师分别给学生进行打分，90分以上为优，80～89分为良，70～79分为中，60～69分为及格，不足60分的为差。同时，指导教师对学生应当掌握的知识与技能作出具体的点评与评价。

注意事项：

1. 要正确理解撰写思想动态分析报告实训的目的，端正思想观念，不要打探隐私，不要干扰同学正常的学习生活。

2. 要重在参与，要大胆发言，大胆讨论，敢于表达自己的意见和想法。

3. 要有意识地培养自己的调查能力、分析能力和判断能力，有意识地加强写作锻炼，提高写作能力，努力完成思想动态分析的课程目标和任务。

 任务拓展

1. 思想动态分析重在观察、分析、判断和制定针对性措施，着力点在预防上做文章，那么思想动态分析工作是否发挥了应有的作用，如何对其进行考核呢？

2. 组织学生学习讨论某监狱的思想动态分析报告。

实训任务二十九 制作帮教协议书

○ **任务引入**

　　每年某监狱教育科都要与罪犯家属、帮教单位以及帮教志愿者签订帮教协议书。帮教协议书的一般格式是什么？怎样制作帮教协议书？

○ **任务分析**

　　掌握帮教协议书的格式和内容，学会制作帮教协议书。

基础知识

一、帮教协议的结构

帮教协议的结构与一般的"合同"类似，主要由五个部分组成：

1. 协议名称。
2. 签订协议各方的名称及简称。
3. 签订协议的目的。
4. 协议的项目、条件、责任及有效期。
5. 协议各方签字盖章并署明签订日期。

二、帮教协议书的格式

帮教协议书由标题、正文、结尾三部分组成，具体如下：

（一）标题

标题一般有两种，一种是通用标题，一种是专用标题。

1. 通用标题。只用事由和文种做标题，例如《帮教协议书》。

2. 专用标题。在事由、文种前注明单位名称，例如《××监狱与××、××三方帮教协议书》。

（二）正文

正文是协议的主要部分，其开头简要说明签订协议的目的、过程等情况，接着写明协议商定的具体事项，明确协议各方的责任和义务，一般由甲方、乙方及罪犯三部分组成，通常采用分条列款的结构形式。

1. 甲方。甲方是监狱，阐述其法律责任和工作职责。监狱方承诺为帮教活动的正常开展提供必要的组织和实施条件。如及时向帮教方提供帮教对象的情况，为帮教活动的开展提供适宜的场所、时间和其他条件等。

2. 乙方。乙方是帮教方，为社会有关部门、志愿者或亲属，根据各自的实际情况经协商后填写，帮教方承诺在哪些时间、以哪些形式，给予帮教对象哪些内容的帮教。如定期通信、会见，促使罪犯稳定改造情绪，认罪服法，积极改造等。

3. 罪犯。罪犯是帮教对象，一般填写罪犯对甲方、乙方履行相关责任、义务的配合事项，对有关行为进行约定。帮教对象保证主动认真地接受帮教，积极改造。如定期以书面形式或口头方式如实汇报自己的思想状况和改造表现。

（三）结尾

协议书常以协议说明作为结尾，在说明中要写明执行要求、生效日期、有效期限和份数以及监督情况和未尽事宜等。最后，签订协议的各方要签名盖章，填写签订日期。凡签订一方属于单位的，必须加盖公章，并由负责人签名或加盖私章，签订的个人一方可签名或加盖私章；如果有监督机关或部门，也要加盖公章，落款之下签署日期。

三、制定签订帮教协议的相关要求

1. 帮教协议书的条款内容要充分考虑各方的实际能力和现实条件，注重可行性和操作性，尽可能地解决实际问题。

2. 协议书的内容要写得明确，用语要准确、具体而严谨，以免发生歧义，要写明各方督促遵守、检查实施的有关事项，把各方的责任和义务逐条阐述清楚，以确保协议的贯彻落实。

3. 签约后如果发现有错误或遗漏，需经签约各方同意后，逐份做同样修正，并在修正处加盖各方公章，如果文面上无法修改，可另签订"修改协议"。

 实训设计

实训项目：制作帮教协议书。

实训目的：通过训练，使学生掌握帮教协议的签订流程，熟悉帮教协议书的格式和内容。

实训时间：2课时。

实训方式：模拟实训

实训要求：

1. 学生 2 人为一组互为对象，就对方某一门成绩较差的课程为目标签订帮教协议，以对象、自己、老师为三方，重点体验各方的权利、责任和义务，探讨协议的可行性和可操作性。

2. 根据学生课程的情况，确定帮教各方的权利、责任和义务，在自愿的基础上，完成帮教协议的签订。

实训提示：

1. 明确目标。帮教的目的是提高某门课程的成绩。

2. 准确把握各方的权利、责任和义务。

3. 严格按照有关格式要求撰写帮教协议。

4. 按照协议实施，验证可操作性和实施效果。

实训考核：检查帮教协议书格式是否规范，内容是否符合实际，是否具备可操作性，协议签订程序是否规范。具体考核评分标准见下表：

帮教协议实训考核评分表

项目	分值	评分标准	考核得分	扣分原因
协议格式	20 分	符合帮教协议文书的格式要求		
协议内容	40 分	内容包括甲、乙、老师三方，明确各自的权利、责任和义务，并签字		
协议文字	10 分	文字通顺，表达准确，无错字别字		
协议排版	10 分	排版规范，字体、字号、行距、页边距、页码等符合公文格式要求		
协议执行	20 分	以实践结果检验协议的实效性，反思协议条款是否合适，是否符合实际		
合计	100 分			

实训评价：针对帮教协议实训情况，指导教师分别给学生进行打分，90 分以上为优，80 ~ 89 分为良，70 ~ 79 分为中，60 ~ 69 分为及格，不足 60 分的为差。同时，指导教师对学生应当掌握的基础知识和操作技能作出具体的点评与评价。

 任务拓展

1. 自愿是帮教协议签订的基本原则，对于暴力型罪犯来讲，尤其是刑期长的罪犯，其亲情观念淡薄，有的亲属对其已失去信心、放任自流。在这样的情况下，如何签订帮教协议呢？作为监狱民警，应该怎样做好协调和说服工作呢？

2. 组织学生学习某监狱的帮教协议书。

实训任务三十　填写罪犯教育表报簿册

任务引入

某监狱根据罪犯教育工作计划，由（分）监区和监狱教育部门分别开展罪犯教育活动。一般情况下，入（出）监教育、课堂教育、个别教育等由（分）监区组织，并填写相关表报簿册；大型活动和集体教育由监狱教育部门组织开展，并填写表报簿册。那么，罪犯教育各项表报簿册应如何填写？注意事项有哪些？

任务分析

熟悉表报簿册填报的相关规定、制式或格式要求、相关审核、审批程序，能够填写基本信息。

基础知识

下面具体介绍几种常用表报簿册的填写和注意事项，相关表样附后。

一、教育活动记录

教育活动记录

活动时间		活动地点		活动主题或形式		参加人数	
活动过程							
评比结果							
教育效果							
备注	教育活动包括：辅助活动、社会帮教、现身说法等，举办运动会、合唱比赛、演讲比赛等竞赛性活动，须记录评比结果。						

填表说明：

1. 全年统一组织的罪犯集体活动（包括辅助教育活动和社会帮教）都要如实登记。除此之外，监区（分监区）自行组织的集体活动也要认真填写，原则上一个月登记内容不少于四次。

2. "活动过程"要简明扼要的记录活动开展情况（字数不可过少），活动中凡是歌咏比赛、队列比赛、戒毒操比赛、竞赛、体育比赛、演讲比赛等排名次的活动，都要记录比赛评比结果，其余活动不用登记结果。

3. 要根据活动开展情况如实记录"教育效果"，字数不可过少（如"通过此项活动的开展，一方面使罪犯……，另一方面活跃了……"），"教育效果"填写的内容要符合实际，不能千篇一律。

二、入（出）监（所）教育登记表

入（出）监（所）教育登记表

时间：　　年　月　日——　　年　月　日

姓 名	年 龄	文化程度	案 情	入（出）监（所）日期	考试时间	解教时所处段级	备 注

填表说明：

1. 罪犯入监（所）、出监（所）后都要及时予以登记。

2. "时间"一栏，年月日要写清，根据教育科下发的教学安排填写日期。

3. "入（出）监（所）日期"根据罪犯入（出）监（所）具体时间填写。

4. 罪犯是"入监（所）"登记就要相应把"出监（所）"字划掉，相反即此。

三、课堂教学实施情况月报表

课堂教学实施情况月报表

单位：　　　　　　　　　　　　　　　　　　　　　　　　　　年　月　日

科目	授课课时	参加人数			考试结果				备注
		应参加	实参加	到课率%	参加考试人数	及格人数	不及格人数	及格率%	
说明	（分）监区每月将课堂教学情况详细统计，报教育科一份，本监区留一份。								

负责人：　　　　　　　　　　　　　　　　　　　　填表人：

填表说明：

1. 监区（分监区）每月月底前报教育科，一式两份，一份上报，一份存档。

2. "授课课时"一栏写本月（从 1 日至 31 日）该门课程的总课时，以教育科下发的学习安排为准。

3. "参加人数"包括"应参加"、"实参加"、"到课率"都要根据（分）监区实际情况如实填写（原则上以当月平均人数计算）。

4. 当月如果组织学员考试，则要根据考试结果如实填写"考试结果"。

四、难改造人员确定（解除）审批表

难改造人员确定（解除）审批表

姓名		性别		出生年月		民族		文化程度	
曾用名		原籍				现住址			

续表

案情		教期		起止时间			入所时间	
确定（解除）的事实及理由								
分监区意见			签名： 年　月　日		监区意见			签名： 年　月　日	
教育科意见							签名： 年　月　日	
监（所）领导意见							签名： 年　月　日	
备注								

填表说明：

1. 各监区进行审批时，加盖监区印章，（分）监区签字后，由教育转化办公室（一般设在教育科）领导签字，并加盖教育科公章，最后由分管领导签字。

2. 教育转化成功，由转化办公室审核后，方可办理解除审批表。

3. 此表涉及年月日的填写格式：例："2011 – 03 – 20"。

4. 此表一式两份，一份交教育科，一份由教育转化民警保管，并装入专用档案袋，档案袋内包括：学员基本情况（A4 纸统一打印）；教育矫治方案；教育转化经验总结材料。

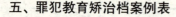

五、罪犯教育矫治档案例表

填表说明：

1. 封皮"编号"一栏，以管理科罪犯的档案号为准，"建档日期"以该罪犯来我监后的时间为准。

2. "基本情况登记表"要按照该罪犯的档案内容认真填写。

3. 入监（所）心理个性因素健康分析表：

（1）根据入监（所）心理测验结果填写此表。

（2）本表包括四个测验项目，（分）监区心理辅导员组织学员分别进行测验，将答案输入电脑得出测验结果后填入本表。

（3）测验分析由（分）监区心理辅导员根据测验结果综合分析后填写。

（4）入监（所）满一个月后进行心理测验，半个月内完成本项工作。

4. 入监（所）心理评估表：（分）监区心理辅导员根据心理测验结果对学员进行心理评估分类，写出评估小结和心理矫治措施，并报心理矫治中心审核。

5. "悔过书"、"决心书"、"自我评价总结"、"罪犯教育总结及下一步打算"全部由罪犯在装订纸上书写整齐后（要写清年月日，学员按手印），由专人负责贴在档案中相应位置。

6. "学习成绩登记"、"康复训练"、"获证情况"要按照该学员学习训练成绩认真填写，不可漏填或瞎填。

7. SCL-90测试结果：本表为每次评估结果登记；（分）监区心理辅导员在评估开始后及时组织学员进行心理测验，并根据测验结果填写本表。

8. 出监（所）心理个性因素健康分析表：

（1）根据出监（所）心理测验结果填写此表。

（2）本表包括四个测验项目，（分）监区心理辅导员组织学员分别进行测验，将答案输入电脑得出测验结果后填入本表。

（3）测验分析由（分）监区心理辅导员根据测验结果综合分析后填写。

（4）出监（所）前一个月进行心理测验，半个月内完成本项工作。

9. 出监（所）心理评估表：（分）监区心理辅导员根据心理测验结果对罪犯进行心理评估分类，写出评估小结和心理矫治措施，并报心理矫治中心审核。

10. 自我评价小结、罪犯教育总结及下一步打算（责成专人负责粘贴）。

11. "诊断评估结果"要根据评估小组的意见认真填写，要写明具体的评估时间，"出所巩固戒治成果建议"要根据该罪犯在监（所）内的具体表现给出相关意见，字数不可太少，不可千篇一律。

六、注意事项

1. 统一使用黑色碳素笔填写，不得涂改，不得折页。

2. 按照规定的要求进行填写。

3. 在规定时间内按时完成上报工作。

4. 各监区要建立教育表报簿册管理制度，设置专柜，做到分类装订成册，实行统一编号、统一封皮、分类保管和归档，各类表报簿册保存期为 5 年，电子版格式的表报簿册应单独建立文件夹。

5. 相关人员工作岗位变动时，应及时办理交接手续，防止表报簿册丢失和损毁。

6. 相关人员请（休）假期间，监区要及时指派他人负责，并通知教育科，确保表报簿册的连续性和完整性。

7. 涉及罪犯数量、构成比例等动态性资料要严格按照保密等级管理，遵守保密制度。

 实训设计

实训项目：填写罪犯教育矫治档案。

实训目的：通过训练，使学生熟悉教育矫治档案作用和制作过程，通过填写相关档案簿册，增强对罪犯教育实施过程的理解，进一步巩固本课前面章节所学习的内容。

实训时间：2 课时。

实训方式：模拟实训。

材料：由指导教师提供个案资料，交给学生严格按规定格式填写。

实训要求：

1. 掌握罪犯教育矫治档案填表说明。

2. 结合个案实际进行，学生应设身处地考虑罪犯情况，认真独自完成评价、措施、结论等文字性档案内容。

实训提示：罪犯教育档案记录了罪犯在监狱期间接受罪犯教育的情况，是一个动态过程的记录，因此在记录时要特别注意档案内容前后的衔接和逻辑关系，评价、建议、措施等既要简洁，又要针对性强，能够抓住重点。

实训考核：检查罪犯教育档案，看记录是否完整，格式是否规范，表述是否准确。考核评分标准具体见下表：

罪犯教育档案制作实训考核评分表

项目	评分标准	分值	考核得分	扣分原因
档案格式	30分	符合罪犯教育档案文书的格式要求		
档案内容	50分	由黑色碳素笔填写，注意内容没有缺项，前后内容相互对应		
档案文字	10分	文字通顺，表达准确，无错字别字		
档案排版	10分	排版规范，字体、字号、行距、页边距、页码等符合公文格式要求		
合计	100分			

实训评价：针对罪犯教育档案实训情况，指导教师分别给学生进行打分，90分以上为优，80～89分为良，70～79分为中，60～69分为及格，不足60分的为差。同时，指导教师对学生应当掌握的基础知识和操作技能作出具体的点评。

 任务拓展

表报簿册是记录罪犯教育工作的重要工具，是检查考核罪犯教育工作开展情况的重要措施。随着教育内容越来越丰富，教育形式越来越多样，教育表报簿册也越来越复杂，填写要求也越来越严格，基层民警或工作人员的工作量也越来越大。由于表报簿册填报工作量较大，有的同志不胜其烦，投机取巧、照搬照抄的现象时有发生，簿册的质量无法保证。如果你是监狱教育部门的负责人，你会如何协调好这一矛盾？如何做到规范与效率兼得？

参考文献

1. 王祖清、赵卫宽主编：《罪犯教育学》，金城出版社 2003 年版。

2. 于爱荣主编：《罪犯改造质量评估》，法律出版社 2004 年版。

3. ［英］霍林（Clive R. Hollin）主编：《罪犯评估和治疗必备手册》，郑红丽译，中国轻工业出版社 2006 年版。

4. 高莹主编：《矫正教育学》，教育科学出版社 2007 年版。

5. 王秉中主编：《罪犯教育学》，群众出版社 2003 年版。

6. 魏荣艳主编：《罪犯教育学》，中国民主法制出版社 2008 年版。

7. 贾洛川主编：《罪犯教育学》，广西师范大学出版社 2008 年版。

8. 杨诚、王平主编：《罪犯风险评估与管理：加拿大刑事司法的视角》，知识产权出版社 2009 年版。

9. 周雨臣：《罪犯教育专论》，群众出版社 2010 年版。

10. 张昱主编：《矫正社会工作》，高等教育出版社 2008 年版。

11. 马立骥主编：《罪犯心理与矫正》，中国政法大学出版社 2009 年版。

12. 张学超主编：《社区矫正理论与实务教程》，对外经济贸易大学出版社 2012 年版。

13. 胡配军主编：《社区矫正教育理论与实务》，法律出版社 2007 年版。

14. 叶俊杰主编：《罪犯心理咨询与矫正》，华中科技大学出版社 2011 年版。

15. 吴宗宪主编：《刑事执行法学》，中国人民大学出版社 2007 年版。

16. 鲁洁、王逢贤主编：《德育新论》，江苏教育出版社 2000 年版。

17. 张耀灿等：《现代思想政治教育学》，人民出版社 2006 年版。

18. 张文显主编：《法理学》，法律出版社 2007 年版。

19. 赵卫宽主编：《罪犯教育》，中国政法大学出版社 2010 年版。